本书由华中科技大学 985 经费资助出版

历史唯物主义视阈中的社会活力研究

董 慧 著

中国社会科学出版社

图书在版编目(CIP)数据

历史唯物主义视阈中的社会活力研究／董慧著．—北京：中国社会
科学出版社，2014.10
ISBN 978-7-5161-4880-8

Ⅰ.①历⋯　Ⅱ.①董⋯　Ⅲ.①社会秩序—研究—中国—现代
Ⅳ.①D668

中国版本图书馆 CIP 数据核字(2014)第 228830 号

出 版 人	赵剑英
责任编辑	杨晓芳
责任校对	张爱华
责任印制	张雪娇

出　　版	中国社会科学出版社
社　　址	北京鼓楼西大街甲 158 号
邮　　编	100720
网　　址	http：//www.csspw.cn
发 行 部	010－84083685
门 市 部	010－84029450
经　　销	新华书店及其他书店

印　　刷	北京君升印刷有限公司
装　　订	廊坊市广阳区广增装订厂
版　　次	2014 年 10 月第 1 版
印　　次	2014 年 10 月第 1 次印刷

开　　本	710×1000　1/16
印　　张	17.5
插　　页	2
字　　数	285 千字
定　　价	55.00 元

序

欧阳康

　　董慧博士的新书《历史唯物主义视阈中的社会活力研究》将要出版，希望我为之写点什么，为此有幸先看到本书书稿。本书既是作者此前出版的博士学位论文《社会活力论》的继续，也是其拓展与深化。董慧于2004年起到华中科技大学哲学系在我的指导下攻读哲学博士学位。作为社会认识论系列研究的继续，进校不久即商定以"社会活力论"作为博士论文题目。当时社会活力这个问题还少有专门的高端学术研究，做来并不容易。她通过四年的努力，一面在马克思主义学院担任教师，一面在哲学系做学生，边教书边读书，完成了《社会活力论》的撰写，并于2008年出版此书。近年来社会活力问题引起全社会更加广泛、深入和自觉的关注，董慧博士也继续深入研究社会活力论，先后获国家哲学社会科学基金青年项目"和谐社会秩序建构中的社会活力问题研究"、教育部一般项目、湖北省教育厅重大项目以及湖北省人文社会科学项目等，并在先后数次赴美和出国研修过程中结合对于国外马克思主义的研究，不断拓展和深化了自己的研究。

　　活力是生命的最根本特征，社会活力是社会存在发展的最基础条件，也是最根本动力。董慧博士的《社会活力论》作为当时中国第一部关于社会活力问题的博士学位论文，对与社会活力相关的一系列最基本问题做了全方位的扫描。作者梳理了社会活力的中外思想史，探讨了马克思主义的社会活力思想，对社会活力的基本规定、理论定位、实践生成、人性根基、精神源泉、制度保障等做了全面系统的探讨，构建了一个比较全面和完整的社会活力研究体系，在此基础上多方位反思和批判了当代中国妨碍社会活力发展与发挥的因素，探索了进一步增强社会活力的可能途径。记得我在为此书所做的《序言》中曾经对此书和作者做了这样的判断："作者旨在通过对社会活力理论的哲学探讨与反思，来建构一个有活力的社会，从而实现个体自由充分张扬与社会和谐有序地发展。这项工作既有利于丰富唯物史观的研究，也有利于深化对我国改革开放实践的认识，同时也显示了作者的理论勇气和学识功底，反映出作者具有捕捉现实重大问题的能力。本书的选题具有明显的开拓性质，研究成果具有重要的学术研究价值和现实意义。"

立足于这样的背景来看待董慧博士的新书，我尤为关注的无疑是本书对于社会活力问题的研究有了哪些新的视野和新的进展。

第一，对自己研究视角的历史唯物主义定位。作者开宗明义将自己的研究纳入到历史唯物主义视阈之中，明确了自己的理论出发点和归宿。作者认为，深入开展社会活力问题研究，既是在新的历史时期坚持历史唯物主义发挥其积极功能的必然要求，也是拓展深化和发展历史唯物主义的重要途径。一方面，作为革命的、实践的、积极的社会历史理论，历史唯物主义应当致力于在关注重大现实问题的总体性视阈中彰显自身的创造性价值，面对当代社会变化的复杂情境，拓展其理论视阈，追问真实的理论问题，反思真正的实践问题。另一方面，中国现代化建设的过程及有中国特色社会主义道路的探索过程，既是社会有机体及其整个社会主体活力由压抑到释放、由萎靡到迸发的进程，同时也是构建具有强大生命力和理论威力的马克思主义中国化过程，这一过程也表明了历史唯物主义面向现实不断自我生成与自我否定的开放性。可以说，当代历史唯物主义面对的一个重要问题就是社会发展道路问题，伴随着全球化与中国社会转型的过程，与社会发展机制—社会活力相关的新的理论与实践问题不断涌现，因此，历史唯物主义视阈中的社会活力问题研究，理应成为深化历史实践意识，拓展深化唯物史观，进而开启历史唯物主义面对现实的具体路径的重大理论与实践问题。

第二，研究视野的极大拓展。这些年来，作者一方面继续深化社会认识论研究，同时积极开展国外马克思主义研究，在二者结合的基础上聚焦历史唯物主义及社会活力，形成了自己的研究特色和理论成果。本书力图在全球化与中国社会转型的双重背景下，从与社会秩序逻辑演进紧密关联的社会结构的历史变迁、社会交往的功能作用、社会整合的路径几个方面探讨社会活力发展的逻辑必然性，挖掘社会活力与和谐社会的本质关联，从和谐社会秩序建构中社会活力问题的政治、经济、文化、生态及日常生活几个向度深入分析当代中国社会活力的现实境遇，剖析和谐社会秩序中社会活力的内在根源、激发机制，并探讨建构社会活力的目标及路径选择。作者对社会发展领域进行了全面的考察，提出建构充满活力的社会发展新模式，即从社会结构转型的宏观背景出发，以核心价值理念为引领，立足于制度变革与社会管理体制建设，促进社会充满活力的发展，以达到和谐的社会秩序这一目标。

第三，将对社会活力问题的研究拓展和深化到城市空间新领域。在本书中，作者一方面对社会活力的思想根源、运行机制、空间表征、社会活力的现实境遇、活力社会的构想进行了系统的哲学及伦理学思考；另一方面，结合今天中国城镇化的现实境遇，实现了在社会活力问题基础上的拓展研究，即围绕城市活力问题做了大量的拓展研究。之所以研究城市活力，一方面城市活力是社会活力最重要的表现，是人类人性化生存的关键，它与社会活力所倡导的以人为本的社会发展模式具有内在深层一致性；另一方面则是研究视野的拓展，发现社会活力所面临的时代境遇不仅仅是最初项目论证中所讲到的全球化和中国社会转型，还有信息化、城市化的复杂现实境遇。作者将研究视野聚焦于"城市"这一重要的社会空间单元，运用社会—空间辩证法，分析了城市化的拓展与深化带来的危及城市可持续发展、社会创造性发展的问题，探索了充满活力的城市之道，以帮助实现"城市，让生活更美好"的目标。因此对社会活力的探讨，从宏观上说是对中国社会发展模式的探讨，从微观上说则是对与人生存紧密相关的社会生存之寓所的探讨。

第四，问题意识高度提升。本书的一个突出特点和优点是对当代人类面临问题的深度关注和独到分析。作者认为，科学技术和资本的全球化造就了中国城市发展令人瞩目的成就与奇迹，城市作为国家和地区的政治、经济、文化、金融、贸易与信息中心，焕发出无限的集聚力量。快速城市化的语境也带来了日益严重的城市难题：城市化进程中产生的空间不平衡、城乡差距、贫富分化、城市经济二元化、超城市化以及环境污染、生态危机，不同经济力量和社会力量转变以及城市空间经济重构引起的政治的紧张，价值观、规范等文化要素之间复杂互动带来的城市文化冲突等，导致城市可持续发展面临挑战。在全球化变动现实及历史文明的背景下，破解当前城市难题，使城市既能够和谐、有序、稳定地发展，又能够保持生机、鼓励创新、勇于竞争，担负起重建人类文明和推进文化创新的重任，既需要智慧，也需要机制。因此，作为城市空间演进的动力机制，城市活力在今天突显出更重要和更深远的意义。城市活力既是社会活力的最重要表现，也是人类人性化生存的关键。建构城市活力，需要运用社会—空间辩证法，对城市活力本质进行动态多维的思考与探索，以社会理想与利益要求相整合为目标综合考虑经济效益、生态环保、社会管理、视觉美学、文化归属、价值取向等因素的作用。当然，也需要借鉴国外马克思主义相关的理论资源。这恰恰也是作者一直以来，积极参加国际国内学术交流，追踪国内外学术前沿，视野不断开拓，问题意识不断形成的一个反映。作者一直以来关注国外马克思主义领域，尤其专注哈维、索亚、列斐伏尔、卡斯特尔、詹姆逊等人的空间思想、城市理论的研究。正是在思想史系统考察与借鉴的基础上，作者将自己所强调的问题意识始终作为学术前进的主旨，结合当前中国现实问题，拓展研究范围，逐步深化研究内涵，所以在本书中，我们可以看到作者对空间研究方法的梳理，生态城市化的构想，城市空间生产的伦理学考量，城市空间正义的追寻等关乎中国城镇化建设的重要思考。

第五，对历史唯物主义发展路向的积极探索。运用历史唯物主义来探索社会活力问题，不仅有助于深化社会活力的问题的研究，也一定会促进历史唯物主义的当代发展。作者认为，社会活力问题，是开启历史唯物主义面对现实具体路径的重大理论与实践问题；对城市化带来的危及城市可持续发展、社会可持续性发展的问题进行研究，既是对国外马克思主义空间研究和城市理论的拓展与深化，也具有很强的时代意义和中国意义。在城市化这一世界性浪潮席卷而来的今天，根据现代化发展的客观规律和自己的国情，探索具有自己发展特色的城镇化道路，构建更有活力更有效的城市空间，既能提高人类生产活动效率，又能为人类提升生活质量和水平创造更优越的精神空间、文化空间和生态空间；在自然资源、生态环境、公用事业、社会管理等一系列问题的综合发展过程中探寻与建构城市活力，有利于促进国民经济良性循环和社会可持续协调发展；结合工业化、现代化及信息化的新特点，以多维、动态及综合的视野把握城市活力，关乎中国未来发展及世界经济格局。

第六，从社会活力视角对于中国道路的积极探索。作者认为，当代历史唯物主义面对的一个重要问题就是社会发展道路问题，伴随着全球化与中国社会转型的过程，与社会发展道路机制—社会活力相关的新的理论与实践问题不断涌现，因此，历史唯物主义视阈中的社会活力问题研究，理应成为深化历史实践意识，拓展深化唯物史观，进而开启历史唯物主义面对现实的具体路径的重大理论与实践问题。

可以说，作者为这宏大的理论与实践目标做出了自己的努力，较好地完成了自己设定的预期目标。这也是与她本人多年的刻苦努力、坚强执着的学术精神分不开的。她积极参加高水平的学习研修，踏实认真对待科研，取得了值得关注的科研成果。近年来，她已在《哲学研究》、《马克思主义与现实》、《哲学动态》、《自然辩证法研究》、《江海学刊》、《学习与探索》等国内高水平期刊上发表论文几十篇，其中多篇被《中国社会科学文摘》及《人大复印资料》转载，还有国外马克思主义领域的译文（已发表）与译著（待出版）。已获得国家级、省部级课题多项，国家社科基金青年项目成功结项（等级为良好）。因此本著作的出版，体现了她研究主题的连续性和深入性，充分体现了前沿意识，并且具有一定的丰富性和创新性。相信她今后会在学术道路上走得更好更远。

2014.8.24

目　录

第一章 历史唯物主义视阈中的 社会活力概念及内涵

　　社会活力是孕生于感性实践基础之上的社会生活的生命力和社会主体的创造力，社会积极向上的精神状态，充实富裕的生产生活状态及自由的实践状态。社会活力是和谐社会秩序的深层品质和重要内核，也是和谐社会理念与科学发展观战略的实质，其最终目的是在人与自然、人与社会、人与人之间实现自由创造的共生。历史唯物主义作为革命的、实践的、积极的社会历史理论，不仅仅是因为它揭示了人类社会历史运动的一般规律，而是更应当致力于在关注重大现实问题的总体性视阈中彰显自身的创造性价值，面对当代社会变化的复杂情境，拓展其理论视阈，追问真实的理论问题，反思真正的实践问题。中国现代化建设的过程及有中国特色社会主义道路的探索过程，既是社会有机体及其整个社会主体活力由压抑到释放、由萎靡到迸发的进程，同时也是构建具有强大生命力和理论威力的马克思主义中国化过程，这一过程也表明了历史唯物主义面向现实不断自我生成与自我否定的开放性。可以说，当代历史唯物主义面对的一个重要问题就是社会发展道路问题，伴随着全球化与中国社会转型的过程，与社会发展机制—社会活力相关的新的理论与实践问题不断涌现，因此，历史唯物主义视阈中的社会活力问题研究，理应成为深化历史实践意识，拓展深化唯物史观，进而开启历史唯物主义面对现实的具体路径的重大理论与实践问题。本书将力图在全球化与中国社会转型的双重背景下，从与社会秩序逻辑演进紧密关联的社会结构的历史变迁、社会交往的功能作用，社会整合的路径选择之中审视社会活力发展的逻辑必然。探讨社会活力与和谐社会的本质关联，挖掘社会秩序逻辑演进中社会活力的形成机理、运行机制，考察和谐社会秩序建构中社会活力问题的政治、经济、文化、生态及日常生活的向度，从社会结构、社会制度、社会管理体制、社会核心价值方面寻求社会活力与社会和谐的统一基点，实现能够提高人的自主创新能力、使人各尽其能、使社会充满活力的科学发展。

第一节　秩序、活力与和谐

一　秩序

秩序与活力是人类自古以来就追求的理想目标，同时也是社会形态和社会生活的理想状态。中国古语说："没有规矩，不成方圆。"这里的规矩，实质上就是秩序的一种外在表现和现实状态。"秩序"一词在我国最早是由分别使用的"秩"和"序"二字组合而成。"秩，常也"①，意指常规。"序"，则意蕴次序。西晋时，陆机首次在其文学理论著作《文斌》中将"秩"、"序"二字组合使用，道："谬玄黄之秩序，故泱涊而不鲜。"② 此句本意是将文章体裁的千变万化类比于天地间事物的千姿百态，提出如果忽视了文章的韵律之美，就如同颠覆了天地的规律次序。由此可见，由于讲究天人合一，在中国人的语境中，秩序往往作为"混乱"、"无序"的反义词出现，指的是合乎自然客观规律的稳定平衡态，接近于排列上的规律性和条理性，结构上的平衡性和一致性，整体上的统一性和连贯性。"秩序"在英文中对应"order"一词，指"秩序、顺序、有规律的状况"③，西方学者大都依据自然与社会、理性与感性、科学主义与人文主义这两条逻辑线索，在自然秩序与社会秩序④两个层面上讨论秩序。

---

①　《汉语大词典》，汉语大词典出版社 1992 年版，第 2304 页。

②　《辞书》，上海辞书出版社 1999 年版，第 4705—4706 页。

③　哈耶克：《法律、立法与自由》，中国大百科全书出版社 2000 年版，第 79 页。

④　"自然秩序"（natural order, the order of nature）最早由法国启蒙思想家伏尔泰、孟德斯鸠、卢梭等人提出。狭义的自然秩序基本上等同于自然规律，指不以人类意志而存在和转移且必须严格遵守的永恒不变的自然运行机制和律令。而广义的自然秩序则被赋予了更深厚的哲学和伦理色彩。它与广义的"人为秩序"相对，是一种脱离了社会强制力、专门性法规和传统习惯标准的秩序。亚当·斯密以更加敏锐的洞察力发现了这种"自然秩序"对人类社会经济活动的影响，并将之大胆应用于解释分析复杂的经济问题。其后，西方学者从人类现实的社会生活和社会活动角度认识秩序，如李普塞特、韦伯、库恩等人对社会秩序的探讨，把社会秩序看作是社会凝聚的方式、社会关系的意向内容、规范行为调适社会的体系等等。

秩序与社会的可控性、社会生活的稳定性、人的互动性和社会生活的可预测性相关，与人类社会发展和兴衰成败有着千丝万缕的密切关系。它是对社会稳态、和谐、规律及有序的状态揭示，预示着社会生活的有序性和人的创造活力之间的合理张力，也代表保障社会稳定、整合和激发社会活力的协调机制。离开秩序，人类社会以至整个自然界就会失去存在的基础和稳定的保障。

二　活力

"活力"一词由"活"与"力"两个字构成。"活"的意思是指"生存"，是与"死"相对的。"活"也能作为形容词，意思是有生气、生动、活泼。可以用来形容充满生气和活力，用来形容活跃、活泼、机灵，也可以指身体的强健。"力"则是象形，本义是体力、力气，有"力量"、"能力"、"威力"等不同含义。作为动词，则有尽力、竭力、致力、努力、奋力等意思。"活"与"力"结合起来的"活力"一词，《现代汉语词典》（《商务印书馆》）中对此解释为："旺盛的生命力。"活力指一种富于生机的生命状态和精神状态，或是具有生机和生气的努力与奋斗，也指一切行为者获得旺盛生命力，行为过程本身表现出行为主体积极的努力和昂扬斗志。活力必须有承载它的载体，载体是一切存在者。"活力"在英文中对应"viality"一词，是西方生命科学探索生命起源、追问生命本质的重要概念，形成了对生命现象的活力论（vitalism）与新活力论（neo-vitalism）① 解释。对活力的哲学思考，促使社会学家和哲学家重新关注与思考生命，并且将理解生命起源、创造力及活力的重要概念如自组织、自创生、复杂性等扩展应用到社会领域，探讨人类社会动态演进的机制，人对社会发展的积极认识与观念建构和对真实可靠的活力社会的决策及实践

---

① "活力论"（vitalism）是生物科学发展史上的一个派别，产生于人类诞生以来对生命起源与本质追问的回答。对于生命现象一直有两种相反解释，一种便是还原论，认为生命的构成与非生命没有本质区别，生命的活动可以用力学、物理学和化学定律来解释。另一种则是活力论，也称生机论，主要是利用现代生理学和胚胎学的科学发现为其论证，认为生命世界与非生命世界存在着截然的界限，并且有着其特殊的运动规律。19 世纪的活力论指一些哲学家和科学家们用超越物理化学过程和科学分析范围的各种生命力（life-force）来解释一切生命现象的观点。新活力论（neo-vitalism）则是以不同方式设定某种不可认识的生命力（如生命冲动、对生命的渴求等）作为解释生命现象甚至一切事物的原则。

构想。随着以不确定性和复杂性为特征的全球信息社会的兴起,活力理论在当代西方社会科学中获得了新的说明。科学家和哲学家们尤其对自然科学中出现的新概念如突现(emergence)、复杂性(complexity)、人工智能(artificial intelligence)之间的关系以及诸如信息理论和控制论的路径表现出极大的热情。[①] 在他们看来,当前的将信息、知识或"心智"引入到社会与自然实体中,使它们不再无生机,更具过程性、更有活力的努力值得推崇。"活力"与一些著名社会学家及社会理论家对社会结构、社会变迁、社会冲突、社会秩序及城市化进程的研究紧密相关起来,全球信息社会的兴起以及社会科学领域复杂性理论的发现及应用则使活力受到重新关注与阐释,这种视阈下的活力因而被赋予了文化与哲学的内涵,并被社会哲学家加以拓展用于研究社会发展及进化过程。

三 和谐

"和谐"由"和"与"谐"两个字组成。"和",按照《说文》的理解是相应也;"和"也是协调的意思。"谐",《尔雅》中指出,"谐,和也",也就是配合匀称、得当的意思。由此可见,"和"与"谐"在本意上是内在一致的,两个字放在一起理解,指的就是融洽、协调、合满,既和睦协调,又和好相处。在中国文化中,和谐占据着非常重要的地位,中国传统文化特别崇尚和谐,认为"和为贵"、"和为美"、"和为满"、"和为气"、"和气生财"等。古代的人伦关系及传统哲学,都是围绕和谐展开,如个人修行之道、君王管理之道,就是通过一种政治实践,达到天人合一、物我融合、群己相融的理想境界。和谐因此成为万物存在的基础和客观的秩序以及人类追求的价值目标。在西方文化的历史演进中,同样蕴含着丰富的"和谐"思想。毕达哥拉斯认为自然界被数学的和谐法则所

① 参见 Ackermann, R. Mechanism, "Methodology and Biological Theory", *Synthese* , Vol. 20, 1969; Bronowski, J. , "New Concepts in the Evolution of Complexity", *Synthese* , Vol. 21, 1970; Carlo, W. E. Reductionism and Emergence, "Mechanism and Vitalism Revisited", *Proceedings and Addresses of the American Philosophical Association* , Vol. 40, 1966, pp. 94 – 103. ; Emmeche, C. , S. Koppe and F. Stjernfelt, "Explaining Emergence: Towards an Ontology of Levels", *Journal for General Philosophy of Science*, *Vol.* 28, 1997, pp. 83 – 119; Hein, H. , Mechanism, "Vitalism and Biopoiesis", *Pacific Philosophical Forum*, Vol. 6, 1968b, pp. 4 – 56, 1968b.

统治，数学为现实世界与艺术世界提供原则、方法、模式与根源。"数"有奇和偶之分，而"每一个数都与奇偶这组对立有关，都是奇偶两个对立方面的统一，而奇偶两个对立方面的统一就是和谐"。① 宇宙按照数字规定的秩序运行，每个天体所处位置不同，运转速度也相应不同，并且会发出不同的音调。与距离成比率的音调，组成和谐的声音。整体宇宙就显示出整体性、统一性与审美性的最美的和谐。可见在毕达哥拉斯那里，和谐不仅仅表达的是一种信息与秩序，它也具有文化及审美的维度。之后和谐逐渐被引入政治领域，如柏拉图的善与正义相统一的和谐的理想国，卢梭通过社会契约实现平等与自由的和谐政治理想，罗尔斯的良好秩序与正义社会的政治目标，等等。尽管中西方的和谐观有很大差异，但在矛盾即对立统一中把握和谐这一点上两者是相同的。和谐既是多元、差别、矛盾甚至是斗争的因素相辅相成所表现出来的平衡和稳定状态，它代表着一种秩序，同时和谐也是一种动态追求，孕育着活力。和谐不是静止、封闭的统一，不是死气沉沉、僵化呆板的绝对平衡，"和而不同"，正是在不同中彰显着活力与生机，在不同中可以实现创新和发展。

秩序、活力与和谐三者有着内在紧密的关系。秩序与活力，既是和谐的本质内蕴，也是构建和谐的重要途径。秩序代表着稳定、有序、饱满的动态平衡状态，它展现了基于科学性、有机性层面的价值追求和理想表达。秩序对于社会的稳定相当重要，人的生存与社会的发展离不开规制或秩序，秩序透出的稳健理性和规范机制为实现和谐创造了条件，奠定了牢固的基石。活力则存在于变化与多样之中，它代表着人类生存与发展的创新能力，蕴含着社会生活的丰富多样性及人类文明的可持续性。活力允许多样的存在，活力源于多元，人类社会靠多元多样激起生生不息的发展与创造潜力。活力是社会发展的动力机制，和谐是社会发展的平衡机制，一个社会的发展需要动力机制与平衡机制的共同作用。活力是和谐寓意最为深远、深刻的本质特征之一。多元包容、融通互动有利于繁荣与和谐，这里的多元及互动代表着活力，没有活力则会失去效率、失去创新、失去发展。包容与融通则表现着秩序或者说平衡的要求，我们同样需要稳定和协调，需要理性准则与机制的支撑，激发、调动和保证活力健康和全面的创

---

① 策勒尔：《古希腊哲学史纲》，山东人民出版社 1992 年版，第 385 页。

造与实现，推动全球良好秩序的维持以及人类文明的进步。

第二节　和谐社会秩序与社会活力

社会活力是社会发展的根源和动力，是社会创造性发展的条件，而社会秩序是维持社会持续稳定的基石，是社会和文明得以延续的根本，这两者是所有国家和民族关心和追求的重大主题。回溯历史，社会秩序历来都是哲学、社会学、历史学、经济学等社会科学所关注的中心问题。霍布斯、马克思、杜克海姆、帕森斯和哈贝马斯等社会理论家，针对社会秩序的生成、存在与演化等问题各抒己见，提出了一系列颇有真知灼见的理论。如霍布斯的"社会契约"、马克思的生产关系或经济结构、杜克海姆的"共享的社会规范"、帕森斯的"决定道德行为的社会制度"、哈贝马斯的"交往行动"等。而今天，历史的巨轮已将我们推入信息化、全球化、多元化的 21 世纪，社会风险日益增大，社会发展环境条件复杂多变。面对当前全新的历史机遇与时代背景，面对努力建设新型"活力社会"、"和谐社会"的世纪理想，如何做到既能在变化中保持社会的有序、和谐与稳定，又能在稳定的基础上保持生机、激发活力，在科学发展观的指导下构建和谐社会，这既需要智慧，也需要机制，需要我们进行全新的思考角度转换和革命的理论探索。因而，历史唯物主义视阈中的社会活力问题突显出重要的学术价值、政治意义和应用价值。

一　历史溯源：社会秩序与社会活力的本质相关

众所周知，社会是由人构成的，历史不过是人的活动的总和。但是在本质上，"社会不是由个人构成，而是表示这些个人彼此发生的那些联系和关系的总和"①。历史也不是无数个人活动的简单相加，而是在众多个人活动的相互作用中形成的。因此可以说，社会秩序就是人类社会活动的秩序。一部人类社会的发展史，就是人的活动不断扩展、活动秩序不断演进的历史。社会秩序与人的活动密不可分，它源自人类实践，既是人得以存在和发展的条件，也是社会事物存在的最根本方式和基石。迄今为止，

①　《马克思恩格斯全集》第 46 卷，人民出版社 1979 年版，第 220 页。

众多学者已从不同领域、角度和层次出发，在不同意义上对社会秩序这一概念做出了精彩纷呈的不同定义。概括起来，学界主要有以下几种看法：（1）社会秩序通常是指"一定社会结构的固定性、相应社会关系的稳定性和社会行为的普遍规范性"①。（2）社会秩序是指"存在于人类社会的秩序，是指人们交互作用的正常结构、过程或变化模式，是人们互动的状态和结果"②。（3）"社会秩序是指在一定规则体系的基础上社会系统运行所体现出来的有规律、可预见、和谐稳定的状态，是社会微观主体相互作用而产生的一种稳态、和谐的宏观现象。"③（4）"社会秩序一般指社会里的社会制度及其间关系的整个结合体；也指一种以和谐的社会关系为特质的社会或团体之情景，相对地缺少社会模式间的冲突。"④（5）社会秩序是社会系统中的秩序，是"社会得以聚集在一起的方式"，是"纵向分层的等级秩序"和"横向分化的多元秩序"的有机统一。⑤（6）社会秩序是指"在人类社会生活中，个体与个体之间、个体与群体（或组织）之间以及群体（或组织）之间的相互联系、相互交往和相互作用的有序状态"⑥。

综合上述观点，我们认为，社会秩序适用于哲学、社会学、历史学、经济学及其他社会科学领域。广义上它指一系列相互联系的社会结构、社会制度和社会实践，用以保存、维持并加强社会交往和社会行为的正常方式；狭义上它指社会生活各个领域的共同规则及人们在公共场所中必须遵守的行为规范，用以维护社会稳定，保证正常生产、工作和生活的具体内容；动态上它指社会个体之间有序、合理的相互联系、相互影响和相互促进，能持续生产出其自身存在和发展所必需的条件，如交换、权力、沟通、价值与文化等，并随时代背景的变化和历史的变迁实现自我进化；静态上它则是一套相对稳定的制度体系，是社会互动和传统习惯的固定模

① 马新福：《论社会稳定和发展的法律机制》，《吉林大学学报（社科版）》1995 年第 2 期。

② 刘雪梅：《论法治秩序与中国乡村社会法治秩序》，《邵阳学院学报》2004 年第 6 期。

③ 纪宝成：《论市场秩序的本质与作用》，《中国人民大学学报》2004 年第 1 期。

④ 蔡文辉、李绍嵘：《简明英汉社会学词典》，中国人民大学出版社 2002 年版，第 213 页。

⑤ 席西民等：《和谐社会秩序形成机制的系统分析》，中国管理创新大会会议论文，第 104 页。

⑥ 丁烈云：《危机管理中的社会秩序恢复与重建》，《华中师范大学学报（人文社会科学版）》2008 年第 9 期。

式，包括所有随时间逝去而保持相对不变的社会事实，具有一定的恒久性。由此我们可以看到，社会秩序作为维持社会持续稳定的基石，与社会发展动力机制的社会活力之间在历史意义上的本质相关。

首先，社会秩序与社会活力都源于人类实践活动，其生成、发展、消亡、再生成的循环舞台都是人类社会，都随历史进步、文化变迁和人类实践活动的发展经历了从低级到高级、从简单到复杂、从单一到多元的进化过程，具有同样的发源基质、变迁基础和影响范围。社会秩序和社会活力都脱胎和适用于人类社会的特殊部分，即是以人的生存、活动和交互作用为主要内容的部分。它们一经产生，便从广义的秩序和活力中分离出来，并与自然秩序、自然活力有了本质上的不同。它们摆脱了后两者的缓慢进化和一成不变，遵循自己独特的方式、轨迹和规则，发生着完全不同的演化和变迁。

其次，社会秩序和社会活力在形式上都是无形无状、不可触摸的，并不具有客观可视的实体形态。它们在外延上都是有限的，在内涵上则是无限的。它们弥漫、应用和外显于有形的实体社会空间，人们却很难能通过感官来体察，或科学方法和科技工具来测量它们，而只能依靠人的悟性加以理解和领悟。社会秩序与社会活力在其内涵上的无限性，主要是它可以深入到人的内心世界，具有社会心理层面上的无限深度。人交往和联系的现实范围是有限的，但人意识和心理联系的领域是无限的，人的理性和智慧所具有的开拓性和创造性也是永无止境的，因此社会秩序和社会活力也便具有了无限拓展的条件和可能性。

最后，社会秩序和社会活力都具有统一性与连续性，都因受到自然力和社会力的双重作用而更加复杂化和多样化。在社会实践层面上，由于人的生存、活动、交往诸方式不同，人与人之间互动的强度和频率不同，特定社会秩序、社会活力的生成、转换、运行的状态就会有很大的不同。在社会心理层面上，由于人的悟性和理性所具有的层次不同，人的情感情绪体验不同，对社会秩序的理解度、认同度、接受度也会不同，对社会活力的激发度、整合度和协调度也会不同。任何一个偶然因素的加入，都可能对社会秩序和社会活力的持续时间和作用强度产生影响，改变它们原有的既成形态。

正是这种与社会活力在本质上的相关性，历史地决定了社会秩序具有双重性："作为社会的、人为的秩序，它必然与人们有意识、有目的，甚至是情绪化的活动联系在一起，必然会反映作为主体的人的需要、愿望、情感和意志；而作为世界秩序的一部分，社会秩序又必须寓有意于无意之中、寓人为于自然之中、寓目的于规律之中，应当是合目的与合规律的统一，体现出非人格化的特征和趋势。"①

二　生成机制：社会秩序与社会活力的价值统一

社会秩序何以可能？霍布斯被认为是首先明确提出该问题的第一人。这个著名的"霍布斯问题"在霍布斯的巨著《利维坦》中首次出现，从此成为社会学家、政治学家、哲学家甚至心理学家们争论的焦点，并因此发展出理性主义与自由主义两条路径。我们可以将霍布斯问题理解为，如何调和不同社会个体之间相互区别甚至彼此冲突的私人利益，如何协调相异的个人利益所导致的纷乱社会行动，又如何实现冲突个体的相互结合从而形成有序的社会生活、催生有效的社会秩序？这归根结底便是意味着个体自由的社会活力与意味着群体合作的社会秩序之间的关系。可以说，社会活力是人类本性的需求，是人类创造力和积极性得以存在的基础，社会秩序是人类一切实践活动的前提，是社会和文明得以延续的根本。在这个意义上，社会活力与社会秩序既相互依存又互相冲突，这就决定了我们必须对社会秩序的生成机制进行跟踪梳理，从而在价值意义上明确社会秩序与社会活力的内在统一。

霍布斯认为社会秩序的生命之源在于理性。他指出，代表绝对主权的国家以及社会秩序都生发于人类理性，社会秩序并非上天赐予，而是人类理性思考并以社会契约为手段，通过长期谋划而形成的智慧结晶。"人类有一种优于其他动物的能力，这就是当他想象任何事物时，往往会探询其结果，以及可以用它得出什么效果。"② 并且，人类可以"通过语词将自己所发现的结果变成被称为定理或准则的一般法则"③。这里要注意，霍布斯所言的人类理性并非与生俱来的"纯粹理性"，而是通过后天学习获

---

① 邹吉忠：《论现代社会的秩序问题》，《河北学刊》2002年第1期。
② 霍布斯：《利维坦》，黎思复等译，商务印书馆1985年版，第30页。
③ 同上。

得的。正是这种理性能力指导人们趋利避害、趋乐避苦，为避免堕入"人和人像狼"的灾难性局面而自愿订立契约，将自身的一部分权利让渡于某个个体或集体，使之具有绝对权力运用符合大众利益的手段来管理和保护社会、制定和保障秩序，最终实现共同利益。

由是观之，霍布斯的观点类似于一种目的论。他眼中的社会是一种庞大的组织结构，其目的在于追求个体利益，而社会秩序类似于这种组织结构的运行机制，其目的在于实现多元个体利益之间的协调与异质社会个体之间的合作。正是这种稳定的协调与合作关系实现和保证了社会的存在与发展。离开了社会秩序，社会便失去了其基础、根据与本质，其结果必将是混乱无序的相互战争状态。

而哈耶克的研究则凸显了自由主义色彩。他将社会秩序进一步区分为自发秩序（the spontaneous order）和人造秩序（the made order）两种。人造秩序类似于霍布斯所论述的社会秩序，自发秩序则与之相反。它并非通过人类理性所专门设计，不属于人工产品，而是自发产生的天然内部秩序。从这一点看来，它与中国古代儒家思想的"天道"有类似之处，二者都认为人类社会秩序的形成并非人力所为，不同之处在于儒家思想认为它来自"天"的安排，只有圣人能理解"天道"，只有君主才能维持"天道"。而哈耶克的自发秩序思想则认为社会秩序完全来自于个体自发行为的自我调适过程，而这一过程的本质就是自由。虽是自由，但自发秩序并非杂乱无章而是遵循一定的行为规则而产生，它并非一定以行文或条例的方式出现，却在真实的社会生活中被人们所遵守。因此，在哈耶克看来，"自发秩序是自由主义的根据之所在，自由主义的意义也就莫过于实现这一种更为复杂、更能使人充分发展的社会秩序"①。

总而言之，无论理性主义还是自由主义，对社会秩序的产生所进行的探讨都是以个人为目的和核心，都承认个体目的的不同和个人利益的冲突会导致混乱的无序状态。其不同之处在于，理性主义认为解决的出路在于以社会契约的理性方式将协调权力让渡给国家和政府，而自由主义认为在于不同个体之间的自我调适与自发协调，这种个人行动的动力既非出自上

---

① F. A. Hayek, *Studies in Philosophy, Politics and Economics*, The University of Chicago Press, 1967, p. 162.

帝之手，也非政治权力的强迫，而是出自个人（包括家人和朋友）的自爱。①

由此看来，社会秩序的价值正是在于它使个人行动得以可能，从而也使个人所组成的社会得以可能，因而保证了社会生活的基础构架。而我们所讨论的社会活力并"不仅仅是社会在经济领域、物质资料生产方面的活力，而是涉及包括经济在内的政治、文化、生态等各领域活力整合而成的综合的活力"②，也即弥漫于社会生活的方方面面、无所不在的活力，它实质上是"社会有机体的生命力，也是社会能够不断发育成长的内在机制"③。正是在这个意义上，社会秩序与社会活力在价值意义上的内在统一性再一次彰显。

首先，社会秩序的实践性表现出社会活力的现实性。社会秩序虽然在形式上不可触摸，弥漫于社会空间，但却是建立在客观必然性的基础上，同样也遵循客观自然规律。其产生、变迁、发展、运用的现实化必须既符合客观必然性又符合多元主体的整体利益趋向。社会秩序的基础在于人类社会的合作性生产和生活过程，本质上是人类各种社会关系的规范化与有序化，并随人类实践活动的发展而不断发展变化。符合历史发展趋势和人类共同利益的社会秩序促进人类实践的发展进步，而落后于历史进程和损害共同利益的社会秩序则阻碍人类实践能力的跃迁。因此，它既是人类实践的过程，又是人类实践的结果，更是人类实践的风向标和指示器。而社会活力也并非只是抽象的存在物，它具有现实性，是"在感性实践活动基础之上生发并且不断丰富、多样和复杂化的客观实在，而且活力也只能通过实践并且在对象性的活动中得以表现、实现和对象化"④。"正是建立在社会实践之上并不断进行自我调适的社会秩序，表现出社会活力的与时俱进与现实主义，从而赋予社会自我整合、自我扩展、自我更新、自我再生、自我调节的能力"⑤，最终成为和谐有机的统一体。

---

① 哈耶克：《自由秩序原理》（上册），邓正来译，生活·读书·新知三联书店1997年版，第68页。

② 董慧：《社会活力论》，湖北人民出版社2008年版，第4页。

③ 同上书，第39页。

④ 同上书，第19页。

⑤ 同上。

其次，社会秩序的多样性预示着社会活力的多元性。社会秩序的产生绝非单独个体所能设计和控制，社会秩序的发展趋势和未来走向也绝非人类理性所能准确预测。社会秩序具有整体性，它并不简单地等同于独立规则的堆积，而表现为更加复杂多样化的社会现象，它远非一种拉伸式的扁平结构，而更近似于纵向与横向相结合的立体网络构造。从纵向来看，社会中的人群由于不同的年龄、性别、职业、收入、教育背景、文化水平、价值取向和利益目标等因素而区分为不同的社会阶层，这在目前为止的任何社会都无法避免，从而决定着社会秩序具有纵深性。从横向来看，即使是隶属于同一阶层的人群，也会因各自不同的人格、旨趣、理想、心理成熟度和认知水平等因素而具有不同的影响力和支配力。因此，针对不同阶层、不同群体、不同个性的人群，需要具体的社会秩序。其目标就在于以动态平衡的社会秩序调和不同阶层、人群、个体的矛盾和利益，从而最大限度地提高社会分层的合理度，保证社会的相对稳定和规章制度的有效施行。也正是这种网络式的多极化，整合着复杂的异质个体，兼容并包、去粗取精、去伪存真，将异质活力的杂乱洪流整合为相互宽容、相互弥补的同质活力。

最后，社会秩序的流动性昭示出社会活力的灵动性。毫无疑问，社会秩序具有一定的稳定性和持续性，唯有以规范性和标准性认可和固定下来的秩序才能称之为是有效的社会秩序。但事实上，社会秩序更接近于一个不断发展变化的动态开放系统，是随历史进步、文化变迁和人类实践活动经历了从低级到高级、从简单到复杂、从单一到多元的进化过程。任何机械化、封闭化的趋势，即预示着"秩序的冷化"[①]，其结果必然是对活力的压制，对人性的束缚，对自由的毁灭。社会秩序一旦僵死，必然出现种种社会矛盾，而社会秩序正是在不断的矛盾中进行协调和测试，动中取静，多中取一，以试错的动态方式不断进行理想与现实、理论与实践的调试，从而在社会的流变与发展中实现相对平衡的稳定态，获取不断发展进步的生命力，保证社会积极灵动的活力机制。正如马克思的社会秩序思想所认为的，稳定的社会秩序并不就是没有社会矛盾的秩序；相反，社会矛盾正是实现和谐的社会秩序、保证灵动的社会活力的必由之路。

---

① 邹吉忠：《论现代社会的秩序问题》，《河北学刊》2002 年第 1 期。

三　功能阐释：社会秩序与社会活力的相辅相成

社会秩序一方面强调协调整合、稳定有序与辩证统一；另一方面也强调规范约束、适度制约与矛盾冲突，一个社会不可能没有冲突和无序的现象，但把它们控制在一定的范围和程度内，也是一种社会秩序。因此，有机结合了"协调与约束"、"规范与自由"的社会秩序，实质是维持了社会稳定，协调了人类利益，并最大限度地保障了社会主体的自觉性和能动性，在功能意义上与社会活力的实质——"自由与有序"的辩证统一具有内在统一性。

（一）以社会实践的协同性实现社会交往的合理化

如前文所言，社会秩序的本质属性在于其社会性，这是由人的本质所决定的。人的本质是人在实践中所体现的一切社会关系的综合。人类生活在本质上是一种社会性的生活。因为有限的生命个体在面对无限的自然界时常有一种无力感和挫败感，无法以一己之力认识和改造宏大的未知世界，也无力满足自己各方面的多种需要。这就决定了人们必须通过有效率的社会交往和互动结成社会性群体，以共同协作的实践活动来整合分散的自然状态，生发群体活力，以满足自身需要的满足，在社会交往与协作的流变中孕育灵动活泼的社会活力。而这种共同协作的实践活动必然需要共同的规则和行为规范。人们正是在这种共同规则和行为规范的引导下，使自身的社会生活成为一种有秩序的生活。"所谓社会的秩序，在本质上便意味着个人的行动是由成功的预见所指导的，这亦即是说人们不仅可以有效地运用他们的知识，而且还能够极有信心地预见到他们能从其他人那里所获得的合作。"[①]

正如哈贝马斯所认为的，实现交往行为合理化是建立社会秩序的途径之一。交往行为一方面是以声音、语言、文字、体态、表情或其他符号为媒介，以相互理解、沟通为目的的对话行为；另一方面还是在双方行为主体达成共识的基础上，通过规范化和秩序化调节实现个体、群体与社会和谐的行为。它实质上是行为主体之间通过没有任何强制性的诚实对话，以

—————————

① 哈耶克：《自由秩序原理》（上册），邓正来译，生活·读书·新知三联书店1997年版，第199—200页。

求得相互理解并达成共识的行为。也正是这种人与人之间的互动交往过程丰富了人性，提高了社会生产力，产生了社会文化，从而创造并激发了社会活力。因此，社会秩序的主要功能即在于实现这种合理化，将社会所有成员（包括个体与群体）均吸纳入一定的社会关系网络中，对其社会行为和活动予以适当的调节和控制，使各成员明确其社会地位与职责，从而能各得其所、各安其位、各司其职，实现社会结构的相对稳定。有了稳定的社会结构，个体和群体行动才得以可能，社会的正常交往才得以可能，社会合作与社会整合才得以可能，社会的正常运转和持续发展才得以可能。

在这个意义上，社会为人们提供了一个生产、消费的有序场所，社会的有序化不仅仅使个人活动得以可能，也使社会生活的丰富得以可能。获得、维护并延续社会交往关系，便是社会秩序的构成和实施过程，也是社会活力的持续整合与生发过程。社会秩序在本质上即是社会主体之间交往关系的规范化和稳定化，健康有序的社会交往关系外化为社会秩序，而社会秩序则内蕴着合理的社会交往关系。

（二）以社会结构的稳定性保证社会主体的自由度

按照马克思主义观点，自由是一个主体性范畴，是人的主体性的最充分的体现。"人是由于有表现本身的真正个性的积极力量才得到自由。"[①]自由也是社会活力的最高境界，它是人类实践活动的本质和浓缩。"它意味着人通过实践，将其生命活力与创造活力充分发挥，不断突破外在必然性尺度，实现自己规定自己，自己主宰自己，获得不受自身和外在必然性束缚的解放与全面发展。"[②] 这恰恰与社会秩序的又一主要功能不谋而合。

自由是一种普遍的自由，但并不是一种绝对的自由，它同样具有适用的范围和程度。自由是对人的一种尊重，不仅是对自身，还包括他人。诚然，在人人自由平等的"自然状态"下，人人都对一切事物享有平等权利。但是，这种绝对的自由却意味着人在本性上的利己主义被放大到极端，人人都可为争夺一己私利而争斗，由此产生利益的冲突矛盾和人与人之间相互为敌的战争状态，社会的安宁、稳定与和谐发展毁于一旦，其动

---

① 《马克思恩格斯全集》第 46 卷，人民出版社 1979 年版，第 167 页。

② 董慧：《社会活力论》，湖北人民出版社 2008 年版，第 58 页。

力生发机制也损毁殆尽。

因此，社会秩序与人类自由并非是非此即彼或此消彼长的矛盾关系，反而是相互促进的。社会秩序作为人类社会存在和运行的基础，一方面在其现实性上体现为稳定的社会结构，规范主体行为、调适社会关系，从而保证持续稳定的社会整合，为实现人类自由提供前提与条件；另一方面，社会秩序又在其主观性上体现为适度的社会控制，在一定程度上将人类自由限制在合理范围内。正如库利所言："只有糟糕的社会秩序才是和自由对立的。自由只有通过社会秩序或在社会秩序中才能存在，而且只有当社会秩序得到健康的发展，自由才能增长，只有在构造较为全面和较为复杂的社会秩序中，较高层次的自由才有可能实现。"①无论何种社会，只有秩序而无灵动的自由会窒息个体活力，从而葬送群体活力；而牺牲井然的秩序保证绝对的自由又会导致个体活力的相互冲突，最终酿成骇人听闻的混乱。因此，重自由而轻秩序，社会必然混乱无序；重秩序而轻自由，社会必然僵硬死板；对二者一视同仁，社会又必然四平八稳，乏善可陈。

在这个意义上，社会活力需要的是自由与有序之间适度的张力，需要的是一种能够调和不同主体间矛盾的利益协调机制，需要的是这样一种复合系统：它既能充分发挥社会主体主动性、积极性与独立性、激发其个体活力，又能维持主体自由的合理限度、保障其活力的活而不乱，并从中形成稳定的社会制度，预示着动态和谐的未来社会。而这正是和谐社会秩序的题中之义。

（三）以社会要素的人性化促进人类情感的凝聚度

社会秩序生成于人类社会，来源于人类实践，成形于社会主体对具体价值观与规范的内在化，因此，社会秩序并非冰冷无情的机械体制，而被赋予了丰富的人文意蕴，浸染了浓厚的人性因素。它在本质上是以人为中心的，应当是为人服务且为实现人的价值及最终自由而全面的发展创造条件的，这也决定了它在一定程度上能够作为一种情感纽带，联结异质的个体与群体，以共同的归属感与认同感维护和激发社会活力。

一方面，人性的生成与发展依赖于社会秩序的存在。"脱离了社会秩

---

① 霍顿·库利：《人类本性与社会秩序》，包凡一等译，华夏出版社1999年版，第300—301页。

序就没有人的存在，人只能通过社会秩序来发展自己的个性，并通过社会的发展而发展。"① 作为社会运动的客观规律在人类社会中的合理外化，社会秩序在客观上反映了社会的真实现状，预示了其变化发展的历史规律。因此，它也象征着人性的生发、存在与发展所处的现实舞台与历史背景。脱离了社会秩序所昭显的时代因素，人便难以把握历史变迁与社会发展的趋势，难以实现自觉自主的社会行为。人性的自由发展与人类情感的独特阐释也便无从谈起。

另一方面，社会秩序的调适与完善也依赖于人类情感的萌动。社会秩序是人类实践的结果和产物，而人类实践则是人的内在本质的外在展现与充分发挥，诠释着人在自然界与人类社会中的主体性、能动性、自觉性与创造性。实践作为人类特有的感性活动，本身就充盈了丰富的情感因素，代表了人性的独特、潜力与无限的可能性。有了这样的情感凝聚，才能意味着思想与情感的一致性与认同感，才能意蕴着社会各要素之间的良性互动与协同统一，才能构建出具有极高认可度和深远影响力的社会秩序，从而成为人们社会行为和社会生活的直接基础，最终激发源源不断的社会活力。在这个意义上，社会秩序本身就蕴含着活力。"社会情感表现着统一，统一不是僵死的统一，而是包含多样与差异的统一，它内含着各种社会力量的较量，成为激活社会秩序、激活整个社会的活力根源。"②

总而言之，社会秩序作为维持社会持续稳定的基石，与促进社会健康发展的社会活力之间，不管从历史意义、价值意义还是功能意义上看，都存在着本质上的内在一致性。而人自由自觉的实践活动则是这两者实现现实统一的关键途径。作为一种类存在物，实践是人最基本的存在方式，也是人最根本的类特性。人在社会中的感性实践活动凸显为一段由远及近、由低到高、由落后到先进的历史进程。这一过程勇往直前，绝不停歇。在这冲刷一切的滚滚洪流中，历史、文化、情感、人性逐渐沉淀为动态平衡的社会秩序与激情蓬勃的社会活力。二者所体现的规范与宽容、自由与有序的有机统一，无疑预示着个体、群体、社会三者之间的和谐共生，昭示着社会生活的正常运行与社会主体的自主自觉之间的张力平衡，更指明了

激荡在秩序与活力之间的动态和谐社会。

第三节 社会活力:一项唯物史观的考察

社会活力是社会发展的题中应有之义,也是唯物史观的重要范畴,它既是对社会历史唯物主义中社会动力问题的深化,也是对马克思主义历史唯物主义的创造性发展,因此它是一个重要的哲学命题。社会活力是实践基础之上人的主体性、能动性、创造性不断生发、展现和提升的动态过程,社会秩序是实践基础之上人的个性、自由、规则不断塑造、积淀与完善的过程。整个人类社会进步历史就是自由与秩序、社会活力的秩序化与社会秩序的活力化相统一,共同走向和谐的历史。

历史"不过是追求着自己目的的人的活动而已"①,而人的一切活动,包括人的社会生活又都是社会实践,因此,"全部社会生活在本质上是实践的"②。马克思的唯物史观为我们理解及拓展社会发展的动力机制提供了启发性的洞见,也将表现着人类的主体性、创造性及能动性的社会活力的历史及实践意义突显出来。历史唯物主义作为科学的、革命的、实践的社会历史理论,其核心精神不仅仅在于揭示和理解人类社会历史发展的一般规律,更在于敢于积极面对社会现实,在社会变革与社会建构的现实要求中开辟具有开放性、多元性的具体化路径,彰显其实践价值与创造本性。今天我们所处的时代,已远远不同于马克思恩格斯创立唯物史观的那个时代,无论是人类实践活动与历史活动的各个领域,包括政治、经济、文化、日常生活、生态,还是人类社会实践和生活状况的面貌都发生了巨大的变化,对人类社会存在的基本结构、社会发展的内在运行机制、社会主体的实践选择等方面也提出相应的范式转变需求。理性地评价与反思中国社会的活力图景,既是时代赋予历史唯物主义的现实使命,也是实现有中国特色可持续发展的重要理论及实践基础。

一 全球化、信息化和城市化:社会活力的现实境遇

如果说改革开放可以看作中国社会由死到活地充满生机、繁荣发展的

---

① 《马克思恩格斯选集》第 1 卷,人民出版社 1995 年版,第 118—119 页。
② 同上书,第 56 页。

"第一次革命"的话——因为中国为力图挽救严峻的社会现实做出了种种努力，大力发展生产力，大幅提高人民生活水平，将中国社会发展持续不断的活力激发出来，让社会重现活力与生机，使得改革开放前后两大历史时期出现完全不同的活力景观，即"社会有机体由死到活的转变，社会主体活力的压抑到释放、整个社会活力的萎靡到迸发"①，那么当今世界历史进程的加速及社会现实的深刻变化，即全球化、信息化、城市化，则可以看作是让中国社会发展实现了"第二次革命"的现实境遇，为中国社会实现充满创造活力的发展提出了更大的挑战与机会。

全球化涉及当代资本主义和社会主义发展的总体趋势及基本特点，涉及对社会未来发展前景的预测，因此是研究社会活力不可回避的重要现实背景。全球化的浪潮已真真切切地影响了我们经济、政治、文化及日常生活的各个方面。这场世界范围内、永不停歇地多维竞赛——包括社会、政治、经济、文化、军事等诸多领域，把所有国家都卷入其中。全球化不仅仅是指"一个生气勃勃的、由那些经济行为主体（所谓全球运动选手）在全球范围内的活动所操纵和控制的世界经济的出现"②，或是资本主义经济在全球空间范围内的扩张，它其实是如同吉登斯所言的"现代性的全球化"，表现为"世界范围内社会关系的强化"③。社会关系的强化，拓展了社会交往的范围，也改变了社会结构的变迁，造就了多极化的政治格局和多元化的文化格局，影响着民族身份意识与自我认同、个人的生存境遇与社会运行。社会关系强化的趋势迅猛且不可逆转，将机会、困难、危机与挑战共同摆在各个国家面前。如何能够积极应对全球化，既充分受益于经济全球化带来的有利因素，生机勃勃繁荣昌盛地发展，以赢得在世界经济发展中的稳定地位，又能够在多元文化的矛盾与冲突中，在社会发展实践中将自古以来开创的思想文化传统不断传承延续，坚守自己的精神家园，以保持社会发展的生命活力与创造活力？全球化的境遇和挑战需要我们积极参与到全球化的协作中，在全球化的立体性、复杂性与过程性中思考自身的创新责任。创新责任，是为激活、确保、增强社会创新能力提供

① 董慧：《社会活力论》，湖北人民出版社 2008 年版，第 219 页。
② 张世鹏、殷叙彝：《全球化时代的资本主义》，中央编译出版社 1998 年版，第 107 页。
③ 安东尼·吉登斯：《现代性的后果》，田禾译，译林出版社 2000 年版，第 56 页。

充足的创新条件、有效的制度保障和公正的价值判断标准，能够为社会充满活力的发展提供有力的激励及动力支持，使社会焕发出创新的活力。

信息化时代人类生产方式与生活方式将产生革命性的变化。在信息化的逻辑中，技术革命、网络工程、时空文化、传媒文化正以巨大的变革力量改变着我们生活的每个方面，把我们带进后工业信息时代既真实又虚拟的网络社会。信息化、数字化、网络化本身已形成了一个多元、无限的空间环境，并且快速融入到社会、文化和经济生活中，构成了一幅建构在"比特"上的数字化生存的文化图景，多角度地改变着人类社会生活的方方面面。这幅全新的、活力四射的颇具想象力和创造力的图景，真切地展现了传统社会空间与当代信息网络空间"矛盾二重性"①，以及网络空间与真实社会空间之间互动所孕育的人类政治、经济、文化和交往的新的存在方式和实践方式。网络空间作为社会现实空间的投影，它具有超越现实社会的特点，现实与虚拟的结合使其更具复杂性，技术特点和物理建构使其更具匿名性、超时空性，它比现实社会空间更活跃，更具生命力。信息化一方面改写了社会结构，使之成为"一个高度能动的开放系统，乐于创新而不危及它的平衡"②；另一方面也对诸如城市空间、文化习俗、权力关系、伦理规范、社会运行体制、文明模式等一系列问题的重组与重构提出要求，也对如何确保网络空间源源不断的活力生发机制，以促进现实社会空间健康、有序且充满多样性和创造性的持续发展，以实现数字化虚拟世界的真正隐喻——"对现实社会空间中秩序的空间化"③（the spatialization of social order）提出思考。

城市化是当代中国社会变迁中的重大实践问题，它的拓展与深化带来许多问题：如空间极化、空间同质化、车行交通空间拥堵、居住空间紧张、公共空间缺乏、阶层分异、城乡差距、贫富分化、城市经济二元化、超城市化、城市空间隔离等，直接对城市可持续发展的生命力与活力提出

---

① 张果、董慧：《自由的整合，现实的重构——网络空间中的秩序与活力探究》，《自然辩证法研究》2009 年第 11 期。

② Manuel Castells, *The Power of Identity*, Malden（Mass）and Oxford：Blackwell Publishers, 1997, p. 470.

③ Rob Shields, Lefebvre, *Love and Struggle*, *Spatial Dialectics*, London and New York：Routledge, 1999, pp. 154—155.

挑战。城市化进程既是人类文明和人类社会生活不断成熟与丰富的历史，也是突显空间的象征性意义、不同人的生命体验、社会生活和价值体系的交流沟通的历史，因此城市是进行社会与历史研究的必须视阈。建设好的城市，实现"城市，让生活更美好的目标"，在哲学历史唯物主义视野中，就是实现城市作为财富有机体、生活有机体和艺术有机体健康、协调和可持续发展，化解城市化迅猛发展带来的诸多城市危机，建设美好的、富于生机的城市来满足人类居住的向往，并且使之能够永续性存在，实现人类社会和文明积累这一目标。西方马克思主义代表人物哈维，其马克思主义政治经济学以及将历史唯物主义升级为历史—地理唯物主义相结合的分析方法①，为我们面对城市化产生的问题提供了有益的启示。城市化的过程就是城市空间动力形成、发展、繁荣、消退的不断无限循环和相互交织的历史，城市空间生产则开启了城市动力之经济、政治、文化和生活的空间维度的无限可能性。城市空间生产与人的实践之间是双向互动的辩证关系，空间不平衡导致城市居民不同的生活机会，带来社会正义的困境。历史唯物主义需要融入空间即地理学的视角，对社会正义的空间考察表达着人类实践所揭示的具体的历史地理条件中的政治承诺。社会正义是社会有序、生机发展的政治要求，它包含在城市可持续发展的诉求之中，从这个意义上可以说，社会活力的重要目标之一就是实现可持续的城市，即标志着"活力、团结和居民共同的地方感"的城市。"这样的城市以没有公开的或暴力的群体冲突、没有明显的空间隔离和长期的政治不稳定为特征。"②

二　实践、主体和价值：唯物史观视阈下社会活力的归旨

我们知道，唯物史观揭示了人类社会和人类历史活动的多样性存在及其发展的一般规律。马克思恩格斯所理解的社会和历史活动的存在，是对一定时代人类实践和社会状况的说明，而不是所谓的神秘不可捉摸及任意

---

① 参见董慧《空间、生态与正义的辩证法——大卫·哈维的生态正义思想》，《哲学研究》2011 年第 8 期；《时空动力学视阈下资本与权利的空间交错》，《哲学动态》2011 年第 5 期；《当代资本的空间化实践——大卫·哈维对城市空间动力的探寻》，《哲学动态》2010 年第 10 期。

② Yiftachel and Hedgcock, "Urban Social Sustainability: The Planning of An Australian City", *Cities*, May, 1993.

幻想虚构的存在。社会和历史活动的存在，其出发点"不是任意提出的，不是教条，而是一些只有在想象中才能撇开的现实前提。这是一些现实的个人，是他们的活动和他们的物质生活条件，包括他们已有的和由他们自己的活动创造出来的物质生活条件。因此，这些前提可以用纯粹经验的方法来确认"①。社会和历史活动的存在既涵盖人类实践活动，包括政治、经济、文化等种种领域，也包括人类在这些领域通过丰富的实践结成的各种社会关系或社会结构。"全部人类历史的第一个前提无疑是有生命的个人的存在。因此，第一个需要确认的事实就是这些个人的肉体组织以及由此产生的个人与其他自然的关系。"② 这既是人类社会历史的生成前提，也是人自己依靠自己本身的诞生的根据。所以，当人在一开始生产自己的生活资料的时候，就把自己和动物区别开来，在自由自觉的劳动实践中获得了自己本质的确证。自由自觉的实践可以说是人的生命活动的特质，是人的生活方式和存在方式，人的本质是在与自己的活动、自己的生活状态相联系的动态的、过程的实践中获得说明的。人与人生产的联结及由生产决定的交往，构成了社会的结构和运动，形成了社会历史的更迭与演进。在这一逻辑过程中，社会发展动力机制的运行由现实的个人出发，通过人自觉能动的社会实践促成社会结构、社会关系、社会交往及社会发展的生成，通过自己的实践不断改变着自然环境。"环境的改变和人的活动或自我改变的一致，只能被看作并合理理解为革命的实践。"③ 在社会有机体由低级向高级的历史演进与社会历史的进步中，立足于感性实践基础之上的人的生命活力也得以表现。将生命活力及其内在世界自由地对象化的创造活力则表明人对自己本质的全面占有，不断突破必然性的束缚，最大限度地张扬活力。由此，社会的历史进程与运行机制展现出清晰的图景，在这一图景中，人之活力的生发与对象化、社会结构和社会秩序的演进与优化、社会生活的丰富与全面表现出历史一致性。唯物史观的理论视阈与社会活力的现实归旨在实践基础、主体意识及价值旨趣方面有共同的考量与指向，因此我们可以将整个人类史看作是"人与对象世界的矛盾与张力、

---

① 《马克思恩格斯选集》第 1 卷，人民出版社 1995 年版，第 66—67 页。
② 同上书，第 67 页。
③ 同上书，第 55 页。

生成与变化、超越与束缚的双向互动过程中"① 的人之活力展现的历史，社会结构不断优化和社会秩序不断形成及规范的历史，同时也是自由与秩序、社会活力的秩序化与社会秩序的活力化相统一，共同走向和谐的历史。

（一）现实及历史的实践基础

唯物史观不仅要对社会结构及其复杂的构成进行唯物的分析，更要揭示社会结构发展及运行的内在机制，因此社会活力本身就是唯物史观的视野所不能忽视的重要问题。唯物史观不仅仅具有结构的维度，即只对社会结构要素即生产力、生产关系、经济基础、上层建筑之间决定和被决定、作用及反作用的关系作出解释和说明。更重要的是，唯物史观也具有历史的维度，而这一维度则关涉人类社会的发展机制、社会的历史性。而结构与历史维度的基础，就是实践。马克思实践概念的提出，为生产力的发展作出了唯物主义的解释，也为唯物史观的历史维度奠定了理论基础。正如伯恩斯坦所说的，马克思对现实政治经济和其历史起源的正确理解，为我们奠定了揭示真正人类潜能的唯一基础。只有在对异化这一客观社会条件的根源和原因进行批判性理解的基础上，才能发现真正人类的潜能。只有理解了人是怎么样的，为什么成为这样，才能理解人能成为什么。② 马克思对机械唯物主义进行了批判，认为它们只是从客体的、直观的形式去理解事物，而不是把它们当作人的感性活动，当作实践去理解，由此发展出对费尔巴哈人本主义的改造。而黑格尔哲学的活动性、历史性及辩证性，以及把世界看作是自我运动、自我产生的过程，也因为费尔巴哈创立的真正唯物主义从而在马克思的视野中突显出它的意义。"全部社会生活在本质上都是实践的。凡是把理论引向神秘主义的神秘东西，都能在人的实践中以及对实践的理解中得到合理的解决。"③ 由人的现实存在、人的感性活动即实践出发，才可以理解马克思的社会历史理论。对于实践的基础及重要地位，卢卡奇表示认同，并且把其提到社会存在高度，"由此出发：社会存在（作为人们对其环境的积极适应），首要地和不可忽视地以实践

① 董慧：《社会活力论》，湖北人民出版社 2008 年版，第 112 页。

② Richard J. Bernstein, *Praxis and action: contemporary philosophies of human activity*, University of Pennsylvania Press, 1971, pp 70—71.

③ 《马克思恩格斯选集》第 1 卷，人民出版社 1995 年版，第 60 页。

为基础。所有这些存在的现实的、重大的标志，只有从对真实的、合乎存在特性的实践，从对实践的前提、本质、结果等的本体论的研究出发，才能够被理解"①。

作为客观的对象性活动，实践既是现实的，又是历史的，是人与自然、个体与类的具体的历史的统一。它既是人及社会历史不断生成和发展的机制和形式，也是人的根本存在方式。人通过实践活动展现其生命活力，不断发挥自己的本质力量，人的主体性、自我意识、自由自觉的生命活力在人的本质力量的对象化过程中得以实现，并且创造着丰富多彩、复杂多样的社会关系和社会生活。社会活力因此不仅具有了坚实的实践基础，也在实践过程中获得了丰富的主体规定性。正是因为现实的、历史的实践基础，才生成了人类历史及其发展历程，才使社会活力丰富的主体性内涵得以确认。有意识、有目的的实践活动构成了人类纷繁复杂的现实及意义世界，并且随着人的创造活力在其发展中不断被激发，自身也在不断拓展和深化，变得越来越丰富和多样，充分表现了实践的创造性。人类实践的历史，就是在实践基础之上的社会活力不断生发、展现与提升的过程。它表现为人与自然、人与人之间双重关系的展开，人对自然能力的增长与人本身的丰富，人的类活动形式的发展与人本身的丰富，充分表现人创造社会关系、创造自己本质、创造社会历史的活力。

（二）异化及扬弃的主体意识

"异化是马克思一生理论思考中的一个基本概念。"② 在唯物史观的实验性文本《手稿》中，马克思立足于对人的本质的自由自觉的活动理解，对异化进行了积极的探讨，以人的类本质为参照系，从四个方面即劳动产品的异化、劳动本身的异化、人的本质的异化、人与人的异化对异化理论进行了初步的思想表达。而在唯物史观的奠基之作《德意志意识形态》中，马克思以人的现实物质生活条件为参照，对异化进行了历史唯物主义的理解。马克思明确确立了历史的起点即有生命的个人的存在，是现实的人，"是他们的活动和他们的物质生活条件，包括他们已有的和由他们自

---

① 王锐生、陈荷清等：《社会哲学导论》，人民出版社 1994 年版，第 91 页。

② 俞吾金：《从"道德评价优先"到"历史评价优先"——马克思异化理论发展中的视角转换》，《中国社会科学》2003 年第 2 期。

己的活动创造出来的物质生活条件"①。现实的人通过"感性活动"来确证和发展自己，展现自己的活力，但实践在历史的实际进程中却产生了异化即人们活动的结果，反而成为一种人们不能驾驭并且受其统治的异己的力量。"分工立即给我们提供了第一个例证，说明只要人们还处在自然形成的社会中，就是说，只要特殊利益和共同利益之间还有分裂，也就是说，只要分工还不是出于自愿，而是自然形成的，那么人本身的活动对人来说就成为一种异己的、同他对立的力量，这种力量压迫着人，而不是人驾驭着这种力量。"② 在马克思看来，现实社会就是一个异化状态，但异化并不是永恒存在的现象，"当交往成为世界交往并且以大工业为基础的时候，只有当一切民族都卷入竞争斗争的时候，保持已创造出来的生产力才有了保障"③，随着分工和私有制的消灭，异化也会被超越、消除。生产力的发展是消灭异化的物质基础和必要前提，也是世界范围内人们之间普遍交往建立起来的实际条件。而"没有共同体，这是不可能实现的。只有在共同体中，个人才能获得全面发展其才能的手段，也就是说，只有在共同体中才能有个人自由"④。这个共同体就是建立在生产力巨大发展之上的未来共产主义社会。由此可见，马克思在这里是从实践、从现实生活条件出发展现异化的逻辑和共产主义的物质基础。在他看来，人类历史就是人不断发展同时又不断异化的历史，就是人回归自身、自我实现的历史。马克思的根本目的是要扬弃异化，实现人的自由劳动和消灭了现存异化状况的共产主义理想。在共产主义阶段，人得到自由全面发展，人不再受外在力量的支配而是按照自己的意志自主地活动。这个过程其实也是人的独立性、自主性、创造性增强的过程，是人的潜能巨大发挥的过程，也是活力逐步显现与释放的过程。

马克思异化理论批判的锋芒直击资本主义社会的本质，成为后来西方马克思主义者们批判当代资本主义社会最重要的理论武器。卢卡奇、弗罗姆、马尔库塞、哈贝马斯、列斐伏尔、阿尔都塞等从不同角度发展了异化理论，延续了马克思对资本主义异化和物化批判的历史传统。西方马克思

---

① 《马克思恩格斯选集》第 1 卷，人民出版社 1995 年版，第 67 页。
② 同上书，第 85 页。
③ 同上书，第 108 页。
④ 同上书，第 119 页。

主义者深刻地揭示了人的主体意识及主体性存在丧失、社会生活全面异化的现代性重要特质，对现存资本主义社会工具理性、意识形态、消费主义、感觉主义、虚无主义、大众文化、生态危机进行了深刻的现代性批判。科学技术和经济的进步，被资本积累的目标创造出来，带来了社会的繁荣与活力以及前所未有的文明与成就，充分彰显着人的主体意识与活力。但另一方面受消费文化、科技幻想、贪婪资本积累的纠合所控制的现代社会却呈现分裂与碎片化，社会阶层的矛盾与冲突突显，全球性的经济危机加深，个体意义与自我价值日益缺乏。所有这些异化的表现是因为资本逻辑构成了异化的基础，"生产和消费领域中发生的每一件事情彻彻底底受资本循环和积累所控制"①。异化渗透到现代社会的各个层面，侵蚀着社会的精神文化根基，对人的自由生存本质造成了颠覆，制约和束缚了社会活力。"自我异化的扬弃和自我异化走的是一条道路"②，只有克服及超越异化，构建人类的主体性意识，人才能通过劳动实践将生命活力和潜在的创造活力外化为显在的活力，成为改造对象的实践的、积极的、具有活力的主体，从而以一种全面的方式占有自己的本质，将个体积极向上的主体性和竞争性内注于社会发展之中，推动社会生气勃勃、生机盎然地前进。

（三）解放及自由的价值旨趣

解放及自由，既是一种哲学思潮和政治要求，也是马克思主义唯物史观中不可忽视的真实诉求和终极价值理想。这种解放及自由的价值旨趣，既是为人类生活奠基的生存论追求，也是实现人类共同理想的价值论追求。它不仅仅只是一个理想目标，而且也是当今时代和现实生活向我们提出的问题。也正是因为马克思真正切中社会现实本身，并且把全人类的解放及个人自由全面发展作为其理论归旨，才创立了建立在实践基础之上的以"改变世界"为旨归的历史唯物主义。在马克思看来，全人类的解放及个人自由的获得是一种历史的活动，只有在现实的世界中，并且使用现实的手段才能真正实现，而现实的人以及人类的实践活动，则是这一历史

---

① 董慧：《身体、城市及全球化——大卫·哈维对解放政治的空间构想》，《哲学研究》2012 年第 4 期。

② 《1844 年经济学哲学手稿》，人民出版社 2000 年版，第 78 页。

活动的立足点。实现解放和自由，就是要从现实的物质生产资料的实践出发，将人从一切依赖关系、物的依赖关系所造成的异化中解放出来，真正实现"建立在个人全面发展和他们共同的社会生产能力成为他们的社会财富这一基础之上的自由个性"①。解放的道路也是人获得自由全面发展的道路，只有把人类从私有制的束缚下解放出来，人才能摆脱盲目而强大的自然力和异己对立的关系对其的限制与束缚，才能按照自己的需求、目的、意愿和情感进行自由自觉的活动，获得全面而且充分发展的自由个性。"哲学把无产阶级当作自己的物质武器，同样，无产阶级也把哲学当作自己的精神武器"②，解放的任务只有无产阶级才能完成，而且解放的使命集中反映了马克思"改变世界"的精神实质。无论是对社会发展规律与动力的探讨，还是对于现行社会经济运行机制的分析，无论是关于分工造成个体活动与生命本质异化的揭示，还是对于无产阶级革命策略的阐释，都表达了唯物史观的价值归旨及理论关切，那就是推翻和扬弃"使人成为被侮辱、被奴役、被遗弃和被蔑视的东西的一切关系"③，实现以实践的方式历史地展开的价值论追求，即"每个人的自由发展"为条件的"一切人的自由发展"④这一价值理想。

解放及自由的价值旨趣同样也是社会活力的最高理想归旨。"社会生产的主要目的是使人类获得全面自由发展，人的活力得到最大限度发挥，人真正实现自我，获得真正自由，使社会活力真正获得本质规定，社会得到全面发展，从而使个人利益与社会利益获得同一。"⑤以解放及自由为主题的唯物史观的建立是一个历史的生成过程，这一过程也是社会活力形成、发展、丰富的生成过程。社会活力具有阶段性特点，它以一定历史条件为前提，并且与每个时代的解放及自由的内涵具有相对意义相一致，它在不同历史时期以不同的、与时代特征相一致的形式表现出来。个人是社会发展的重要尺度，个人的发展是社会发展的主要脉络，而人是追求自由个性的人，因此个性解放、个人自由全面发展既是当代社会生活及文化的

---

① 《马克思恩格斯全集》第46卷（上），人民出版社1979年版，第104页。

② 《马克思恩格斯选集》第1卷，人民出版社1995年版，第15页。

③ 《马克思恩格斯全集》第3卷，人民出版社2002年版，第208页。

④ 《马克思恩格斯选集》第1卷，人民出版社1995年版，第294页。

⑤ 董慧：《社会活力论》，湖北人民出版社2008年版，第89页。

基础，也是当今社会活力的重要条件及表现。个人是现实生活中的社会关系的占有者，是社会中唯一"活"的要素，所以个人的"活"成为衡量社会"活"的重要尺度。社会活力体现在人本身之中，体现在对人的自由全面发展永无止境的追求之中。要实现人的"活"，需要确立主体性和以人为本的思维，以人的解放及自由为价值导向，超越现存社会中对人性的压抑，真正释放人的潜能，将人塑造成为具有自主创新意识并且具有深度责任感的个体。人的现实、实在的自由，表现为束缚人的桎梏被打破，个人的主体性地位和独立人格的确立，人与人之间丰富社会关系的建立，人的体力、智力、个性和交往能力的充分发展以及个人与社会价值的实现，每个个体通过他人、社会实现着自己本质的全面占有，实现着自信、自足和自我确认。这既是人的解放及自由的活力本性，也是社会发展的基本价值取向。社会的发展因为个人的积极性、创造性和主动性的充分发挥而日益充实，社会的进一步发展又成为推动人的自我完成、自我实现的动力之源。

三　社会发展、社会生活、社会和谐：社会活力的三个向度

马克思的理论分析中蕴含着丰富的有关社会活力的思想资源，这些思想资源直接体现在唯物史观的具体阐发中：马克思将整个社会看作是一个建立在生产力基础之上的经济、政治和思想文化结构相互作用及关系的整体，这个"一切关系在其中同时存在而又互相依存的社会机体"① 形成于人们的实践及交往活动之中。立足于实践，将社会看作人们活动的产物，当作以生产实践为基础的各个社会层面、各个社会要素、各种社会关系有机联系的系统，考察社会整体演进动力机制的深层根源，社会结构的优化和功能的强化，推动社会生机勃勃发展，这就是历史唯物主义视阈下社会活力的主旨和要义。

马克思关于社会形态变迁及其规律的历史及逻辑的考察，有关国家和民族的实际发展进程的说明，历史向世界历史转变的论证以及每个人的全面自由发展的分析，既揭示了人类社会发展的本质与规律，也阐明了社会发展和个人发展是每一个国家和民族共同面临的主题。这一主题的目标和

---

① 《马克思恩格斯选集》第 1 卷，人民出版社 1995 年版，第 143 页。

价值取向就是要努力激发社会活力，在激烈的竞争中谋求更大的发展，由此获得社会发展和文明进步；马克思从物质生产活动出发来理解现实的人，以人们自己的、现实的生活作为观照来理解整个历史，即"从直接生活的物质生产出发来考察现实的生产过程，把同这种生产力相联系的、它所产生的交往形式即各个不同阶段上的市民社会理解为整个历史的基础，从市民社会作为国家的活动描述市民社会，同时从市民社会出发阐明意识的所有各种不同理论的产物和形式，如宗教、哲学、道德等，而且追溯它们产生的过程。这样当然也能够完整地描述事物（因而也就能够描述事物的这些不同方面之间的相互作用）"[1]，表达了创造社会历史与创造社会生活的发展逻辑与价值旨趣的一致性，社会生活的全面创新及日益丰富，承载着社会生活主体的价值诉求，也开启了社会蓬勃发展、个人自由及解放的现实路径；马克思实践唯物主义视野中，从社会历史发展与自然发展的逻辑一致性到社会主体的决定性与选择性的统一，从所有制关系的历史更替与历史变更到"废除资产阶级的所有制"[2]，从无产阶级消灭阶级统治和对立的存在条件到"每个人的自由发展是一切人的自由发展的条件"[3]，表达了马克思对一种生产力高度发展、阶级和阶级差别被消灭、异化被消除的理想的、有序的、和谐的社会状态的期盼与探索，这也是社会活力的最高旨归。因此可以说，社会发展、社会生活和社会和谐构成社会活力的三大向度，社会发展是否具有强劲动力、社会生活是否丰富多彩、社会是否有序和谐，是衡量一个社会是否具有活力的标准和尺度。

（一）社会发展：社会活力的目标战略主旨

发展是人类文明进步的基础，也是各个国家和人民繁荣昌盛的根本，是发达国家和发展中国家共同面临的核心问题。全球性时代竞争更加激烈，缺乏活力的国家会在竞争中落败甚至被淘汰，因此任何一个国家在探索现代化之路时，都不得不努力激发自己的社会活力。社会活力是社会创造性发展的条件，也是对发展这个时代主题的科学论断，社会发展则构成社会活力的重要战略目标。社会活力既是社会健康有序发展的动力，也是

---

[1]　《马克思恩格斯选集》第1卷，人民出版社1995年版，第92页。

[2]　同上书，第286页。

[3]　同上书，第294页。

社会创造性发展的条件。只有社会充满活力与生机，社会主体才会积极参与竞争，才能获得社会发展和文明进步。

社会发展从一开始就是人类状况中不可或缺的一部分，无论在何处，它都已成为人们关注的中心，而且人们相信社会发展是不可抗拒的、不可逆转的、不可消除的。影响社会发展的原因有很多，包括科学技术、意识形态、竞争、冲突、政治、经济和文化力量等，但支撑并且影响整个社会发展实践的则是发展理念。作为"一种时代精神、实践理性和价值取向"①，发展理念对社会的发展实践产生根本性和全局性影响，它决定着社会发展战略的制定、社会发展道路的选择以及社会发展的成败，它是社会发展的灵魂和根本。考察人类历史发展进程我们知道，"欧洲中世纪的神学发展理念曾经使整个社会生活置于封建蒙昧状态，因而导致上千年的社会发展缓慢；近代以来理性观念的确立和弘扬，则创建了一种新的文明，使社会生活充满了生机与活力，欧洲社会由此迈入现代化行列"②。中国社会不平凡的发展历程——改革开放之前与之后 30 年，社会呈现出完全不同的精神面貌，其根源就在于确立了正确的、科学的发展理念，坚持了决定中国发展命运的改革开放。所以说，发展理念对于社会充满活力的发展，从而建立起人类的意义世界具有指导性作用。同一个时代的不同社会之间存在差异，同一社会不同历史阶段也存在差异，有的生机盎然，社会生活水平较高，有的则如一潭死水，萎靡不振，战争与冲突不断，以至退出历史发展的舞台。其原因在于"立其大者"的发展理念出了问题。发展理念形成于社会发展历史实践之中，它也需要在社会发展实践中加以检验。发展理念的与时俱进，则是国际和国内发展现实对社会发展提出的挑战。20 世纪 80 年代初，邓小平同志就明确提出："现在世界上真正大的问题，带全球性的战略问题，一个是和平问题，一个是经济问题或者说发展问题。"③ 可以说，要发展已成为全球共识，但在如何发展，如何解决发展过程中的各种悖论性矛盾，究竟为谁发展这些问题上，还缺乏清晰明确的意识。因此，全面理解发展，树立具有前瞻性的发展理念，无论对

① 丰子义：《发展的呼唤与回应——哲学视野中的社会发展》，北京师范大学出版社 2009 年版，第 3 页。

② 同上书，第 4 页。

③ 《邓小平文选》第 3 卷，人民出版社 1993 年版，第 105 页。

于我国还是世界上其他国家的社会发展而言，都具有重要价值和长远意义。

发展既是历史性的概念，又包含价值观的意蕴。它是一个历史发展起来的概念，人们正是借助它来考察整个现实，考察人类的全部文明成就。发展与变化紧密相连，但并非所有变化都是发展。发展通常表现为循序渐进的直线上升态势，纯粹周而复始的圆周式过程不是发展。而且发展包含有价值的含义，意味着发展过程的后期阶段比它之前的阶段要好一些、高级一些。社会发展则是与人的发展及其价值实现直接相关的，是人们对社会历史活动过程及结果的认识和评价。如果社会历史实践的结果对人而言是有益的，对社会进步是有利的，那么这样的历史实践就是发展的。活力同样既是历史性的概念，也包含价值观的意蕴。活力是人类社会积极向上、勇于进取的精神状态，也是人类社会得以生存和发展的创新能力。社会在不同历史时期不同发展阶段，表现出的精神状态不同，决定了活力的内涵与表征的历史性。社会活力"是对社会发展态势、社会经济、政治、文化等各个领域表现出的精神状态所作的价值评价和理性认同"①，标志着社会发展的内在根源及本质特性，是社会发展的软实力表现。社会发展的历史，是人不断适应现实、改变及超越现实，不断将自己的理想诉诸实践的历史。这一过程也正是人通过实践活动不断追求与创造价值，并在此过程中实现自身价值创造与提升、实现自由全面发展、人的生命活力、创造活力不断社会化的历史。社会发展中渗透着人们自觉的价值，社会活力则体现着人们对社会发展合规律、合目的的探寻，对意义世界的建构和对理想世界的追求。社会发展的本质是创造及创新，是公平与自由、稳定与生机、社会全面进步和个人全面发展的动态前进过程，其表现是社会的整体变革、社会主体积极创新以及新的文明的出现，因此成为充分肯定人的主体性、创造性，重视社会的精神状态的社会活力的目标战略主旨；社会活力包含着以人为本、公平正义、自由自主的价值创造观念，为社会发展的价值系统奠定基础，为社会的经济发展、制度创新、政治民主、文化繁荣、管理改革、政策制定提供基本的价值取向，也为充分调动人的积极性、主动性和创造性从而实现人的发展、创造新的社会历史确立了实践原

① 董慧：《社会活力论》，湖北人民出版社 2008 年版，第 71 页。

则。社会活力影响着社会发展理念的确立、社会发展道路的选择，社会发展需要社会活力的激发，社会活力也需要在社会发展中实现其价值。

作为一个发展中国家，中国近 30 年的发展创造了一个又一个奇迹，非凡的经济成就令人惊羡，呈现出与西方发达国家不同的独特发展局面。改革开放打开了中国走向现代化的光辉大门，开创了中国特色的发展道路，实现了中国现代化的创新。改革开放代表着中国社会发展的"世界历史"与"中国历史"相统一的视野，丰富了马克思的社会发展理论，实践了走中国自己的道路的现代化发展模式。"世界历史"是对马克思在唯物史观中的世界历史的总体性视阈的理论继承和问题实践，中国社会走向现代化是伴随着国门的打开、走向世界开始的。它的发展吸取了当代世界社会发展过程中的精华，在日益扩大的社会交往、社会活动中，在不断摆脱归根结底表现为世界力量的这种异己的支配力量过程中，社会主体的主体性和能动性不断被释放与创造，整个社会的活力由此得到激发与增强；"中国历史"则代表着中国发展的个体性或差异性视角，当代中国发展的动力来自于改革开放所带来的巨大活力，改革开放是决定中国自身命运的关键决策，"特别要注意，根本的一条是改革开放不能丢，坚持改革开放才能抓住时机上台阶"[①]，由此突显出中国现代化历史进程的独特性与创造性。思想解放、体制改革、制度建设、科技创新、文化创新、交往开放为中国的改革开放提供了比较客观的视角和全面的坐标，解放了人的观念，解放了人的精神，解放了人，赋予了社会活力坚实的物质发展根基和深厚的文化精神支柱，"为社会主体生存空间、自由选择和各种权益得以逐步舒张即主体活力的激发提供了广泛的空间"[②]。

中国社会发展的速度、规模、影响是空前的，其发展逻辑的特殊性引发的矛盾和问题，表现出中国历史的悖论或两难的特点，即"浓缩与循序的矛盾、滞后与超前的矛盾、机会与压力的矛盾、解构与重建的矛盾、民族化与世界化的矛盾"[③]，而且全球化、信息化与城市化交织的复杂的世界历史境遇，对社会活力的持续焕发、保证中国现代化腾飞源源不竭的

---

① 《邓小平文选》第 3 卷，人民出版社 1993 年版，第 374 页。

② 董慧：《社会活力论》，湖北人民出版社 2008 年版，第 233 页。

③ 丰子义：《马克思社会发展理论的当代价值——兼论其把握方式与寻求途径》，《北京大学学报》2006 年第 4 期。

动力提出挑战和更高的要求。社会发展的现实要求和社会活力自身的辩证规定①，预示着两种社会发展的可能结果，一种是中国现代化势头具有活力与生机地延续下去，顺利实现现代化这一自我持续增长的创造过程，真正构建和谐社会秩序，另一种则是贫富差距拉大、社会矛盾加深、生态系统恶化、道德失范、社会动荡等问题的出现，威胁、困扰和无法驾驭现代化。要顺利推进中国的社会发展，实现社会活力的目标战略主旨，要在对马克思的社会发展理论有全面深入的理解与把握基础之上树立科学的发展观，进一步解放思想，更好地解决中国社会发展创新问题，同时要特别注意反思社会活力的"异化"②或"限度"问题给发展带来的冲击和波折：经济上受市场利益盲目驱使、一味地追求高增长带来的经济行为失控从而导致经济危机和社会动荡，政治上过度放权导致权力和制度的分散、失控与失范，文化上受消费主义统领和市场经济冲击导致文化内涵被掏空以及伴随其出现的焦虑孤独、萎靡不振、审美匮乏。解决这些问题，需要一种现代理性精神的支撑，将社会发展引向理性化的轨道，也需要对活力精神进行理性的规制，化解活力的异化效应，将社会发展引向积极健康之道。

（二）社会生活：社会活力的生存反思之维

社会生活是社会发展的意义所在，也是社会活力的生存反思之维。社会生活有其自身的功能和目的，日益在社会发展中起着重要的推动作用。自从有了人类社会以来，承载着社会、经济、文化、历史、思想观念和价值取向的生活方式（怎样生活）及相应的社会生活（生活样态）就慢慢形成，并且不断变化、生生不息。可以说，社会生活是一个不断生成及创造的过程，它既是社会有机体变迁的重要组成部分，也是人类社会发展的缩影。现代化的进程，是社会生活整体的、全面的变革过程，也是全新的社会价值创造与新型社会生活方式培育过程。殷实丰裕、安康富足、充实繁荣的社会生活是社会发展的意义追求，也构成衡量一个社会是否具有可

---

① 笔者认为，社会活力是一个辩证性概念，社会的"活"是在与"不活"相对应之下突显其积极意义的，并且社会活力是活而不乱的、辩证的活力。参见董慧《社会活力论》，湖北人民出版社 2008 年版，第 61 页。

② 笔者认为，要警惕社会活力的"异化"问题，为了避免活力成为与人类社会相对抗、影响社会发展和人的发展的力量，将活力引向善的方向，需要对社会行为进行理性约束与控制。参见董慧《社会活力论》，湖北人民出版社 2008 年版，第 257 页。

持续发展活力的重要因素。人类物质生产力发展到一定阶段，社会生活质量的提高将成为社会发展的核心问题。社会发展要以人们的幸福为目的，解决人们的生活自由这一问题，随着社会的发展，人们的生活应该变得越来越美好。社会生活是对人的生存方式、生存根源及生存体验进行反思的基本场域，也是在对人类生活的自我理解与自我批判基础之上建立历史超越与现实实践相统一的社会发展模式，满足人类幸福最大化的可持续发展社会的出发点。

现实生活是人类历史的真实前提和基础，也是历史唯物主义的重要构件。社会生活是人的生存需要满足、实现的实际生活过程，也是文化在人类生产生活实践中的长期沉淀。它是人类追求自己的生活即创造性地发现与利用自身的特殊人格和自身特殊的活动，在此基础上开启并且规划自己的生活道路、彰显生活意义的过程。对象化的实践活动是人类多种多样、丰富多彩的社会生活的根基，"历史不过是追求着自己目的的人的活动而已"①，没有人的实践就没有社会。人类生存的第一个前提也就是历史的第一个前提，就是"人们为了能够'创造历史'，必须能够生活"② 所进行的简单甚至微不足道的生产物质生活本身这一历史活动。物质生产活动是人类历史运动的基本出发点，人类历史发展的过程就是物质生活进步与解放、人类生命活力与创造活力不断张扬、人类在实践中不断创造社会生活环境同时被社会生活环境创造的历史。进步、解放、创造既是马克思所说的"改变世界"的努力，也是社会活力的核心品质。改变以现实生活为基点，并且最终也指向现实生活。人的解放与自由、社会活力遵循现实生活的否定、扬弃与超越的逻辑，这一逻辑也历史地建构有利于人类解放与自由、社会蓬勃发展的社会生活，拓展了现实生活与社会历史、人类历史与自然发展的双重视野。唯物史观中的社会生活，在历史发展的规律性前提下获得其合法性的存在，并且与历史发展遵循一致的逻辑规律，对社会生活至善的追求也因为实践的本性具体化到现实生活的历史发展与创造改变的进程之中。社会生活的开辟与丰富，表现为以现实生活的价值意义为目标的开放的、动态的人类社会生活之普遍交往的历史生成过程。"生

---

① 《马克思恩格斯选集》第 1 卷，人民出版社 1995 年版，第 118—119 页。
② 同上书，第 79 页。

活本身又是以个人彼此之间的交往为前提的。这种交往的形式又是由生产决定的。"① 交往的历史也表现社会生活由单一到多样、历史向世界历史转变、社会由封闭到开放的逻辑演进历史。现实生活本质的不断自我扬弃，其实也是人的自身及人的实践活动自身矛盾的展开，其根本旨趣在于它是人的生命创造力的表现，人的生活意义的开掘与拓展，之于社会个体差异性与社会整体共在性融合一体的社会生活价值的追寻。

社会生活是能够反映现代化发展最终目的的构成要件，全球化及现代化的发展要求将社会生活的重要性日益突显出来。在社会发展进程中，社会生活的懒散惰性、单一乏味、贫困窘迫有可能成为快速社会发展的阻滞力，而积极向上的社会生活则表达着人类自己生活的愿望，在焕发人们致力于社会建设的巨大创造力和对美好幸福生活的文化启蒙，为人类生活提供价值和意义方面起着重要的推动作用。社会生活涵盖社会心理、社会意识形态、日常生活、大众文化等诸多方面，对我们的精神世界进行深刻的反思，把人类精神所寄生的，同时也是植根于人类文明历史的寓所的、涵盖了社会的人生经验与全部意义的社会生活作为出发点和最终归宿，恢复社会生活的本来意义与本真状态，整合个性自由与社会责任、家庭共同体与社会共同体、私人空间与公共空间、崇高的社会理想与普通的生活伦理、宏观的历史生活动力与社会生活领域个人的发展动力之间的矛盾与冲突，消除异化，最终实现自在的社会生活模式超越。在这样的社会生活中，人既能找到自然生存意义上的衣、食、住、行的熟悉与安全感，也能够超越自然维度，达到关于自身及人类存在的尊严确证、文化认同、价值觉知的精神归一感。

全球化、信息化、城市化正在以一种前所未有的力量重构着社会生活的方方面面，丰富了人的发展历史。社会生活日趋复杂，又使得当代人的生存与发展面临困惑，将我们置于更具风险和不确定性的世界。资本控制着人们的经济行为，世界范围内的资本积累伴随着永无休止的投机逻辑、灵活的空间化、刻板的等级制度的崩溃与瓦解，不断追求超额利润，使得时间和空间的意义受到前所未有的挑战。资本积累既是关于作为剩余价值的剩余产品的生产和循环，也是对他者资产的贪婪攫取。它并不是外在于

---

① 《马克思恩格斯选集》第 1 卷，人民出版社 1995 年版，第 68 页。

日常生活和人们的社会生活世界，必然地、物质地植入社会生态的生活之网中，以致城市的地形、社会关系、社会生活特质以及"越来越多领域里的文化生活都陷入了现金交易关系的掌握与资本流通的逻辑之中"①。符号与图像的渗透、金钱无孔不入的侵蚀、琳琅满目商品的充斥、传统价值的消解、日常生活的支离破碎，所有这些社会生活的异化将对社会活力造成极大的羁绊，导致人的不思进取，社会的停滞不前。

我国社会发展离不开全球化、信息化、城市化的建构方向，因此它们成为中国社会发展和现代化建设需要的时代背景和依据。中国改革开放30多年，在历史长河中只是短暂一瞬，但这段光辉的历史承启了从温饱迈向全面小康、构建和谐社会的重要历史时期。我国已经基本实现了由指令性计划经济向市场经济的转轨，并走出了物质相对匮乏的时代，正朝着"带领全国各族人民创造自己的幸福生活"（胡锦涛在庆祝中国共产党90周年大会上的讲话）的现代化发展目标奋进。社会越来越进步，人们的社会物质生活发生了翻天覆地的变化，平凡而朴素的思想和行动，追求健康、科学、文明、向上的生活方式，弘扬正气则构成了社会精神生活的主流。但我们也不得不警醒，我国的发展仍处在全球化的时空结构影响之下，资本逻辑导致的西方霸权经济主义的弊端仍具有强大的生命力。因此受其浸染的社会生活，包括主导价值观、生活模式、道德审美和文化认同不可避免地打上消费主义的烙印。过度生产、过度消费、过度废弃、过度污染破坏了人们的物质生活和精神生活的平衡，强化了人的"物化"与"异化"状态，也破坏了人们的社会生活与自然界的平衡，使社会发展和社会生活质量的提高缺乏可持续的动力。创造美好的社会生活是实现人民幸福、国家富强的目标，这样衡量一个社会是否具有持续不竭的活力就具有了更大的意义。我们应当倡导自由民主的政治理想、公平正义的价值追求、人性人本的文化意识、革命创新的科技能力以及生态和谐的生活方式，以保证人们参与社会生产的充分程度、需要满足的充分程度、全体社会成员对自身及其环境认同感的充分程度，积极、乐观地面对遇到的困难和逆境，应对各类消极思想沉渣的泛起。这样既能在纷繁复杂的社会生活

①　David Harvey, *The Condition of Postmodernity: An Inquiry into the Origins of Cultural Change*, Oxford: Blackwell, 1989, p. 344.

中不迷失方向，也能构建我们自己丰富多彩、蓬勃向上的社会生活。

（三）社会和谐：社会活力的最高意义归旨

社会和谐是社会存在和发展的一种状态，也是社会历史主体不懈地对未来美好理想社会追求的动态过程。社会和谐与社会的可控性、社会生活的稳定性、社会发展的协调性、人的互动性相关，预示着社会生活的有序性和人的创造活力之间的合理张力，与人类社会发展和兴衰成败有着千丝万缕的密切关系。从本体论意义即社会存在的实然状态而言，和谐是保障社会稳定、整合和激发社会活力之社会发展协调机制的重要表现，它是对社会稳态、规律及有序状态的揭示，代表着秩序、规范、协调和制约。每个社会成员和群体能够按照社会规范各处其位、各施其才、各得其所，社会各要素和各组成部分相互协调，整个社会呈现出稳定有序的状态。从价值论意义即社会存在应然状态而言，追求社会和谐是所有社会的理想目标，它反映了社会历史主体的价值目标和价值追求，而且社会和谐本身就是一个价值概念和价值取向，是对社会发展状态、社会各方利益关系所作的价值评价和理性认同，蕴含着公平、正义、诚信和责任的核心道德理念。从静态上看，社会和谐的最重要表现是在社会互动和传统习俗辩证互融过程中形成的相对稳定的制度体系，具有一定的恒久性；从动态上看，社会和谐则是社会构成要素之间的相互联系、相互影响和相互促进，能够产生出自身存在和发展所必需的条件，如交换、权力、沟通、价值与文化等，并随着时代背景和历史变迁实现自我进化。离开和谐，自然界、人类社会以至于人自身就会失去存在的基础和稳定的保障。

社会和谐也是唯物史观中重要的命题，反映了马克思主义哲学的实践精神和批判精神，作为一种价值理想引导着人类当代实践。马克思的社会和谐思想体现在全面生产、社会有机体、社会形态、社会进步、人的解放及全面发展的相关论述中。社会和谐的理念，既具有世界观与方法论的意义，更重要的是倡导合作、团结、互助、平等、正义、自由的价值取向，引导人们正确对待和处理社会生活中的矛盾。物质生产力的发展是社会和谐的基础，实践则是社会和谐深刻的根源。"物质生活的生产方式制约着整个社会生活、政治生活和精神生活的过程"[①]，物质生活的生产方式赋

---

① 《马克思恩格斯选集》第2卷，人民出版社1995年版，第32页。

予生产具体性与现实性，生产与人们的现实生活紧密联系在一起，物质生活的生产方式也掀开了意识形态之上的神秘面纱。社会发展则表现为人们社会联系或共同活动形式的不断更替，它始终受经济发展水平的制约，社会和谐的前提则是保持一定的经济增长水平，这也是保持社会活力的重要条件。物质生活的生产方式对于社会和谐而言具有客观性的意义，如果离开了物质生活的生产方式，社会和谐就会被纯粹自然化，成为独立于人的理想追求、脱离人们的现实生活的客观过程。这种客观性其实也是对社会历史发展制约意义上的客观性，人类社会历史发展过程中，生产的发展一直会受到现有物质生活的生产方式的制约，因此生产总是受到束缚和压制，特别是在资本欲望无限膨胀、资本利润无限扩张、人类社会生活的各个领域受资本横暴掠夺之下，生产越来越独立于人的社会生活之外，成为异己的、破坏的力量，将人类置于身心和谐受到巨大威胁的"身体垮了，心智也狂野了"①，精神世界扭曲的极端退化的境地。消除物质生活的生产方式的制约性，其实就是要克服资本与劳动、生产与生活彻底分离的趋势，恢复社会劳动者的主体意识和主体地位，抛弃"使人成为被侮辱、被奴役、社会遗弃和社会蔑视的东西的一切关系"②，创造人"同已被认识的自然规律和谐一致地生活"③，使每个人在其自由创造、自由发展的基础上实现解放及自由的价值旨趣以及社会和谐的目标。由此看来，社会和谐是人冲破束缚其个性发展与自由活力的狭隘的物质生活的生产方式制约的过程，开启着"人和自然之间、人与人之间矛盾的真正解决。是存在和本质、对象化和自我确证、自由和必然的、个体和类之间的斗争的真正解决"④，即从必然王国迈向自由王国的真正大门。

　　18世纪的启蒙运动，用理性与科学的力量唤醒了人类的自由与尊严意识，人类开始现代化的进程。现代化带来了人类历史进程、世界格局、人类生存状况极大的改变，但也使人类面临种种生态、社会及文明危机，整个世界处在全球气候变暖、物种灭绝、全球石油生产峰值逼近的恐慌之中。海洋资源的耗竭、土壤退化沙漠化、水资源的污染、长期的世界食品

① 《马克思恩格斯选集》第2卷，人民出版社1995年版，第90页。
② 《马克思恩格斯选集》第1卷，人民出版社1995年版，第10页。
③ 《马克思恩格斯选集》第3卷，人民出版社1995年版，第456页。
④ 马克思：《1844年经济学哲学手稿》，人民出版社2000年版，第81页。

危机等，这一切都表明"这颗我们所熟悉的星球和它的生态系统正走向崩溃的边缘"[1]，社会和谐受到巨大挑战和威胁。马克思早就指出过，"自然界，就它自身不是人的身体而言，是人的无机的身体。人靠自然界生活。这就是说，自然界是人为了不致死亡而必须与之处于持续不断地交互作用过程的人的身体"[2]，自然是人类的身体，社会和谐首先就对人与自然的平衡关系提出要求，人类要与自然对话，因为人类是自然不可分割的一部分；人类要以共同的福祉和可持续发展为目标，本着和谐共处的原则，共同担负起保护地球的职责。只有人类作为更大自然生态系统的一部分而活动，人对自然不是剥削和掠夺即人与自然保持充分和谐的生态关系，自然生态系统才会随着时间的推延而趋向富饶；也只有人与人、人与社会建立公平正义、共同富裕的和谐、充分的社会生态关系，生态文明才能够得以保存和延续。社会和谐是人类现代物质文明与自然界之间整体的和谐关系，或者说自然、社会与精神达到至上的和谐境界之意义提升，是一个社会既能保持活力同时又能够健康、可持续的最高意义归旨。

在全球生态危机、政治危机、社会危机日渐加深的今天，没有比建设一个和谐、生态和健康的中国更重要的事业了。中国追求现代化实现有中国特色社会主义的发展的过程，也是中国的社会结构和社会关系发生根本变化和整体转型，人们的生活方式、文化形态、价值观念发生明显变化的过程。生产力的大幅提高、科学技术的迅猛发展、人类交往的巨大进步带来了中国经济发展的突飞猛进。但是整个社会发展的平衡被打破，社会建设中的体制、政治、文化改革被忽视，整个社会陷入生态、道德、精神危机。社会转型在全球化的影响下给中国发展带来更为复杂多元和异质的态势。多元、异质是社会和谐的客观基础，也增加了社会不稳定、不和谐的因素，导致"世界异化"和"人的自我疏离"[3]。中国政府"以人为本"的科学发展理念以及致力于构建社会主义和谐社会的努力，表现了中国在发展问题上的和谐意识与和谐智慧。"和谐社会"可以看作中国对旧式现

[1]　John Bellamy Foster, Brett Clark, and Richard York, "Ecology The Moment of Truth – An Introduction", Monthly Review, No. 3, Aug. 2008.

[2]　《马克思恩格斯选集》第 1 卷，人民出版社 1995 年版，第 45 页。

[3]　John Bellamy Foster, *The Ecological Revolution: Making Peace with the Planet*, Monthly Review Press, New York, 2009. p277.

代化以及现代性弊端的深刻反思以及全球化推动之下中国特殊转型经验事实的提升总结，它代表着中国试图超越现代性，走健康、可持续道路的精神，中国已经认识到一个可持续的社会比无穷无尽的经济增长更为重要。社会和谐是对在人类理性引导下认识和征服自然的时代，即工业文明时代的超越，是对"机械的、科学化的、二元论的、家长式的、欧洲中心论的、人类中心论的、穷兵黩武的和还原的世界"① 的思维方式的批判与超越，表达着充分的和谐、整合、有机、过程的思维视角，承载着社会主体的深度责任。

　　社会和谐是对人与自然相分离、人与人相分离二元对立的现代性思维方式的摒弃，它以有机的、整合的、过程的视角来看待整个社会和宇宙，认为作为社会过程的人类，其改造世界的活动应该符合宇宙的运动方向，从而建构一种与自然界"和谐"共生的关系。和谐共生有别于被动的无所作为，它并非停滞，也不是均质化的和谐，而是辩证的、动态的、包含差异、蕴含创造力、历经冒险的和谐，代表着多样性与统一性、本质与生成的关系。人类文明持续不断演进的兴起、高峰和衰退过程，是走向和谐，并且不断把和谐与创新结合起来的过程。和谐社会是中国特色社会主义实践和中国式现代化富有创造的表达，它倡导人类现代物质文明与自然界之间整体的和谐关系的价值维度，它的重要目标是人类的共同福祉，即一方面在经济发展基础上，实现经济结构的优化，保持效率与活力；另一方面，全体公民提供正义、公平、民主、开放的社会环境，丰富公民的精神生活，以深化他们自我理解和改进人际关系的理想追求、对美的渴望与获得所形塑的文明本质的认识。

---

① 　大卫·雷格里芬：《后现代科学》，马季方译，中央编译出版社2004年版，第5页。

第二章　社会活力的结构与发展

当今社会历史现实的深刻变化，需要历史唯物主义从宏观的视阈走向具体的、多态的微观视阈，从宏观的理论范式走向微观的理论范式。这种转变并非偶然的一时兴起，而是面对当前社会结构的构成与变动、社会主体的联系与互动、社会整体的整合与控制方面的重大变化发生的范式转变。具体说来，就是要批判地借鉴上述领域中与中国社会现实紧密相关的微观理论范式的积极思想资源，并且深入挖掘马克思学说的微观理论资源，立足于人的感性实践活动，考察复杂社会情境中激发、提升社会活力进而保持社会秩序和进步的因素，形成植根于当今天社会现实的社会活力研究的独特理论范式。这一理论范式的基本内涵包括三个维度，实体和功能维度即社会结构、关系和过程维度即社会交往、手段和方法维度即社会整合。一方面，在全球化与中国社会转型的双重背景下，对新中国成立60余年来社会秩序与社会活力的发展景观做全景式扫描，从与社会秩序逻辑演进紧密关联的社会结构的历史变迁、社会交往的功能作用、社会整合的路径选择之中审视社会活力发展的逻辑必然；另一方面，尝试在历史唯物主义理论框架中使建构社会活力的微观的、具体的路径得以展开，或者是使社会活力内在的已经包含着的社会结构、社会交往及社会整合的多样的、交融的理论内涵敞开地面对实践，这是本章的旨趣所在。

第一节　社会结构与社会活力

社会结构是分析社会发展最基本的视角，也是探讨社会活力最重要的视阈。社会活力生发于感性实践，来源于社会内部各个结构、组织之间的相互作用关系。从这个意义上说，社会活力可以看作是一定历史阶段，人口、角色、制度，或是组成一个社会结构的秩序及行为模式的出现和繁荣。进一步说，一个社会结构各要素的构成、协调与优化，在其功能运行中达到了高效的目标，或是更高效地通过革新和创造实现社会系统结构存续下去的条件，那么这样的社会结构是既能够促进稳定，也可以激发活力的。也就是说，社会结构既要靠自身组成要素相互作用，又要靠与外界能量交换来维持其存在。随着人类实践水平的日益提高，社会结构也越来越复杂，如何协调社会结构的各个要素，实现它们之间的良性互动与功能互补，巩固与优化社会结构，使社会开放平等、多元融合地可持续发展，成为我们必须考虑的重要问题。

改革开放以来，我国现代化建设取得了巨大成就，尤其是经济领域，生机勃勃，充满活力。但若仔细审视一下当代社会的活力，就会发现当代社会的活力并不是全面的，而只是限于经济领域，这显然违背了社会全面发展的要求。中国社会科学院的社会调查报告《当代中国社会结构》称，我国的社会结构落后于经济结构15年。这两种结构的不协调使我们面临"黄金发展期"与"矛盾凸显期"相互交织的复杂境遇。在这样的时代背景下，调整社会结构便成为社会能否彰显活力的关键问题。此外，我国社会正处在社会转型时期，转型可以看作是社会结构的转型，它具有一般结构转型的普遍特征，但又有其自身的特殊性，如社会结构转型与经济体制转轨紧密地联系在一起，使得社会转型呈现出前所未有的复杂性。转型过程中出现了种种问题，如"仇富"现象，"富二代"、"贫二代"的出现，这一个个新名词表明社会结构正在固化与板结化，这种种问题正在对社会稳定造成负面影响。而对于像当前"寒门再难出贵子"的热议，更从一个侧面考问着当前的社会结构，折射着社会大众对当前社会阶层流动断裂的不满。和谐的、充满活力的社会需要合理的、协调的社会结构，当前中国社会结构存在的问题严重制约了社会活力的激发与和谐社会的建设与发展。只有具有公正性、合理性、开放性的社会结构，才是理想的、协调的、稳定的并且具有巨大生命力的社会。重新审视当前社会结构的现状，并对其未来发展趋势做出合理的预测，不仅仅是解决当前社会矛盾、促进社会发展、彰显社会活力的必然选择，也是制定社会政策与加强社会建设的基本前提。

一　社会结构：理论溯源和概念内涵

社会结构是社会科学中的一个重要概念，曾为并且也正在为不少社会理论家尤其是社会学家们所言说。在他们的视野中，社会结构是用来对社会理论进行建构的核心范畴和分析问题的目标和工具，是社会得以组织起来的结构与行动的描述。尽管社会结构作为一个重要范畴被广泛应用，但真正运用到它的时候，却相当模糊和混乱，以至于对社会结构的确切意义并没有达成共识。在社会学的发展过程中，不同学者依据自己的理论需要赋予社会结构特定的内涵，因为他们正是要依靠社会结构概念的不同，笼统、含蓄地描述现状。在这里，通过对不同学者的论述进行简要回顾与梳理，希冀呈现出社会结构的"概念化"过程，并且在此基础上明晰社会结构的内涵。

经典社会学家关于社会结构的论述源于与生物有机体的类比。社会学创始人孔德从备受尊崇的生物科学中借用了"有机体"这一术语，创立了社会学合法化的根基。"我们可以这样看待社会有机体，把它分解为家庭——它们是社会真正的要素或细胞，然后是阶级或种族——它们是真正的组织，最后是城市和社区——它们是社会的器官。"① 他把社会学分成静力学—形态学和动力学——社会发展与进步，从社会静力学视角研究了社会有机体的组织和结构，开创了"结构解释视角——尝试用整体与部分的关系，用人性、博爱与秩序的联系串接社会结构的概念"②。斯宾塞则沿着孔德的思路展开了关于社会结构较为清晰的论述，建立了一个社会有机体的模型，一种"源自于个体间的理性、预测的互动，但却具有其自身的明确特性和特点"③。在他看来社会结构的发展则是随着构成结构的个体行动相互影响而发生的，各组成部分之间安排的持久性表明了结构的稳定性和固定性，一个完整的社会就是一系列连接起来的结构，它们为

---

① August Comte, *System of Positive Policy or Treatise on Sociology*, London: Burt Franklin, 1875, pp. 239 - 240.

② 周怡：《社会结构：由"型构"到"解构"——结构功能主义、结构主义和后结构主义理论之走向》，《社会学研究》2000 年第 3 期。

③ 杰西·洛佩兹、约翰·斯科特：《社会结构》，允春喜译，吉林人民出版社 2007 年版，第 17 页。

整个社会有机体的支持、分配和调节发挥着自己的功能；涂尔干的社会结构是指作为整体研究的社会生活的全部模式，他将现代社会看作不同的社会类型，分别代表着"机械团结"和"有机团结"的典型，"集体关系"和"集体表征"则是社会结构得以建立的元素[①]。在理解社会现象时，"必须至少说明其在确立社会秩序中的功能"[②]，这意味着系统各组成部分的存在只能由其在功能上维持的系统整体或社会秩序来解释。对社会整体的强调，通过功能、必要条件等因素对社会有机体进行假定和分析，启发了之后社会学的发展。

结构功能主义学派的崛起，将社会结构的研究推向高潮，主要体现在其代表人物帕森斯的思想中。帕森斯致力于社会体系的结构—功能理论构建，为系统化的社会科学做出了贡献。他的社会行动的结构理论用一套模式变量，表达人格和社会系统结构文化层面中价值取向的基本模式。在不同行动和价值取向的行动者互动时，便会产生约定，并维持互动的模式。这一"制度化"的模式就是社会结构，是"在一个给定的社会中，那些明确什么是感觉上人们行动或社会关系的恰当、合法、期望方式的规范化模式"[③]。随着结构功能主义的局限性日益显现，社会交换论逐步进入了人们的视野。布劳是宏观结构交换论的代表，对于他来说，"宏观结构的动力在于子结构内部和子结构之间社会力量的多方面的相互依赖"[④]，关注社会交换过程——各种类型的复杂组织之间的吸引、竞争、分化、整合和对立的关系，通过制度化的规范和共享价值观的引导，可以创造能够彼此吸引、相互竞争于其中的情境。社会结构在布劳的视野中表明，"一个社会的人口在多维空间中的社会地位上的分布。这个定义涉及了三个更为基本的概念：社会地位、分布和多维空间"[⑤]。吉登斯则更为系统、正式地阐释了结构化理论。他把社会结构看作是被行动者所用的东西，结构可

①　杰西·洛佩兹、约翰·斯科特：《社会结构》，允春喜译，吉林人民出版社 2007 年版，第 20 页。

②　乔纳森·特纳：《社会学理论的结构》，邱泽奇译，华夏出版社 2001 年版，第 12 页。

③　Parsons，T. 1942b，"Propaganda and social control in T. Parsons Essays in Sociological Theory"，*Second Edition*，New York：The Free Press，1954.

④　Blau，*Exchange and Power in Social Life*，New York：Wiley，1964，pp. 273 - 280.

⑤　彼特·布劳：《不平等和异质性》，王春光、谢圣贤译，中国社会科学出版社 1991 年版，第 9 页。

以"概念化为行动者在跨越空间和时间的互动情境中利用的规则和资源"①，正是对于这些规则和资源的使用，使得行动者创造了社会关系的模式，并且维持和再生产了结构。社会结构在吉登斯的理论中充满了"转化性"和"灵活性"，结构化也表现为一个双向过程，"社会互动和社会结构交互地嵌套"，制度则是社会中跨越时空的互动系统，关系在时空里的制度化揭示的就是结构的特征。

　　通过上述国外研究的梳理，我们可以看出，社会结构概念从无到有，从比较模糊到清晰的规定，经历了一个长期概念化的过程。社会学的历史表明了两种不同的社会结构概念长期并存，即制度结构和关系结构。② 在制度结构的观念中，人们期望的文化规范或模式组成社会结构，行动者可以把握彼此的行为并且组织起相互之间持久的关系；关系结构的观念中，社会关系自身组成社会结构，而这种社会关系是行动者和他们行动之间的因果联系、相互独立性以及他们所占据位置的模式。

　　国内关于社会结构的研究取得了丰硕的成果，主要体现在以下几位著名学者的论述中，如孙立平将当前中国社会结构描述为"社会结构的断裂"。他借用法国著名社会学家图海纳（Touraine）的观点，图海纳在谈到当代法国的社会结构变迁时认为法国正在从金字塔式的等级结构演变成一场马拉松。孙立平认为当前中国也正在发生类似的情况，社会结构的这种断裂状态的存在造成了社会结构的紧张，抑制了社会活力。③ 李强则将中国的社会结构描述为倒"丁字形"。他一反社会学家惯用的类比的方法而采用"国际经济地位指数"（ISEI）对第五次人口普查的数据进行了定量分析，得出了当前中国的社会结构是比"金字塔"式的社会结构更复杂的更严峻的倒"丁字形"。造成该结构的原因是城乡分割，城乡之间缺乏活力所致。该结构不但造成"结构紧张"，而且各群体巨大的需求差异导致交换难以进行，严重限制了社会活力，使人们看不到希望，极易产生社会问题。④ 在这种社会结构之外，从利益结构的视角，采用"利益群

　　① 乔纳森·特纳：《社会学理论的结构》，邱泽奇译，华夏出版社 2001 年版，第 170 页。

　　② 杰西·洛佩兹、约翰·斯科特：《社会结构》，允春喜译，吉林人民出版社 2007 年版，第 4 页。

　　③ 孙立平：《现代化与社会转型》，北京大学出版社 2004 年版，第 268—274 页。

　　④ 李强：《"丁字形"社会结构与"结构紧张"》，《社会学研究》2005 年第 2 期。

体"范式来分析，把当前中国的社会阶层区分为四大主要社会群体——特殊获益者群体、普遍获益者群体、受损群体以及社会底层群体①，认为"大多数人在 20 年的改革中还是获得了利益"，因此结论就是：保持社会充满活力、和谐有序的关系在于建立全面的社会保障制度。陆学艺则将中国当前的社会阶层区分为十大社会阶层。有的研究者又将它们分为五大社会经济等级。② 郑杭生与李路路则从社会和谐与社会结构的关系角度，指出了社会和谐的提出是当代中国社会转型的必然选择，并探讨了两者相得益彰的辩证关系。③ 他们认为，社会和谐与活力源于社会阶层结构的"协调与整合"，而一个和谐并且具有活力的社会必然也会促进社会结构的更加合理化。

综观上述研究，学者们对社会结构的研究取得了丰硕的成果，表现在有的学者旗帜鲜明地指出了当前社会结构所产生的问题，有的非常客观地分析了当前社会结构的变迁。但当前国内处于社会转型时期，社会现实变动不居，使得社会结构的理论研究与现实结合起来显得较为困难。尽管目前关于社会结构的研究成果已蕴含着丰富的活力思想，但关于社会结构与社会活力较为系统的研究却尚付阙如。但社会活力作为社会演进的动力，作为现代社会的重要标志及社会结构是否合理的重要衡量指标，社会活力对于社会结构的重要性不言而喻。

笔者认为，社会结构指的是构成社会诸组成要素之间，通过相互作用、相互制约，逐步按照一定方式形成的有序的、稳定的、持久的关系模式。它是社会有机体存在的一种基本方式，也是整个社会有机体保持稳定性的前提和基础。我们也可以从三个层面来认识社会结构，即"实体性社会结构、规范性社会结构与关系性社会结构"④。社会可持续发展的过程，是社会结构不断优化、协调的过程，也是社会结构与功能由不适应到适应的矛盾运动过程。社会结构与社会秩序、社会和谐紧密相连，一个社会是否有序、和谐，在很大程度上取决于资源要素的组合配置关系以及这

---

① 李强：《当前中国社会的四个利益群体》，《学术界》2000 年第 3 期。

② 王思斌：《社会学教程》（第 2 版），北京大学出版社 2004 年版，第 76、81 页。

③ 郑杭生、李路路：《社会结构与社会和谐》，《中国人民大学学报》2005 年第 2 期。

④ 李培林：《关于社会结构的问题——兼论中国传统社会的特征》，《社会学研究》2000 年第 3 期。

种关系的合理性和谐；社会结构也与社会活力密切相关，一个社会的活力能否被激发，取决于社会结构组成要素的开放程度以及各自的创造性与能动性，能否形成"合力优化"。社会结构也是一个由诸多要素和方面组成的复合体，如人口结构、家庭结构、就业结构、城乡结构和社会阶层结构等，社会阶层结构是社会结构的核心要素。

二　社会结构的历史变迁与社会活力的流变

新中国成立以来，中国社会结构发生了翻天覆地的巨大变化，主要表现在阶层结构、人口结构、就业结构、城乡结构、组织结构、区域结构、家庭结构等社会生产与生活的方方面面。笔者赞同社会阶层结构是社会结构的核心要素，因为"一切视角的社会结构，事实上都贯穿或体现着阶级、阶层结构"[①]。无疑社会阶层结构的变化最能体现与表征社会结构的变迁，此外，城乡与就业结构的重要性也不容忽视。在这里，笔者主要从这三种结构要素的变迁为切入点，阐述社会结构的变迁与社会活力流变。

（一）历史回顾与梳理

1. 新中国成立至三大改造的完成：1949—1956 年

新中国成立初期，随着国民经济的恢复，土地改革与工商业改造的顺利进行，打碎了阶级体系，广大人民从受剥削、受压迫的旧中国解放出来。尽管还是十分贫穷，但精神世界是非常丰富充盈、积极饱满的。对强国的渴望和发展的内在冲动，进而"激活、释放蕴藏在个体身上取之不竭的情感能量……从而激发整个社会的活力与创造力"[②]，中国人民谋求发展探索国家繁荣富强道路的热情彻底被激活，建设新中国的热情空前高涨，社会呈现出一派生机、复苏的新气象。伴随着现代化历程的过程，产生了"低分化高整合"的社会结构模式。这种社会结构模式具有一定的历史必然性，符合在工业生产力水平极为低下、农业十分落后时期实现有计划地进行经济建设，逐步实现工业化的社会发展目标的总趋势。社会结构运行较为缓慢，具有较强的同质性，社会较为和谐、有序和均衡，活力在新质的基础上慢慢释放。

---

① 吴方桐：《社会学教程》，华中师范大学出版社 2007 年版，第 151 页。
② 董慧：《社会活力论》，湖北人民出版社 2008 年版，第 179 页。

随着三大改造的逐步进行，"新中国的社会阶层结构得到了重构"①，这个时期社会阶层结构趋以政治分层为主的"两个阶级，一个阶层"（两个阶级指的是工人和农民，一个阶层指的是知识分子阶层）的社会结构。尽管各阶层的社会流动一般，但结构尚合理，工人阶级起到了类似中产阶级的作用。此外，社会分化不显著，各阶层间差距不明显，基尼系数较低。并且开始形成几大身份群体，如所有者身份、单位身份等。尽管此时社会阶层结构已呈现为"丁字形"的社会结构，但"主导社会的是'政治分层'结构，经济和社会地位较低的群体，比如贫下中农，却具有很高的政治地位，于是，'丁字形'的结构被暂时掩盖起来了"。②

新中国成立之初，党和国家领导人关于城市城乡格局的思考与制定的政策符合当时的时代境遇，城市关系比较和谐，城乡社会流动频繁，充满活力。尤其是第一个五年计划开始启动后，大量农民流入城市变成工人，支援国家的工业化建设，社会流动相对活跃，城市化较快，社会活力明显。在就业方面，当时中国仍旧是一个农业社会，如费孝通说的"乡土中国"，广大的农民在农村是自然就业，尤其是人民公社化运动开始后，农民被束缚在土地上。城市统一安排就业，大部分在国企中当工人，一般不存在失业现象。就业结构尽管与现代化的就业结构差别极大，但是实现了充分就业，符合了当时的社会现实，还释放了社会活力。

2. 三大改造的完成至改革开放初期：1957—1977 年

三大改造的完成至改革开放初期，这整整 20 年时间是相当纷繁复杂的，期间发生了许多震惊世界的大事，如"文化大革命"等。学界、政界对其有不同的评价，但是至今"还没有一个公允的说法"③。如此复杂的时代特征对社会结构也产生了十分深远的影响。特别是"大跃进运动"、人民公社化运动、户籍制度与社会保障制度的改革，对社会结构的变迁影响深远，尤其对社会阶层结构的形成与固化产生了直接的影响，十分缺乏活力与生命力，使得社会发展基本趋于停滞。尤其是后 10 年间，

---

① 陆学艺：《中国社会阶级阶层结构变迁 60 年》，《北京工业大学学报（社会科学版）》2010 年第 3 期。

② 李强：《"丁字形"社会结构与"结构紧张"》，《社会学研究》2005 年第 2 期。

③ 陆学艺：《中国社会阶级阶层结构变迁 60 年》，《北京工业大学学报（社会科学版）》2010 年第 3 期。

社会生产生活趋于瘫痪，严重抑制了社会活力。

在这一阶段，社会阶层结构发生了剧烈变迁，并最终固化。此时，在农村实行人民公社化体制，农民被限制在土地上，不允许自由流动。在城市实行单位制，单位包办一切，形成了高度集中的政治经济体制，人们没有当家做主的积极性和主体性，个人的激情与动力不足，社会发展的活力被抑制。加上严格的户籍制度的推行，社会阶层逐步固化成"两个阶级，一个阶层"的结构。在这样的社会结构状况下，形成了工人、农民、干部和知识分子四大至今仍然在社会中起作用的身份群体。这 20 年期间，整个社会阶层结构的特征呈现出封闭性、刚性与不合理性，各个阶层之间的固化十分严重，社会基本不流动，僵死呆板，社会主体处于疲软状态，社会没有活力。

该阶段的城乡结构也发生了很大的变化，形成了"中国特有的城乡社会二元经济社会结构"①。由于大跃进的失败和随后发生的三年自然灾害（1959—1961 年），使得城市不能容纳大量的人口，为了限制农民进城，实行了严格的户籍制度与社会保障制度，限制了城乡流动，在一定程度上阻碍了城市化的进程。据统计资料显示，1965—1977 年城市化率由 18% 下降到了 17.6%。这种现代化进程中的反常现象使当时的城乡结构固化，城乡社会流动的缺乏也抑制了社会活力、阻碍了社会的发展。

就业结构在当时也不太合理。到 1977 年，我国的产业结构格局呈现出这样的情况：第一、第二、第三产业分别为 29.4%、47.1%、23.5%；而就业的产业构成为：第一产业为 74.5%、第二产业为 14.8%、第三产业为 10.7%。从上述数据的对比中我们可以看出，当时的经济结构与就业结构严重不合理与不协调，作为社会结构的重要组成部分，这种不合理状况严重影响了社会发展，抑制了社会发展的动力。

3. 改革开放初期至 20 世纪末：1978—1999 年

改革开放以来，我国开始了社会结构的转型，同时相伴随的是从计划经济体制向社会主义市场经济体制的转轨。这种转型的双重性使得社会结构转型亦变得复杂化，导致社会结构翻天覆地的变迁，这个历史性的巨变

---

① 陆学艺：《中国社会阶级阶层结构变迁 60 年》，《北京工业大学学报（社会科学版）》2010 年第 3 期。

被陆学艺称之为"几千年来未有之变局"。无论是城乡结构、阶层结构，还是就业结构都发生了巨大的变化，社会结构日益转向开放、弹性，并慢慢趋向合理。整个社会的经济建设快速发展，阶层流动日益频繁，社会各方面的活力日益释放出来，社会呈现出和谐景象。

社会阶层结构发生了巨大变迁，"我国在计划经济背景下形成的比较清晰的社会分层结构变得复杂化了"①，如身份制开始发生改变，社会分层方面政治分层日益趋向于经济分层，原来的社会阶层内部也发生了分化，并出现了新的社会阶层等。随着改革前主导农村的人民公社体制与主导城市的单位体制的解体，身份制趋于瓦解。社会阶层结构由原来的"两阶级一阶层"变为"十阶层"社会结构。整个社会阶层结构呈现出向多元化方向发展的势头，社会分化和社会流动的机制变化了，社会流动的渠道增加了，流动速度加快了，整个社会充满着活力。相对以前的"两阶级一阶层"的社会，多元化的社会阶层表现出其特有的开放性，同时，中产阶层的规模在各阶层中所占的比例不断扩大，伴随着社会发展，一个合理的、理想的、现代化的社会阶层结构也正在形成。

城乡结构方面，二元分割的体制依然占据主导地位，颇具中国特色的"农民工"的形成便是这种体制的表征与反映。但户籍制度已开始慢慢松动，城市化进程日益加速。城乡社会流动也在慢慢加快，社会的活力在慢慢彰显。

就业结构方面，无论是农村还是城市都发生了很大的变化。表现在择业日益自主、日趋多元化上。在农村，家庭联产承包责任制的实施，释放了农村活力，往日的自然就业现象发生了改变，农民群体发生了分化。如大批的"农民工"的产生便是其表现之一，"接班"等代际传递现象趋于解体。在城市，单位制趋于解体，职业流动频繁，从"全民所有制单位流动到私营企业和外资企业，从行政机关转向经济部门成为职业流动的突出特点"②。就业总的来说比较充分，社会发展也较为迅速。

上述梳理表明，尽管社会结构转型尚未完成，但一个现代化的社会结构已具雏形。与改革前的社会结构相比较而言，要更为合理、更加开放、

---

① 王思斌：《社会学教程》（第2版），北京大学出版社2004年版，第159页。

② 同上书，第160页。

更具流动性，为社会主体的生存空间、自由选择和各种权益得以逐步舒张即主体活力的激发提供了广泛的空间。"合理的社会阶层结构才是中国社会的活力之源，因为合理的社会阶层结构意味着社会结构的稳定，而且也意味着每个社会成员在中国社会现代化进程中普遍受益，能够充分发挥自己的自主能动性的活力，绝大多数成员将享受着体面的生活和社会经济地位，而不仅仅是少数人受益。"①

4. 21 世纪以来的社会结构

进入 21 世纪后，由于中国的现代化道路还在继续，社会转型仍在继续，而且"我国已进入改革发展的关键时期，经济体制深刻变革，社会结构深刻变动，利益格局深刻调整，思想观念深刻变化。这种空间的社会变革，给我国发展进步带来巨大活力，也必然带来这样或那样的矛盾问题"②。改革开放以来近 20 年的发展，也是社会结构重塑的过程。当前社会结构呈现出一些新的时代特征，表现在社会阶层结构方面，主要体现为"定型化"、固化的趋势。如前面所提到的诸如"寒门再难出贵子"的热议，正是这种现象的外显与反映。社会结构的固化，导致人们的生产性与创造性力量不足，遏制了社会的生命力。此外，中国社会科学院的社会调查报告称我国的社会结构落后于经济结构 15 年，经济结构与社会结构的不协调表明了社会结构的转型远未成功。当前社会结构处于紧张状态，这种紧张孕育着社会矛盾、社会冲突和社会失范等不和谐因素，抑制了社会活力，对有序、和谐的社会发展造成严重影响。

关于当前的社会阶层结构，许多学者对其进行了研究，并对社会阶层结构的变迁给出了自己的解读。他们认为，中国社会阶层结构变迁中有两种趋势同时存在，"一种趋势是以中产阶层加快崛起为特征，另一种趋势则是社会阶层分化的加剧"③。目前看来，这两种趋势结合在一起，使中国社会阶层结构变动表现出一定的不确定性和复杂性。也有学者认为当前的社会结构日益固化与板结化。更有学者认为当前的社会结构处于一种

---

① 董慧：《社会活力论》，湖北人民出版社 2008 年版，第 248 页。

② 《十六大以来重要文献选编》（下），中央文献出版社 2008 年版，第 987 页。

③ "富二代穷二代官二代，中国社会阶层加速分化"（http：//news. hainan. net/newshtml08/2010w9r16/683108f11. htm. ）。

"断裂"状态，这是一种"金字塔"式的社会结构。[①] 因为在这种社会状态下，许多底层社会已被甩到了社会群体之外，显而易见，任何社会，如果在精英阶层和大众阶层之间存在较大距离和断裂，就会对社会的稳定和有序产生威胁，甚至会造成混乱和冲突，社会活力的坚实根基就会受到摧毁。对于"丁字形"社会阶层结构的界定更是指出了当前社会结构的不合理，这样的社会结构极不稳定，容易造成社会结构紧张，社会关系处于较强的张力之中，容易引发社会矛盾和社会危机。

城乡结构方面，严格的户籍制度所导致的城乡分割是使社会呈现为"丁字形"社会结构的总根源，也容易造成社会结构紧张。"中国城乡居民之间的收入差距与消费差距，在20世纪90年代末和新世纪初都达到了最高水平。无论是人均收入还是人均消费，城市居民都大约是农村居民的4倍。"[②] 这种巨大的城乡差距或城乡分化严重阻碍了社会的发展和社会活力的释放，制约了和谐社会的建构。

就业结构方面，单位制解体，个人有了选择职业的自由，就业方式已由国家统一分配逐步转变为个人自由择业。伴随着大学的扩招和毕业人数的膨胀，每年有大量的大学毕业生不能顺利就业。此外，存在大规模的失业下岗人群，他们的社会联系被割断，各方面权益得不到保障，隐藏着危及社会稳定的因素。在择业方面则出现"复归"趋势，国家公务员考试势头汹涌澎湃，四五千人争抢一个岗位，不难看出根深蒂固的官本位及"学而优则仕"的封建传统思想有所抬头，而且愈演愈烈。对公务员福利好、薪水高、风险低的"终身制"的追捧与狂热，有可能失去自主创新、改革创新的精神，最终导致失去迈向现代化进程的动力。

通过上述分析，我们发现新世纪以来社会结构发生了巨大的变化，可谓机遇与挑战并存。正如有学者所说的，"当前中国社会结构深刻变化，尽管带来了这样或那样的问题，但给我国经济社会发展带来的巨大活力则是主流"[③]。社会结构的变化产生了积极的影响，激发了社会的活力，带来了社会进步。当然我们也应该看到，社会结构的变动不到位、不彻底，

---

① 孙立平：《转型与断裂》，清华大学出版社2004年版，第51页。
② 李强：《"丁字形"社会结构与"结构紧张"》，《社会学研究》2005年第2期。
③ 陆学艺、宋国恺：《当代中国社会结构深刻变动的经济社会意义》，《北京工业大学学报（社会科学版）》2009年第5期。

以及其所引发的种种矛盾，因而调整社会结构、激发社会活力、促进社会协调稳定发展，是当前社会建设的核心要义。

（二）现实特征与展望

通过对新中国成立 60 多年来社会结构变迁与活力的关系的回顾与梳理，可以发现社会结构与活力具有密切的关系。合理的社会结构有利于活力的释放与激发，而不合理的社会结构则阻碍社会活力的激发。当经济发展与社会结构协调发展时，社会是充满活力的，而当社会结构滞后于经济结构时，社会矛盾往往比较突出，社会发展也趋于停滞。可见社会结构的合理程度与活力增强之间具有极强的正相关性。同时我们也发现，改革前后，社会结构呈现为截然不同的特点，活力也表现为极其不同的两种状况。改革前，社会结构特征大致可概括为：单一性、封闭性、刚性和二元一体性，这些特征抑制了活力。而改革后，随着社会结构转型的进行，这些特征逐渐转变为其对立面，社会结构逐渐趋于合理，日渐释放出了社会活力。因此我们可以得出结论，只有具有公正性、合理性、开放性的社会结构，才是理想的、协调的、稳定的并且具有巨大的生命力的。

单一性与多样性。新中国成立初期，通过三大改造，我们国家完成了从新民主主义向社会主义的过渡，逐步建成了高度集中的政治经济体制。在农村则实行人民公社制度，将农民牢固地束缚在土地上，在城市实行单位制，对城市居民实行严格的控制。同时，实行严格的户籍制度，严格地限制了城乡流动，使社会结构呈现为严重的稳定性与单一性，缺乏社会流动，抑制了社会活力的激发；改革后，单一性逐步解体，社会结构逐步趋于多元化，特别是经济体制改革的进行，分配方式多样化，由单一的公有制转变为公有制为主体、多种所有制成分并存，就业方式多样化，城乡之间的流动也日益频繁，社会结构的多元化发展增强了其生命力，在激发社会主体——人的活力同时也增强了社会活力。

刚性与弹性。"国家与社会的关系，在中国已成为透视中国社会结构转型的一个视角。"① 新中国成立后，我国实行了高度集中的政治经济体制，这使得国家与社会之间直接发生关系，中间不存在任何中介与缓冲的

---

① 郑杭生、洪大用：《当代中国社会结构转型的主要内涵》，《社会学研究》1996 年第 1 期。

空间——公民社会的存在，社会结构呈现为刚性的特征，一旦发生社会冲突，国家将十分危险，"文化大革命"的发生就是最好的证明。由于这种社会状况容易造成社会危机，必然引起政策制定者的担忧，这种担忧的存在不但"窒息了对政策的创造性思维能力"，而且更重要的是"窒息了社会活力"。① 改革后，随着一些自治性的社会组织的出现，公民社会逐步崛起，社会组织结构日益完善与合理化。同时，随着中产阶层的日渐崛起，"橄榄形"的社会结构将逐步取代"金字塔形"的社会结构。社会结构的变动趋势呈现出各阶层之间社会流动的速度不断加快，社会阶层结构的弹性空间愈加增大，一个合理的现代化的社会结构日渐形成，这将激发社会活力与促进社会发展。

　　封闭性与开放性。"社会和谐源于社会结构，特别是社会阶层结构的协调与整合。"② 改革前，社会结构的典型特点是封闭性，当时的社会制度安排不但不鼓励甚至限制社会流动。尤其是作为社会结构的核心的社会阶层结构，呈现为"两个阶级一个阶层"的社会阶层结构，呈现为工人、农民、干部以及知识分子四大身份群体，阶层之间固化身份严重，整合过度，不允许社会流动，社会缺乏活力，发展缓慢，不利于社会和谐。改革后，"我国社会结构的身份取向在日益弱化，由这种身份取向而导致的刚性社会结构正在向弹性的社会结构转化，社会地位的开放性大大增强"③。据资料显示，改革30多年来，通过正当职业途径而进入中产阶级和成为富裕阶层的人越来越多，这表明社会结构越来越开放了。毋庸置疑，一个社会中，如果能够让其中的底层群体不断地上升为中层或更高层次，这个社会必定活力无限。所有迹象均表明一个开放、合理的社会阶层结构日渐呈现出来，而合理的社会结构是激发社会活力的必要前提。

　　二元一体性与城乡融合。改革前，严格的户籍制度与社会保障制度将农村与城市区分开，当时的制度安排严格地限制城乡社会流动，形成了城乡二元分割的体制。据统计，三年自然灾害到1978年的改革开放，城市

---

① 孙立平：《转型与断裂》，清华大学出版社2004年版，第179页。

② 郑杭生：《透视当代社会结构，促进中国社会和谐》，《中国人民大学学报》2005年第3期。

③ 郑杭生、洪大用：《当代中国社会结构转型的主要内涵》，《社会学研究》1996年第1期。

化率不到1%，基本处于停滞状态。城乡之间社会流动不畅，不论是地理位置的移动，还是社会地位的变化，农民仅有的改变自身社会地位的机会是参军与上大学，这严重阻碍了社会发展，抑制了社会活力。改革后，随着我国体制改革的进行和社会主义市场经济体制的建立，户籍制度的进一步松动，身份制逐步趋于瓦解，城乡流动进一步加速，城市化得到了很大的提高，颇具中国特色的庞大的"农民工"群体就是对城乡流动的有力证明。城乡活力由此得到了释放与激发，人们的精神状态蓬勃高昂，人们的主体性和竞争性增强，活力勃发，城乡分割逐步走向融合，"使广大人民群众共同享受到经济社会发展的成果，从而使他们的积极性充分调动起来，保持旺盛的奋斗活力"[1]。但是我们也应该清楚地看到，户籍制度的壁垒依然存在。此外"城乡分割及其对经济发展的抑制会加重已有的社会矛盾和问题"，导致城乡不能平等地共享社会发展的成果，每一个社会成员的尊严不能得到保证，其需求不能持续地得到满足和提高，这些会相应地对其潜能的开发造成限制。长期如此，社会发展成果会集中在少数人手中，造成更为严重的两极分化。这样的社会发展是畸形发展，势必缺乏可持续的动力。

三　调整社会结构，激发社会活力

对于中国当前改革所导致的社会转型，我们应该辩证地看待。社会结构的转型虽然释放与激发了活力，但是社会转型是一个未完成的过程，仍处在一个相对复杂的过渡时期。由于改革所造成的路径依赖与制度真空的存在，必然产生一些社会矛盾。如果不能理性地分析与对待转型期的社会问题，可能会激化社会矛盾，造成社会的混乱与冲突。结果便会是社会活力的负向效应，或是说是社会活力"两重性"之"消极性"[2]。回观改革开放以来社会结构的变化，尽管社会结构越来越开放，一个合理的社会阶层结构已粗具规模，这些因素有利于社会活力的发挥。但是我们也应该看

---

① 李庆华：《制约我国社会活力的因素分析》，《北京行政学院学报》2006年第3期。

② 笔者在《社会活力论》中提到社会活力的"两重性"，活力的积极性与消极性。积极性是反映活力对人类社会发展具有肯定价值和意义的一面，能够推动社会向真、善、美方向发展；消极性表现在对人类社会发展造成障碍，不利于社会团结与稳定，比如社会混乱、无政府状态或法西斯主义。参见董慧《社会活力论》，湖北人民出版社2008年版，第94页。

到，在社会转型过程中，贫富差距越来越大，社会结构亦有某种固化的迹象，而这些均抑制了社会活力的发挥。可以说在这样一个机遇与挑战并存的时代，把握社会发展的规律和趋势，理性地反思社会结构，调整、实现合理、理想的社会结构，并且努力实现社会结构转型中稳定机制、有序机制与创新机制、动力机制的平衡与协调，为社会活力的持续激发以及社会蓬勃运行奠定稳定的结构基础突显出重要意义。

面对当前社会结构越来越固化的趋势与社会分化的严峻形势，第一，首要与必然的选择是实施合理的社会控制。当前我国社会结构的固化现象已十分严重，"二代现象"正是这种社会结构固化现象的真实写照，既折射出社会矛盾的日益尖锐，也反映了社会大众对当前社会流动的垂直性、单一性、不畅性的质疑。无疑，打破阻碍社会和阶层流动的身份、财富、等级等因素，实现正常与合理的社会流动是构建和谐社会的前提条件，更是社会充满生机与活力的源泉。从这个意义上说，实施有度的社会控制，即"能最大限度允许社会个体和社会群体自由的社会控制体系"[1]，通过合理的制度安排，缩小不同阶层之间的差距，化解矛盾，保障社会流动的正常进行具有重要的作用。社会控制强调自我约束与创造、规范与自由的辩证张力，它用一定的手段来规范和约束人们的行为，把社会系统的各个要素有机组织起来，保障人类的物质生产、精神生产、人类自身的生产正常进行，使社会结构处于动态、有序和均衡的状态中。合理的社会分化对社会发展具有正向推动功能，会使社会充满积极向上的活力，是社会结构的整体均衡性与稳定性的基础。改革带来的另一个必然结果是社会分化，社会分化的结果将产生更大的社会差别，会加剧社会贫富差距，贫富差距越来越大，容易产生社会矛盾，抑制社会生机与活力，故对社会分化实施合理的社会控制也是必要的选择。当然社会控制并不是一成不变的，它必须随着社会结构的变迁、社会关系的分化、文化与价值观的变迁、政府和社会的地位对比与变化发生相应的改变和调适，发挥其不同的法律、道德、舆论和组织功能。

第二，需要合理协调利益结构。"利益追求与需要是人类一切实践活

---

① 郑杭生、郭星华：《试论社会控制的度》，《天津社会科学》1993 年第 5 期。

动的动力因素"①，面对当前经济活力勃发，社会结构严重滞后于经济结构的局面，应该合理协调这两种结构的格局。利益协调对于社会活力具有根源性的作用，它"是以承认各个利益主体的差别与矛盾为前提的，多样性和自主性的社会机制，是社会活力深刻的根源，也是社会充满活力、生机勃勃发展的根本动力"②。而当前利益分化开始形成、利益主体多元化的时代背景下，合理的利益关系格局则是社会结构转型过程中的重要组成部分之一，也是实现社会有序、协调、可持续发展的重要环节。人类社会发展历史也表明，如果人们利益关系比较融洽与协调，生产力就会得到较快的发展，社会就表现出非常强劲的活力，相反若利益关系比较紧张与对抗，生产力的发展则会受到阻碍，社会就会慢慢失去发展的动力。因此社会发展的过程，是社会结构运行中矛盾与冲突不断调适的过程，也是利益推动与阻滞之间矛盾辩证发展的过程。利益与需要之间若不能保持辩证张力，利益格局不合理的话，会造成利益主体的需要动力缺乏，社会则会缺乏活力。利益协调既有利于提高劳动主体的积极性与创造性，从而为社会的发展提供充足的物质动力，也有利于铸造多元发展的精神世界，推动社会文化创造力的发展，从而帮助矫正利益与需要之间差异所导致的需要动力与生产动力不一致的"动力变形"③现象，为社会发展注入一股生机的活力。我们的路径选择需要改革社会体制，进行社会政策创新，同时加强社会建设与调整社会结构，实现经济结构与社会结构协调发展的局面。这是提升社会活力、促进和谐社会的建设以及社会可持续发展的必然选择。

第三，需要改革社会保障制度。对于城乡二元分割的体制，学界的主流观点认为应该取消户籍制度。笔者认为，问题的关键不在于是否要消除户籍制度，而在于改革社会保障制度，让农民与城市人享受同等的公民权、同等的社会福利。社会保障制度保障的是公平，要使社会充满活力，必须调动每个成员的积极性，前提是他们受到公平的对待。而社会保障制度则是为公平创造条件，保障每个成员有足够的自主选择权、保证的机会

---

① 董慧：《社会活力论》，湖北人民出版社 2008 年版，第 145 页。

② 同上书，第 146 页。

③ 同上书，第 147 页。

均等和普遍认可的社会公正。倘若建立城乡整合或城乡统一的社会保障制度，城市人和农村人享有均等保障，城乡之间的明显鸿沟就会缩小，城乡分割会慢慢不复存在，逐步走向城乡融合。社会生活方式也是社会结构中的基本组成要素，生活方式本身就是日常生活中的固定组织形式。生活形态、生活方式如果比较相似，人们就会产生休戚相关的认同感，社会就比较稳定和有序。农村的兴衰治乱则关乎社会的稳定和发展，对于农民来说，或许可以倡导带有乡土本色的不同于消费主义的生活方式，实现低消费高福利，以消除城乡二元结构下农村社会沉积的各种社会矛盾。真正从农民的现实生活状况出发，探索和建构适合他们自身的生活方式，既能够充分调动他们的积极性、主动性与创造性，又能够让他们享受到现代化的好处，充分维护自身权益，并且过上体面、幸福的生活。

第二节　社会交往与社会活力

交往是人类基本的关系，也是人类历史的基本条件，人类历史也是一部交往史。回溯历史，凡是历史上与世界各国交往频繁的时代，也必是经济文化繁荣昌盛、社会充满活力的时代；举凡闭关锁国、故步自封的时代也必然是社会一片死寂、社会活力被压制的时代。因此，社会交往与社会活力具有紧密的本质相关性。自从人类社会产生以后，人与社会就保持着一种动态共存的关联状态。通过人与人之间、社会群体与群体以及人与社会群体之间的社会交往与互动，各种社会关系得以建立，人们的各种利益诉求得以表达，欲望得以实现，社会得以发展，活力得以彰显。尤其是以高度分化和复杂为主要特征的现代社会中，社会主体之间互动十分频繁，在互动与社会交往的社会实践中，共同的利益诉求得以形成。当代中国改革开放的社会实践，正是通过多层次、宽领域的对外开放，拓展了社会交往，彰显了蓬勃的社会活力，进而促进了社会与生产发展，不断满足着人们日益增长的物质文化需要。可以毫不讳言地说，交往是人类社会发展和历史进步的必不可少的强大推动力。在广阔的社会交往中，社会获得了发展，人类文明取得了进步，社会彰显出了蓬勃旺盛的生命力。从这种意义上说，人类交往的历史也就是一部社会活力不断被激发和彰显的历史。

30多年来中国改革开放的社会实践给我们提供了一个社会交往促进

社会发展、激发社会活力很好的证明，描述了一幅以生产发展和社会生活为背景，以社会活力的不断激发与提升为动力，奔腾不息、浩浩荡荡、广阔无际地反映人类社会交往的历史画卷。在全球化与社会转型的今天，我们又面临着信息化、现代性以及社会转型的复杂时代境遇。社会交往具有了新的内涵，引发了新的问题，如网络空间作为一种新的交往形式的出现，它"最生动、最复杂、最具活力，也最不受传统社会秩序和准则约束"①，在解放生产力和促进文明进步的同时，也导致了如主体间交往关系异化等重大的社会问题等，对提升社会活力提出新的挑战与可能性空间。因此，在当前的时代背景下，重新考量交往与社会活力的关系，对社会交往进行基于现实维度的多方位深层透视，探讨社会交往对激发与提升社会活力的功能作用，构建社会主义和谐社会是笔者探讨的主旨所在。

一　社会交往：理论溯源与概念内涵

社会交往是从关系和过程维度分析社会现象的基本范畴，它是人类社会重要的存在方式之一，也是人的生存境遇与生存境界。社会交往是个人、社会集团以及民族国家和文明之间不同形式的精神与物质交流、联系和互动过程。社会交往历来是社会理论家讨论的重要论域和话语，古往今来，古今中外，不同的学者分别在各自的领域提出了许多富有真知灼见的理论，对社会科学理论的发展和社会实践的指导起到了十分重大的作用。下面将对社会交往这一范畴进行追根溯源的历史性探究，并指出其对激发与提升社会活力的功能与作用。

社会交往在马克思的视野中是其分析人类社会过程以及实现共产主义的重要范畴和物质根基，并且与实践始终保持着一致性关联。马克思指出，"社会——不管其形式如何——究竟是什么呢？是人们交互作用的产物"②。在他看来，社会交往指的是人们在生产及其他社会活动中发生的相互联系、交流和交换。马克思将人与人的交往关系的审视从精神领域转向经济领域，使其社会交往理论奠定在坚实的唯物主义基础之上。他从物

---

① 张果、董慧：《自由的整合，现实的重构——网络空间中的秩序与活力探究》，《自然辩证法研究》2009 年第 11 期。

② 《马克思恩格斯全集》第 27 卷，人民出版社 1972 年版，第 477 页。

质生产实践出发来理解交往，并且考察了交往在人类历史演进中的作用。交往与物质生产的关系表现在"生产本身又是以个人彼此之间的交往为前提的。这种交往的形式又是由生产决定的"①，人类历史向世界史的转变，也是社会交往的结果。随着交往的扩大，资本积累的活力增强，整个社会生产运动有了巨大发展，人与人之间的社会关系越来越丰富多样，正是在社会交往活动中，人的本质得到了确证与彰显，社会交往因此成为人类文明得以传承、生生不息的重要途径。交往和生产力的发展，不仅仅导致世界交往的形成，同时也为个人的发展状态和前景带来新的因素。个人本质力量的确证及个人自由解放实现的程度，与世界历史的形成过程紧密相关，世界普遍交往的形成既是共产主义的前提，也是实现个人自由和解放的重要基础。马克思的社会交往理论中，社会交往这个范畴与人类社会发展的过程具有内在统一性，社会交往对人类社会的产生，满足人的需要，促进社会可持续发展的功能具有重要的作用，对促进社会活力的发生与彰显也有巨大力量。

当代德国最著名的哲学家，被公认为法兰克福学派第二代重要旗手的哈贝马斯更是独辟蹊径。他看到了主体—客体交往理论的弊端，认为人类的这种交往行为在工具理性的影响下往往被异化与扭曲，是不合理的，导致了生活世界的殖民化。"经济和国家媒体控制下的系统，借助货币和官僚政治的手段，渗透到了生活世界的象征性再生产"②，足以证明生活世界的危机会导致整个文明的危机并非骇人听闻。人类追求的目标是实现交往行为的合理化，因此需要构建"主体间性"的交往行动理论，即主体—主体交往模式。交往行动指的是以语言或非语言性的符号为媒介，通过主体间的"社会交往"与"对话"，得到主体间的沟通与理解。在哈贝马斯看来，交往行为的合理化意味着人的解放，个体化以及不受控制，它克服了人与人之间交往的异化以及主体间交往过程中出现的负面效应。若每个社会成员能够认可并且遵循"普遍化"的道德规范体系，那么通过交往行为是能够恢复被社会文化体系所压抑的人的本质的，而且在交往行为中，每个主体的活力、自主性能够得以实现。"交往理性对于生活世界

---

① 《马克思恩格斯选集》第 1 卷，人民出版社 1995 年版，第 68 页。
② 哈贝马斯：《交往行为理论》第 2 卷，曹卫东译，重庆出版社 1994 年版，第 457 页。

的去殖民化起着决定性作用，如果将其上升到文化政治学的高度，则可以断言诸如平等、民主的社会交往准则，理想、稳定的社会秩序，以及理解及包容不同信仰、价值观念、生活方式。"[①] 这些代表文明进步的因素，对于建构和谐的、生生不息的社会以及推动人在自我实现中不断趋向生命完善，不断建构其生活德行，走向精神家园的充盈具有重要的作用。

社会学家米德则从微观视角探讨了符号在社会交往的重要作用，开创了社会学中著名的符号互动论流派，对人类社会互动的基本特征作出了开创性的贡献。符号互动论将社会结构看作是由个人行为和互动所构成和保持的体系和过程，因而其研究聚焦于人际互动的基本过程，具体说来就是"人们相互作用发生的方式、机制和规律"[②]。米德把社会看作一种构成现象，这种构成现象源于个体间的调适性互动。互动是对僵硬、被压制社会结构模式的摒弃，社会既依赖于自我能力的张扬，也为自我能力的培育提供环境。社会持续动荡与潜在变动的活力，依赖于个体心智和自我能力的维持和延续。自我作为客体嵌入到互动过程之中，其心智和自我过程既影响社会组织，也能改变社会组织。米德的互动论将"人类心智、社会自我、社会结构贯穿于社会互动之中"[③]，道出了个人与社会之间的依赖关系，表明了社会活力"来自于社会中每个人的个体活力的同质性"[④]。人作为一种以交往方式存在的主体，需要不断认识和处理与客观现实存在之间的矛盾，这一互动过程也不断激发人的活力，推动人的实践活动。齐美尔是欧洲最早系统认真地研究社会互动的社会学家之一，他认为人类的个性是在个人与网络群体的联系的互动中呈现和塑造的，人的自我意识、人的行为动机是受群体成员关系限制。他关于个人与社会关系的见解，深深地影响了美国的互动论者。

作为现代社会交换论的代表人物，霍曼斯和布劳用社会交换的观点来解读人们之间的交往与互动。霍曼斯从微观的视角，立足于个人的心理取向提出了其具有行为主义特点的社会交换论。他复兴了功利主义对于个体

---

① 董慧：《现代性批判与中华民族精神家园的重塑》，《自然辩证法研究》2010 年第 9 期。

② 王思斌：《社会学教程》（第 2 版），北京大学出版社 2004 年版，第 76 页。

③ 乔纳森·特纳：《社会学理论的结构》（下），邱泽奇译，华夏出版社 2001 年版，第 5 页。

④ 董慧：《社会活力论》，湖北人民出版社 2008 年版，第 98 页。

自身利益的关注，注重于个体面对面互动的过程，将人类行为看作是互动中个体彼此进行酬赏或惩罚的交换。在他看来，交换是透视人类社会结构的核心要素，是理解社会变迁和社会整合的重要因素。交换中人的主动性、自主性表现为他们会理性选择，总会选择能够获利和增值的行为。由此出发来探讨群体的个人之间进行的面对面的交换是如何最终被建构成社会和文化的。人类社会组织就是通过不断的交换过程建立起来的。"个体的行为创造并且维持了社会结构"，是对社会组织结构形成、人类社会运行机制的微观的、心理学的分析。布劳则立足于宏观的视野提出了著名的结构交换论。"为继续得到收益而彼此互惠的需要是社会互动的'起动机制'"①，交换发生之后，就会出现普遍的互惠规范来规范之后的交换活动。在交换过程中，需要遵循公平互惠的原则，"不仅需要宽容的赞同，而且需要积极的认定，也需要共同的价值观（事先存在的或在社会互动过程中的集中产生的价值）来促进社会模式"②。一旦违背了这一原则，就会导致多种交换的不平衡，从而引发冲突。交换为制度的产生提供前提和条件，制度化代表着调节并稳定复杂的交换过程的那些过程，制度提出一套相对稳定和普遍的规范，调整不同社会单位之间的关系模型。

尽管这些理论家将社会上的一切交往活动看作交换，具有一定的偏颇与狭隘性，但也透露出了这样一些信息，即社会交往对社会发展的动力影响，对个体活力及社会活力的激发作用，所有这些理论无一不是为解答社会交往在人类社会发展中的作用所进行的努力与尝试。

社会交往在广泛的社会学意义上被讨论，其研究视野、探究侧重点存在着很大的差异。有的在广义层面上即在一种整合的社会条件和历史过程中考察人与人之间的交往，有的则是在狭义层面上即对交往进行一种工具性的理解，把交往看作一种人与人沟通的手段或中介；有的注重交往过程，从动态视角分析交往与互动对社会发展动力性贡献，比如著名学者高宣扬认为文化是人类社会互动系统的产物，互动是人和社会保持生命力的关键因素，也是文化发展的动力和基础；有的则注重交往结果，从静态视角阐述交往对社会发展的功能；有的关注文化意义世界的交往，有的强调

---

① Blau, *Exchange and Power in Social Life*, New York：Wiley, 1964, p. 92.

② Blau, *Exchange and Power in Social Life*, New York：Wiley, 1964, p. 221.

社会系统中个人与社会交往。但有一点是毋庸置疑的，所有这一切均表明了社会交往在社会发展过程的重要性以及社会交往对社会发展与社会活力的促进作用。

笔者认为，社会交往是人的存在方式和生活方式，它涵盖主体活动的一切范围。社会交往既是一个关系性范畴，也是一个过程性范畴，它反映了人与人之间的联系，并且这种联系是在人的社会实践活动和历史活动中逐步形成的，因此社会交往不仅仅是实践性的，也是社会性的、历史性的。社会交往是人类社会实践的必然产物，同时也是人类社会实践得以进行的必要形式。社会交往是人作为创造性的生命机体的存在样态、本质力量的确证，它不只是静态地表现了社会关系的总和，而且在动态上表现了主体间的互动。正是在这种互动过程中，人与人实现了物质、信息、能量、思想、情感等方面的交流和交换，形成了被人们认同的规范化、制度化的积淀物。社会交往的发展是一个自然的历史过程，社会交往范围的扩大、形式的多样、手段的多元，既是人类创造历史实践的产物，同时也为发展、提升个性自由创造更大的可能性空间。社会交往承认一切交往者的独立自主权，它要求交往者积极参与其中，主体的生命活力、创造活力以及相互理解、彼此认同是保持社会交往的生命力的核心要素。个人只有作为自主、自由地创造自己生活的社会生产者，他才能成为能够形成自己生命和个性的力量，才能彻底张扬他的生命力与创造力，充分把握社会关系，并且通过真正自由、平等的社会交往达到个人的自由，成为推动社会创造性发展的更大更新的力量。在社会交往中，人的本质力量对象化了，人的个性更为丰富、更为充分，人的活力更能彰显。

二　社会交往的功能阐释与社会活力的互促

"交往是世界历史发展的重要动力"[1]，社会活力则"是对历史唯物主义理论中社会动力问题的深化"[2]，因此从社会发展的动力视角来看，两者具有内在的一致性。在广阔的社会交往中，社会获得了发展，人类文明取得了进步，社会彰显出了蓬勃旺盛的生命力。从这种意义上说，人类交

---

[1]　陈振昌：《论交往的变迁与工业文明的起源》，《人文杂志》2009 年第 3 期。
[2]　董慧：《社会活力论》，湖北人民出版社 2008 年版，第 11 页。

往的历史也就是一部社会活力不断被激发和彰显的历史。早在 19 世纪 40 年代，马克思就洞察到了"历史向世界历史的转变"，世界历史的形成与资本主义工业文明的发展之间存在着内在、必然的联系，世界历史形成的过程就是各个民族和国家不断创造新的生产力，打破封闭，建立普遍交往，同时通过扩大的交往不断保持创造出来的生产力的过程。"随着美洲和通往印度的航线的发现，交往扩大了，工场手工业和整个生产运动有了巨大的发展……所有这一切产生了历史发展的一个新阶段"①。纵观世界人类文明的发展史，人类的交往方式、范围发生了重要的转变。自人类迈入农业文明时代以来，人类的交往形态历经"从地域性交往向跨地域交往，继而向世界性交往演变的历史过程"②。仔细审视一下人类交往地域、方式的跨时代性、跨地域性改变，正是交往的这种剧烈变革改变了人类历史，正是交往所带来的新技术、新发明为欧洲新文明的诞生增添了新的生机与活力，因为新航路的开辟和陆上交通运输工具的发展拓展着社会交往领域和变革着社会交往方式，新的社会交往日益将全球变为一个同一体，开始促使欧洲人采用新技术与新发明，其后不久即开始展示作为未来欧洲新文明独特标志的科学技术上的创造性成果。可以毫不夸张地说，"发生在亚欧大陆的跨地域交往及其向世界性交往的转变，是工业文明赖以产生的根本条件"③。

因此，我们可以看到社会交往作为"社会存在"基本形式的表征，与社会活力这一促进社会可持续发展的动力性因素的多层次、多维度的本质相关性与逻辑一致性。其特有的逻辑一致性与本质关联性主要体现在这样一些方面：比如，都是外延上的有限性与内涵上的无限性相统一，在形式上都是无形无状、不可触，非实体性的观念形态；实践基础一致，都立足于人类社会的生产与生活实践；本质规定一致，都强调人的主体性地位、人与人内在相关性、人的积极性与创造性；目的旨趣一致，都是要促进个体自由发展，社会可持续发展，人类文明成果不断积累与传承。

（一）功能作用与关系

社会交往作为人的对象化实践，使人能够充分发挥与社会相一致的自

---

① 《马克思恩格斯选集》第 1 卷，人民出版社 1995 年版，第 110 页。

② 陈振昌：《论交往的变迁与工业文明的起源》，《人文杂志》2009 年第 3 期。

③ 同上。

主创造性，既为个人全面发展创造了条件，同时也推动了人类社会历史的发展和更替。从历史上看，我国长期处于闭关自守的封闭状态，这是造成物质生产力水平不高、社会缺乏活力的重要原因。中国在现代化历程中走过了一段波澜曲折的道路，坚定不移地实现了对外开放这一社会交往的重要举措，才使得我国经济竞争力不断攀升，推动了社会蓬勃、健康发展。中国 30 多年来改革开放的历史，就是对社会交往日益扩大，每个人及社会活力不断激发与张扬的最好证明。

1. 社会交往的整合与承继功能为社会活力的激发提供保障

社会交往的整合功能主要是指它对于协调群体成员的行为以及整合、传承人类文明成果所起的作用。假如没有社会交往及其整合功能的作用，人类社会物质或精神文明的成果便无法传承，社会活动的主体——人的社会性就无法展现，人类社会也便无法产生，社会也将不复存在，社会活力生成与激发的实践基础便不会存在。

纵观整个人类社会的发展与演化过程，表现为世界上各个不同的民族的文明成果交流融合，加以整合的过程，这亦是一个大浪淘沙、社会主体不断体现其超越性和创造性的过程。在这一过程中，整个人类社会的文明得到了发展、提升，并逐步趋于完善，社会也不断摆脱其束缚与抑制，展现出了蓬勃生机与活力。显而易见，所有这一切无不源于社会交往的作用。随着社会的发展，科学技术和交通、通信工具的日益发达，"人们之间广泛的社会交往把一切民族甚至最野蛮的民族都不自觉地卷入文明的洪流之中"①，在社会交往促进人类文明发展的同时，也彰显了社会活力，保证了社会蓬勃旺盛的生命力。

在人类历史的社会生产与生活中，社会交往的整合功能已被实践所证实，具有毋庸置疑的重要性。人类文明的许多优秀成果能够传承到今天，从某种意义上说，正是社会交往整合作用的结果。21 世纪的今天，构建和谐的、有活力的社会，既需要世界视角，发挥社会交往的功能，加强跨国政治、经济与文化交流，彰显社会活力，使得我们所倡导的和谐世界的理念由理论变为现实；又需要本土视角，我们正在构建的理想社会，是"既保持个体的积极性、创造性和潜能的巨大发挥，又能将这些积极性、

---

①　白春阳：《全球化视野中的"交往"理论初探》，《天府新论》2005 年第 3 期。

创造性和潜能整合统一为富有朝气的社会整体活力"① 的和谐的、有活力的社会，社会交往正好起了这样一个中介与桥梁作用，通过社会交往的整合功能及在社会交往中所创制的各种社会制度的保障作用，使社会活力得到保证与提升。

2. 社会交往的交流及协调功能为社会活力的提升提供路径

从微观层面上，社会交往指的是发生于社会活动主体之间的相互作用、相互影响的社会活动。宏观层面上，社会交往指的是不同社会组织、不同民族或国家之间的相互作用及影响。在广泛的社会交往中，人们通过相互之间的沟通、理解，消除隔阂，实现利益和价值之间的协调与一致；不同的国家或民族通过谈判、沟通与理解，消除彼此间的差异与冲突，实现相互之间的互利共赢。无疑，沟通及协调功能是社会交往的最基本也是极重要的社会功能，更是提升社会活力的重要手段。

社会交往是主体在一定的规范、习俗下进行交流、对话、沟通的复杂能动过程，它反映的是人与人之间互为主体的关系，每个人都是主体，都是彼此之间相互关系的创造者。主体间性反映了社会交往的互动、交流及协调的功能，它要求交往双方有意识、能动地参与交往，意味着交往双方能够相互理解、彼此认同。"自我与他人处于一种平等、自主的地位：自我是活生生的、自由的；他人也是活生生的、自由的。自我与他人的存在和自由，彼此构成对方自由生活的条件，这一条件既是逻辑的，也是历史的、现实的和文化的。"② 主体在交往中，通过相互理解，不断超越自我界限，在自我的本质力量的彰显中，在自我不断开放和更新中，与他人、社会和世界达到协调、融合。这一过程借助于具有共享意义的符号系统（包括语言的和非语言的）来实现，并且相应地建构起交往共同体内共同的道德规范、伦理原则、价值标准。在人们日常生活与共同活动中，彼此之间相互的交流、沟通能够消除冲突与差异，使具有矛盾和冲突的双方在相互理解的基础上，适当调整自己的态度，求得彼此适应，遵循共同的规范，推动交往的维持或以新的方式继续下去。这种沟通与协调既能够维持社会秩序，促进彼此之间的交融、社会的和谐，又能够为主体充分发挥其

---

① 鲁鹏：《社会活力的制度分析》，《天津社会科学》1999 年第 3 期。

② 王锐生、陈荷清等：《社会哲学导论》，人民出版社 1994 年版，第 156 页。

个性、自由自主的创造力创造条件，推动社会有活力的发展和文明的可持续进步。在沟通与协调中，各个社会阶层，社会集团的利益都得到了平衡、协调，不同社会阶层之间展开"对话"，整个社会呈现出一种和谐的局面，既保证了效率，又不伤及公平，这样的社会必定是一个社会活力被极大化地被激发的社会。

3. 社会交往促进生产力发展和人的全面发展的功能为社会活力的激发奠定基础

一般而言，社会活力是指各个社会阶层和社会群体在社会生活与社会生产中表现出来的主动性、积极性和创造性，而作为社会活动的主体——人，能否实现全面发展便成为社会活力能否生发的重要约束条件。促进人的全面发展，便成为一个亟待解决的重要问题。对此，马克思、恩格斯曾有过重要的论述，他们指出："一个人的发展取决于和他直接或间接进行交往的其他一切人的发展。"① 而在经济全球化的今天，只有通过普遍的交往，形成世界交往，积极参与全球社会化的大生产，社会活动主体才能获得和形成这种全球化的大生产的能力，社会生产力才能提高，社会也才能充满活力。按照马克思的观点，社会交往是社会活动主体——人的"自我显现"的方式，只有通过社会交往才能表征自己的对象性的存在。人的本质在其现实性上表现为一切社会关系的总和，只有通过社会交往，人的本质才能展现，人的创造性才能激发，活力才能生发。社会交往是人的全面的发展的必不可少的现实条件，多层次、宽领域、全方位的普遍社会交往，是人的全面发展和活力生发的必要的现实基础。人的全面发展作为人类社会最美好、最崇高与最远大的理想，作为人类社会主体的永恒的价值诉求和社会活力生发的前提，贯穿人类社会发展过程的始终。但人们的这一终极追求，只有到生产力高度发展、社会交往趋向于普遍交往的共产主义社会才可能实现。

生产力是人类改造自然的能力，它反映的是人与自然之间的关系，人的全面发展必然有助于改善人类改造与利用自然的能力，从这个意义上说，交往促进了生产力的发展。跨地域的社会交往可以促进不同地区和民族的生产经验与技能的交流，不同国家和地区人们之间的社会交往与合

---

① 《马克思恩格斯全集》第 3 卷，人民出版社 1976 年版，第 515 页。

作，能够发挥出单个民族或国家所不具备的整体效果，能够产生积聚效
应，从而"产生了一种社会力量，即扩大了的生产力"①。生产力作为社
会发展中最活跃的因素，既能促进市场竞争、繁荣经济，也能够推动科技
创新。生产力的提高，能够为社会发展提供坚实的物质基础，为经济持
续、健康的发展、为社会创造更丰富的物质财富，也为社会活力的激发奠
定了厚实的物质基础。

（二）逻辑内涵与关联

社会交往与人类社会的发展进步具有密切的关系，是"理解人的本
质的一把钥匙，是透析社会活力的视角"②。我们现在正在构建的充满活
力的社会主义和谐社会，要充分重视社会交往的作用及其功能，中国长达
五千年的历史发展以及改革开放的社会实践已经证明了社会交往对促进社
会发展的重要作用以及激发社会活力的重要性，也证明了社会交往与社会
活力之间具有内在逻辑的一致性。在全球化社会转型的当代社会中，社会
交往出现了新的形式，为提升社会活力提出新的可能性空间，与此同时，
复杂时代背景下，主体间社会交往关系的异化已成为不争的事实，现代社
会中的交往异化现象日趋严重，为激发社会活力提出挑战。重新审视交往
与社会活力的内在逻辑关联性，重新考量新的时代条件下交往与社会活力
的关系，对于我们从深层次透视中国现代社会的演进机制具有十分重要的
意义。

1. 从社会交往主体角度而言

人生活在世界上是以一种交往的方式存在并与周围的世界打交道的，
作为社会交往主体的人是作为类本质而存在的，是"一种对象性的存在，
通过交往实践实现自己的本质规定，获得活力，展现人性的丰富多样
性"③，并在交往中赋予社会活力；"社会活力以表达着对象性这一特征的
交往为基础，凭借着交往这一工具或手段得以显现、发展和提升"④。"社
会活力所体现的人，不是个别的或少数的人，而是广大人民群众。所以，
准确地说，只有人民群众的生活状态与精神风貌才是社会是否具有活力的

---

① 《马克思恩格斯全集》第 3 卷，人民出版社 1976 年版，第 39 页。
② 董慧：《社会活力论》，湖北人民出版社 2008 年版，第 167 页。
③ 同上。
④ 同上。

根本表现。"① 由此可知，无论社会交往，还是社会活力，其主体均为社会活动主体的人，从这个意义上说，两者具有内在的一致性。

我们现在所经历的社会转型指的是从传统农业社会向现代工业社会，从计划经济向市场经济的转型。从本质上说，市场经济是一种"主体经济与竞争经济"②，没有竞争就没有市场经济，相对于以前的经济形态，更强调人民群众的"主体性"。在市场经济这种交往场域中，社会交往的主体——人所占有和支配的社会关系必然空前地自主与丰富。30 年的改革开放实践表明：增强社会活力，"要害在于通过各种改革开放措施提高群众的主体性与竞争性；群众的主体性与竞争性乃社会活力之本，也是社会发展的巨大动力"③。正是市场经济境遇下交往实践所体现出来的这种追求发展、勇于创新的意识，激发出人民群众巨大的工作热情，促使人们忘我地工作，展现出了良好的精神风貌，从而彰显出了社会生活的巨大活力。改革开放的实践亦表明了以市场经济的建立为标志的现代社会转型并未颠覆交往与社会活力之间的内在逻辑一致性，而恰恰是对其的确证。

2. 从社会交往方式角度而言

在全球化与社会转型过程中，社会交往方式的改变，已深刻地影响到了个人的生存境遇与社会的运行。按照吉登斯的观点，全球化可看作是现代性的全球化，随着以社会主义市场经济体制的建立为主导的社会转型的逐步进行，现代性已开始逐步地变革着人们的生活方式，尽管它还只是以"碎片的、枝节的、萌芽的"的状态或方式出现在社会大众的意识中。但现代性和市场经济所固有的特性已渗透到了社会生活的方方面面，对人们的交往方式构成了严重的挑战，正在逐步消解传统农业社会简单化、一元化的社会交往形式，当然对社会活力的激发产生不容忽视的消极影响。

在全球化与市场经济的社会境遇下的现代社会中，市场经济所固有的以竞争为主要表征的"优胜劣汰"规则已逐渐主宰了社会运行的所有方面，加之现代社会中各种社会资源日益丰富，不可避免地导致现代社会主体的利益诉求日益多样化，社会价值日益分化，人们的交往方式越来越多

---

① 韩民青：《从改革开放看社会活力》，《山东社会科学》2008 年第 4 期。

② 衣俊卿：《现代化与文化阻滞力》，人民出版社 2005 年版，第 33 页。

③ 韩民青：《从改革开放看社会活力》，《山东社会科学》2008 年第 4 期。

元化、复杂化。因此，人们的社会交往必然出现竞争、合作、分化、冲突等复杂多样的"动态模式"。尽管所有的社会交往形式的变化对原来的社会交往模式构成了挑战，但并未消解、颠覆社会交往与社会活力之间的逻辑关联性。反之，社会交往方式的增多更加大了社会活力度。市场经济的建立形成了人们之间相互竞争的社会语境，市场经济体制下的这种社会境遇，通过"激活、释放蕴藏在个体身上取之不竭的情感能量……从而激发整个社会的活力与创造力"[①]，人民群众的积极性、竞争性得到了提高，"主体积极性也只有上升为竞争性，才会形成社会的勃勃生机与活力。社会缺乏竞争性就会死气沉沉，群众就难以通过相互激励而爆发巨大的能动性和创造力"[②]。

但是，随着现代性对现代社会生活的渗透，现代性的负面效应日益显现出来。社会常常被人为地区分为不同的社会区间，尤其是在城市社会空间中更是明显。由于阶级、民族、收入、财产、职业、宗教信仰、种族、文化以及生活方式等的差异，越来越多的人被这些人为的隔障区别开来，这造成了不同社会群体间的离散、疏远与区隔以及人与人之间社会关系的疏离，社会呈现出严重"碎片化"面孔。人类社会这种"碎片化"状态的存在，导致社会交往的受阻与社会流动不畅通，现阶段社会这种碎片化现象的存在严重抑制了社会活力的激发与整合。

3. 从社会交往领域而言

古往今来、古今中外的日常生活世界是一个纷繁复杂的异质化领域。在社会转型的今天，我们又面临着信息化的挑战。网络时代的到来，极大地影响到了人们的社会交往模式，使人们由传统的现实交往向现代的虚拟网络交往过渡，网络空间自身的特性决定它与传统现实社会空间的"同构性与异质性"[③]，这两种社会空间的差异性与相似性决定了传统社会空间中社会交往与活力的关系在现代网络空间中具有了新的内涵，获得了新的发展，更提出了新的要求。

网络空间与现实空间的异质性的存在，致使我们不得不重新探讨社会

---

① 董慧：《社会活力论》，湖北人民出版社 2008 年版，第 179 页。

② 韩民青：《从改革开放看社会活力》，《山东社会科学》2008 年第 4 期。

③ 张果、董慧：《自由的整合，现实的重构——网络空间中的秩序与活力探究》，《自然辩证法研究》2009 年第 11 期。

交往与社会活力的内在逻辑一致性。网络空间的充分自由与无限可能"解放了人类的想象力，因此比现实社会空间更活跃、更富有生命力"[1]，它又是现实社会空间的"投影与模拟"，是一个"现实与虚拟相结合的复杂巨系统"[2]。网络社会空间这种复杂的空间特征、空间构成，使得网络社会交往模式也空前的复杂化。在网络空间中，交往主体具有虚拟性，不分身份、地位，且不受地域的限制，只要都在上网，有交往的欲望，都可以进行交往。不同阶层之间的隔障被打破了，无论你身处何等阶层都可以自由地交往，交往主体更加多元化。不同阶层、不同地域的人们共同交往，无疑有利于社会活力的提升。但是我们应该看到，由于网络交往主体的虚拟性、匿名性，会造成一些"社会病"的发生，如网络诈骗。这给网络社会活力的激发与提升构成了一定挑战，从某种程度上抑制了社会交往的发生。

4. 从社会交往的目的而言

在社会转型期与构建社会主义和谐社会的今天，我们重视社会交往，无疑是期望建立一个和谐且有活力的社会。重视社会交往的社会必然是一个开放的流动的社会；充满活力的社会也一定是一个开放的流动的社会。在一个开放、流动的社会中，各种社会资源与生产要素通过自由流动与组合达到最佳配置，因而是最有效率的。在一个开放、流动的社会中，不同阶层、不同职业的社会流动不受制度性的限制，每个人都有机会通过自己的努力，上升到更高的社会阶层，获得更好的职业，形成一种人人努力、开拓向上的动力与精神。在这样一个机会均等的社会里，社会流动加速，精英循环畅通，社会秩序必然良好，国家和社会平衡发展、良性互动，社会必然迸发出巨大的社会活力。

当前全球化转型的时代背景下，随着社会主义市场经济体制的确立，我们看到社会中产生了许多社会问题。这些"社会病"的产生根源是社会转型引发的社会失范，伴随着市场经济体系的建立，原有的计划经济时代的社会制度已经失效，而适合市场经济体系的社会制度尚未建立。在这

---

① 张果、董慧：《自由的整合，现实的重构——网络空间中的秩序与活力探究》，《自然辩证法研究》2009 年第 11 期。

② 同上。

种制度"真空"的状态下，人们以及各种社会组织处于一种无序的"原子化"的状态，无所适从，当然也给腐败、寻租带来了一定的生长空间。在这样的社会境遇下，社会大众的心态处于失范状态，社会责任感淡漠，利己主义盛行，各种利益集团乘机占领各自的领地，结果使得社会阶层板结化与固化，如风靡现代网络空间中的"官二代"、"贫二代"、"垄二代"、"农二代"等这些流行语便是对当前社会失范状态下社会流动失序、社会交往病态化的真实写照。当前各个社会阶层间的社会交往的缺乏，社会流动的梗阻现象在一定程度上抑制了社会活力的发挥。这种社会现状从反面对社会活力与社会交往的相关性或一致性进行了诠释。

尽管社会转型所造成的社会失范在一定程度上抑制了社会的流动，造成社会流动不畅与精英循环受阻，但从总体上来看，社会流动还是比较畅通的，社会交往还是促进了社会活力、促进了社会发展。而且随着社会转型期的结束，这种病态社会现状必将改观。同时，"社会转型"也预示着呈现在我们面前的必将是各阶层间合理有序流动的一片"希望的空间"，阶层之间交往频繁，"交往和开放增强社会活力"[①]，社会活力蓬勃旺盛，社会科学地与和谐地向前发展。

5. 从社会交往的结果角度而言

作为"社会存在"的基本形式，正是由于社会交往的存在与发展，人的社会性诉求才能得以表达，人的各种社会需求才能得以满足，人类社会也才能得以产生。在长期的社会生活和社会生产中，为了规范社会主体的不同利益需求，产生了一些约束人们社会行动的准则。随着这些行为准则的模式化、定型化，社会制度得以产生，并保障了社会活力的发挥。同时，我们看到"利益是社会发展的内驱力，是社会活力的源泉，人们所从事的一切活动都是为了他们的利益"[②]。通过社会交往所产生的社会制度，规范了不同利益主体的利益需求，使得他们能够通过合法的渠道获取自己的利益，这样既促进了社会活力的发挥和社会的发展，也保障了社会交往的正常进行。故有学者认为"社会互动是社会秩序的基础"[③]，这种

①　董慧、欧阳：《社会活力：中国道路的动力机制》，《毛泽东思想研究》2009 年第 3 期。

②　鲁鹏：《社会活力的制度分析》，《天津社会科学》1999 年第 3 期。

③　朱力：《社会学原理》，社会科学文献出版社 2003 年版，第 32 页。

观点不无道理。一方面，在长期的社会交往与互动的过程中，为了保障交往与互动的顺利进行，我们创制了社会制度并形成了一些必要的社会价值观。这些社会制度和价值观模式化、定型化后，便具有了导向与整合作用，在社会活动中作为社会成员共享的价值规范发生着作用，规范着群体成员的行为与方向，使得社会在复杂与多变的社会交往中呈现出一种有序与活力的状态与局面。另一方面，交往是人的社会化的纽带与桥梁，通过社会交往和互动，人们习得各种社会规范和价值观，明白了什么是应当做的和什么是被禁止的，在社会生产与生活中避免了冲突与无序，保障了社会的正常发展，社会也得以彰显活力。此外，通过社会化，社会交往为人的本质的发展与完善提供了路径，为社会活力的激发奠定了本质基础与前提，也为实现人的全面发展保障了基础。

当然，我们也看到，在长期的生产和生活中，"交往创造了一种展现人类创新活力，即积累、交换、传递和发展自己本质力量的特殊社会机制"①，这种社会机制是非常特殊的，是人类所特有的，可以随着文明的进步和时代的更替而发生传递。在这样一种社会机制的作用下，文化与文明可以有序地传承、交往，从而成为连接过去、现在和未来的桥梁与纽带，人类社会也得以随着文化的传承而走向未来，在形成和保持"文化自觉"的同时，使社会激发出生生不息的活力。尽管我们面临着社会转型的严峻挑战，但是转型期带来的社会失范并没有消解社会交往所创造的激发社会活力的社会机制。这也从交往结果的角度确证了社会交往与社会活力的内在一致性。

三　拓展社会交往，提升社会活力

社会交往是从关系和过程视角对社会活力的实践根基及实现途径的阐述。作为人的存在方式和生活方式，社会交往表现着人的社会性、对象性，为人的本质力量对象化的实现、为人性的丰富以及活力的提升创造着极大空间。今天的中国，正处在改革开放颇具成效、社会转型尚未完成的重大历史时期，全球化、城市化、信息化的迅猛发展，改变了社会交往的时间和空间维度，社会交往主体出现多元化趋势，社会交往的互动性、关

---

① 刘奔：《交往与文化》，《中国社会科学》1996 年第 2 期。

系性和开放性大大加强，社会交往的手段及方式也日益智能化，社会交往的成本大大降低，社会交往的效率大大提高。这些促进了社会发展，激发了社会活力，引导着社会进步。但另一方面，也大大增加了社会的风险系数，昭示着人类社会运行机制的不稳定性和易脆性，引发了社会交往中的种种问题。在如此复杂的现实境遇下，我们既需要在理论上对社会交往中的问题深入思考，又需要在实践层面上积极构建符合中国特色的社会交往，不断拓展和深化社会交往的内涵，提升社会活力，推动社会的发展和进步。

首先，要继续深化对外开放。改革创新是发展的内生动力，对外开放是发展的活力源泉。温家宝总理在《政府工作报告》中明确指出，"坚定不移深化改革开放，增强经济社会发展内在活力"。中国在 60 多年的发展过程中，大胆地冲破影响和制约发展的思想观念束缚，在社会各领域进行了大刀阔斧的改革，并且对外开放，积极吸收人类文明的一切优秀成果，着力构建多层次的对外开放格局，变成了开放程度最高的发展中国家，为社会发展不断注入新的活力。在中国融入世界经济主流，成为经济全球化的维护大国和推动大国这一背景下，在多种经济矛盾和困境包围我们的情况下，面对全球化条件下国际经济竞争与合作的加强，更要抓住机遇，积极、稳妥地继续深化对外开放，加强与各类国家的交往与双边关系，以开放的心态融入这场世界性的市场竞争之中。深化对外开放，既是科学发展观的内在要求，也是拓展社会交往的重要表现。改革与开放应该良性互动，成为社会全面发展的强大动力。对外开放需要我们有开放的胸怀，有互信、平等的道德意识，需要我们积极参与国际事务，实现资源与知识的共享。对外开放既能够为中国社会活力的健康激发与蓬勃发展创造有利的外部环境，也是社会活力激发的重要手段之一。

其次，要加强语言选择和语言原则的构建。这是基于交往语言性的理论与实践策略。在许多西方哲学思想家看来，语言是人类认识和理性实践的场所，语言的逻辑结构是人类历史演变过程中最稳定和最重要的因素。由于语言的共通性、共识性与可比性，将人类联结成可以相互沟通的交往共同体，在某种意义上说，交往就是语言的交往，它是对主体之间思想性关系的表达。在交往行为与过程中，行为主体"从他们自己所解释的生活世界的视野，同时论及客观世界、社会世界和主观世界中的事物，以研究共同的状况规定"①，通过语言这一"自我超越自身有限性和封闭性的思想工具"②，通过对话、交流、沟通，达到自我与他人世界的共同融合。语言作为思想的直接现实，它自身就是一个活生生的有机体，也是动态的、有活力的进程。新的思想、新的观念都需要通过语言这一物质载体来表达和实现，因此语言体现了人类心灵活力及人类创造活力。语言选择和语言原则的建构，不仅仅是对概念、判断和推理表达与运用，更是思想、情感、意义及价值的传递，世界观的建立，更是一种尊重感、真诚感及认同感的确立，一种文化创造。在全球化的境遇与现代性的隐忧下，我们应该本着既能够保持本民族独特的传统文化的核心价值，又能够以一种开放的姿态积极参与到文化交往中，真正实现中华民族的自我认同，提升民族生命和意义，保持民族生机和活力，充盈具有文化自觉和时代精神的精神家园这一理念，在日常生活中积极进行语言选择和语言原则的建构，"鼓励人类勇敢地、快乐地面对生活，不断建构其生活德行，走向精神家园的充盈"③。

最后，要鼓励创新实践。创新实践是人类在实践中，不断积极主动探寻新问题，不断破旧立新、推陈出新，产生创造出独特的、前所未有的个人价值和社会价值，它源于社会可持续、充满活力向前发展的需要，是对劳动创造人类未来内涵的深刻说明。不断创新的探索是人类积极的本性，劳动创造了人，创新实践不断推动人类社会的发展。社会发展和变革是人类创新实践的结果，创新实践也是保持人类社会具有强大生命力与活力的重要源泉。创新实践既是人自身活力的重要显现，又给人自身的全面发展和社会的全面进步创造了条件。创新实践包括科技的创新、制度的创新、文化的创新以及其他创新的相互促进。回顾30多年来我国改革开放的历程，可以看到正是因为创新实践，正是因为开放、引进与自主创新相结合，我国技术水平大大提高，推动着社会又快又好地发展，科技创新成为激发经济活力的强劲动力。在我国与世界经济相互依赖程度越来越高的情况下，尤其应该加强与发达国家的经济交往与合作，重视彼此关切，强调

---

① 哈贝马斯：《交往行为理论》第 1 卷，洪佩郁等译，重庆出版社 1994 年版，第 135 页。

② 王锐生、陈荷清等：《社会哲学导论》，人民出版社 1994 年版，第 164 页。

③ 董慧：《现代性批判与中华民族精神家园和重塑》，《自然辩证法研究》2010 年第 9 期。

相互依赖、交流与沟通，积极学习、吸收先进技术，在此基础上提高自身的创新能力，寻找利益共同点，实现互利共赢。

第三节　社会整合与社会活力

社会整合作为社会系统的一项重要功能，在社会发展的任何一个阶段都处于非常重要和中心的地位。社会整合的目的是一方面要维护社会整体的稳定与秩序，使社会系统中各个子系统与要素协调一致、良性运转，以保证社会整体目标的实现；另一方面则是激励与驱动社会发展，充分调动凝聚一切积极因素，以促进社会生机、健康发展。因此，社会整合与社会活力密切相关，两者对于社会发展与进步来说，都具有激励、驱动及控制的意义。"一个健全而进步的社会不仅需要集中控制，而且也需要个人和集团的创造力；没有控制，就会出现无政府状态；没有创造力，社会就会停止不前"①，规范与自由、自我约束与创造的有机结合，既是社会整合、社会控制的功能性说明，也是社会活力的实质性彰显。如何优化社会结构和组织，使社会系统各个要素与子系统良性互动，信息流通，使社会充满生机与活力的发展，这需要社会发展的整合机制来解决。因此也可以说，社会整合是使社会和谐有序、生机活力的必要和有效手段。

一个有活力的社会必然是一个整合的社会，但是一个整合的社会未必是有活力的。如何使一个社会保持和谐与整合的状态而又充满活力，即有序活力是时代摆在我们面前的挑战。改革开放30多年来，我国的社会主义现代化建设取得了巨大的成就，社会也发生了翻天覆地的变化，社会迸发出了巨大的活力。正是因为我国的改革开放，我们的社会才充满了活力，千言万语道不尽一个"活"字，"体制活了，机制活了，管理活了，政策活了，思想活了，社会资源的流动活了，整个社会和国家都活了"②。在社会彰显出巨大的活力的同时，也出现了诸多矛盾与冲突。全球化与中国现代化发展进程的双重背景，全方位、立体地改变着中国社会的状况，从积极方面来说，赋予了社会结构更强的伸缩性，突显出人的主观能动性

---

① 罗素：《权威与个人》，肖巍译，中国社会科学出版社1990年版，第259页。

② 李忠杰：《论社会发展的动力与平衡机制》，《中国社会科学》2007年第1期。

与社会结构之间的关系，为社会生活不断理性的建构、更大范围内社会制度的建构、社会整体的进步与变革提供了更大的空间。从消极方面来说，全球化的猛烈冲击对社会结构的稳定造成一定的威胁，伴随着"时空分离"与"社会制度的抽离化"（吉登斯语），社会生活和社会组织形式发生改变，社会生产与系统再生产遭遇挑战，社会结构遭遇不整合的危机，传统的社会共同体连接、凝聚的趋向正在被慢慢消解，社会整合机制的合法性遭遇了危机。当前社会整合面临的挑战主要表现在以下几个方面：多向度、深层次的社会分化，经济利益和利益主体的多元化，导致社会利益结构的分化及新的利益主体阶层的形成，造成原有社会整合模式的分化与失衡；社会阶层和社会组织的分化，导致政治功能弱化、政治认同降低，削弱了核心权威，权威主义政治在某种意义上发生了蜕变；主流文化与非主流文化的冲突、本土文化与外来文化的博弈、先进文化与落后文化的激荡之复杂性与深刻性，使得文化认同及价值选择多元化。这种多维度的社会矛盾与冲突，对社会提出了新的整合要求。在这样的时代背景下，如何使社会和谐、有序而又充满活力，对我们执政党而言是一场严峻的考验。本部分通过历史性的追溯我国社会整合与活力的关系，对当前影响社会整合与活力的因素进行分析与反思，在此基础上尝试构建一条合理的能够释放活力的社会整合路径。

一　社会整合：理论溯源与概念内涵

社会整合作为一个重要的学术概念发源于西方。在西方社会学领域，其内涵一般指的是社会的一体化和体系化。社会整合与社会发展存在着密切的关系，一般而言，一个健康发展的社会必然是一个整合程度高的社会，低度的或者不整合的社会状态则意味着该社会正在走向解组。在社会学史上，首次提出社会整合概念的是法国社会学家迪尔凯姆。在他的著作《社会分工论》中，他使用了"社会整合"这一范畴，并提出了社会整合的两种理想类型——"机械团结"与"有机团结"。他用"机械团结"指称传统社会的整合机制，用"有机团结"指代社会分工十分发达的现代工业社会的整合机制。迪尔凯姆认为社会整合是"指人与人、人与群体以及群体与群体之间的联结关系，这种联结关系既可以建立在共有的情感体验、共有道德情操和共有的理想信念之上，也可以建立在因为生活需

求、功能依赖而形成的相互依存关系之上"①。结构功能主义的集大成者
T. 帕森斯也对社会整合概念进行了探讨，他认为社会整合的内涵主要体
现在两个方面，一是指构成社会系统各部分之间的和谐关系，使系统保持
均衡状态，避免解体；二是指系统内已有成分的维持，以对抗外来的压
力。② 可以说帕森斯将社会整合研究推到了一个新的高度，他把社会整合
纳入了其宏观结构功能主义理论体系中，主要体现在其著名的 "AGIL"
模式理论中。跟随其后的学者在继承前人的基础上进行了创新，如洛克伍
德提出了系统整合概念，并且区分了社会整合与系统整合，认为社会整合
指的是 "行动者之间和谐的或冲突的关系"，而系统整合则着眼于 "社会
系统各部分" 之间相容或不相容或矛盾的关系。③ 沿着同样的路径，哈贝
马斯、吉登斯等学者也做出了创造性的贡献。哈贝马斯对 "社会整合/系
统整合区分的重构保留了洛克伍德能动作用/系统的视角（内在的/外在
的），但他从这种视角引出的社会整合机制却给他以一种令人迷惑的方式
与特定的制度领域联系起来"；吉登斯的结构化理论目的在于 "超越社会
科学中主观主义、客观主义的两分，在这一前提下，他拒绝能动作用/系
统或内在的/外在的这种划分，而是试图用社会整合/系统整合这样的概念
替换社会科学中微观/宏观这样的视角"④。

　　立足于社会转型的时代境遇，国内的学者全方位、多维度地对我国的
社会整合现状进行了深度透视。关于社会整合的研究成果，主要体现在两
部分，一部分是学者们力图界定社会整合这一范畴，一般将其定义为
"通过利益的调整与协调使社会个体和社会群体结合成为社会生活共同体
的过程"⑤。如著名学者郑杭生认为社会整合指的是 "社会利益的协调与
调整，促使社会个体或者社会群体结合成为人类社会生活共同体的过程，
简言之，就是人类社会一体化工程"⑥。其他学者也大体上遵循了上述思

---

① 刘少杰：《国外社会学理论》，高等教育出版社 2006 年版，第 8 页。

② 侯均生：《西方社会学理论教程》（第 2 版），南开大学出版社 2006 年版，第 175 页。

③ N. 莫塞利茨：《社会整合和系统整合：洛克伍德、哈贝马斯、吉登斯》，赵晓力译（ht-
tp：//article. chinalawinfo. com/ArticleHtml/Article_ 1860. shtml. ）。

④ 同上。

⑤ 杨信礼、尤元文：《论社会整合》，《理论学习》2000 年第 12 期。

⑥ 郑杭生：《社会学概论新修》，中国人民大学出版社 2003 年版，第 362 页。

路，如刘鹏认为社会整合就是指"社会通过各种方式将社会结构不同的过程要素、互动关系及其功能结合成一个有机整体，从而提高社会一体化程度的过程"①。另一部分主要是对于社会转型期执政党的社会整合能力的研究，这些研究大多对伴随社会转型而来的社会变迁与社会矛盾导致的社会不整合对执政党构成的挑战进行了学理上的分析，并提出了一些针对性的措施。如王邦佐、谢岳认为21世纪，社会整合对于中国共产党具有重要的政治意义，并考察了经济全球化对党的社会整合带来的挑战与影响，在此基础上对如何重构党的社会整合机制进行了探讨。② 除此之外，学者们普遍认识到，科学、合理的社会整合机制是实现社会有效整合的关键。因此，不少学者对社会整合的机制、社会整合机制的分类③进行了研究，也有涉及社会整合机制与社会整合模式的关系问题的研究④。也有学者对社会整合从历史的视角进行了追溯，如何爱国考察了50年来社会整合的演变历程，并对各个阶段的社会整合模式进行了归类、总结⑤，程美东通过考察改革开放以来中国社会整合体系的演变，探讨了中国社会整合状况的变迁⑥。

由此可见，关于社会整合的研究，国内外学界已经取得了很多有分量的研究成果。为我们进一步系统梳理社会整合与活力关系，挖掘社会整合理论中社会活力的思想，奠定了坚实的基础。笔者认为，伴随着中国社会学的发展，"社会整合"也经历了一个中国化或者本土化的过程，其含义也历经着自身的嬗变。社会整合是以利益协调为基础、以社会主义核心价值观为引导、各种健全制度和社会组织有效运转的过程及结果。它是社会现代化发展的内在要求和主要动力，也是社会演化的重要机制。社会整合

① 刘鹏：《改革开放与强化党的社会整合功能》，《理论与改革》2005年第1期。

② 王邦佐、谢岳：《社会整合：21世纪中国共产党的政治使命》，《学术月刊》2001年第7期。

③ 如黄玉捷将社会整合机制从内容上分为认同性整合、功能性整合和制度性整合。见黄玉捷《社区整合：社会整合的重要方面》，《河南社会科学》1997年第4期。

④ 参见朱前星《和谐社会目标取向下中国共产党的社会整合模式选择与整合机制建构》，《社会主义研究》2006年第3期。

⑤ 何爱国：《从"单位人"到"社会人"：50年来中国社会整合的演进》（http：//www. un. is. com/xueshu/zhong/18911. html.）。

⑥ 程美东：《改革开放以来中国社会整合体系的演变》，《学习与探索》2004年第1期。

的基础性前提在于社会差异性的存在，主要表现为转型时期社会利益分化、价值观多元、制度不断调整，引发各种社会矛盾和冲突。因此需要充分利用市场、制度、文化和组织的力量来控制与协调矛盾与冲突，使整个社会顺利转型，形成良好、和谐的社会秩序。从动态视角分析，它表现为一个控制与协调的过程，协调主要是利益关系的协调；从静态视角分析，它主要表现为一种和谐与稳定的状态。社会整合与社会团结、社会凝聚、社会内聚的含义大体相同，它之所以可能，是因为人们存在着共同的利益，并且有能够控制、制约、协调及统一人们的文化、制度、价值观念和各种社会规范的存在。因此，可以将社会整合看作是把社会各个部分、社会个体有机联系在一起的纽带，它不是一成不变的，它随着社会结构以及社会发展不断变化。社会活力与社会整合具有非常密切的关系，社会活力作为社会演进的动力，是现代社会的重要标志以及社会整合机制是否合理的重要衡量指标，一个和谐且充满活力的社会必定是社会整合程度高的社会。

二　社会整合的路径选择与社会活力的交融

社会整合的目标是为了维持社会秩序与保持社会稳定，从而确保社会的良性运行，故人类社会发展的任何一个特定阶段都必然有与之相适应的一套社会整合模式与机制。从社会整合的视角而言，中国社会发展的历史就是一部社会整合与社会解组交替出现的历史。笔者将探讨中国历史上社会整合的演变历程，从历史的角度对社会整合与社会活力的关系进行回顾与梳理，以期为新的时代条件下社会整合模式的构建提供有益的启示与借鉴。主要分为新中国成立前、新中国成立后至"文化大革命"结束、改革开放到现在这样三个阶段来论述。

（一）演变历程与启示

1. 新中国成立前（1949 年以前）

新中国成立前，中国经历了长达两千年的封建社会。在整个漫长的封建统治时期，虽然历经朝代的更迭与治乱兴衰，但是整个封建社会的统治基础与社会结构却未经触动，基本没有改变。在经济方面，小农经济基础依然占据着主导地位；思想文化方面，"三纲五常"等伦理观念依然占据着人们的头脑；在社会组织方面，宗法组织依然根深蒂固。这些均表明

"神治"的社会整合方式依然发挥着它的历史功能，并且取得了较好的社会整合效果。"这种'神治'的效果非常明显，各个王朝虽然对于农村的活动没有施加严格的控制，但中国封建社会的农村秩序基本上保持着稳定状态。"① 这样的社会整合状态一直保持到辛亥革命的爆发，才随着封建专制的结束而发生动摇。在这种"神治"的社会整合方式的笼罩下，整个社会结构呈现出一种稳定状态，甚至成为"一种'超稳定结构'，社会分化、社会流动都不甚显著"②。"神治"的社会整合方式尽管保持了社会的整合状态，但窒息了社会的活力，人的主动性与创新性被抑制，整个社会基本上处于一种被动、听天由命的状态。伴随着辛亥革命的爆发，中国开始了长达几十年的社会混乱状态，直至新中国的成立，中国社会一直处于军阀混战、民不聊生的非整合状态，社会发展缓慢，缺乏活力与动力。尽管蒋介石政府一度完成了形式上的社会统一，但并未能提供成功的社会整合。在这样的情况下亟须一个强有力的中央政府来执行社会整合的功能，从而完成自上而下的社会整合。

2. 新中国的成立至"文化大革命"结束（1949—1976 年）

新中国的成立为在新的时代条件下进行新一轮的社会整合扫清了障碍，为社会整合的合法性奠定了坚实的基础。新中国成立之初的社会整合取得了巨大的成功，执政的中国共产党在该时期采取的社会整合模式符合基本国情。这一时期的社会整合模式突出地呈现出两个特点：（1）群众运动式的社会整合模式，综观新中国成立初期的国家整合方式，均是通过群众运动的方式进行的；（2）国家对社会、经济、文化进行全面整合，最大化地控制一切社会资源，顺应了当时的时代潮流，具有了社会整合合法性，取得了人们的社会认同。③ 这种整合方式的实施为当时的社会发展以及社会活力的彰显创造了非常有利的环境。

这一时期实行以政治整合为主的社会整合模式。新中国成立初期通过三大改造和加强党的领导，建立了高度集中的政治经济体制，国家几乎垄断了一切社会资源的分配。针对这种社会整合模式，著名学者孙立平提出

---

① 程美东：《改革开放以来中国社会整合体系的演变》，《学习与探索》2004 年第 1 期。

② 王思斌：《社会学教程》（第 2 版），北京大学出版社 2004 年版，第 158 页。

③ 杨凤城：《新的民族国家整合——新中国头三年历史的宏观审视》，《教学与研究》2000 年第 6 期。

了"计划社会是以总体控制资源为核心，通过行政体系进行全方位控制的社会整合机制的观点"。① 在经济方面表现为一元化的公有制经济，政治方面表现为中国共产党领导一切。1958 年 6 月 10 日下发的《中共中央关于成立财经、政法、外事、文教各小组的通知》文件中指出"这些小组是党中央的，直隶中央政治局和书记处，向他们直接做报告"，这标志着党的一元领导体制的确立。在这种高度集中的政治经济体制之下，党对社会的整合主要依靠行政力量的强制作用来进行，"党对社会的整合主要依靠单一的行政渠道，或准行政渠道，依靠革命时期所遗留下来的理想和热情来整合社会"②。这种僵化且单一的行政性整合方式必然阻碍社会的发展，导致社会死气沉沉，缺乏生机，窒息社会的活力。"高度集中的计划经济体制，片面强调指令计划，分配采取'平均主义'等形式，严重束缚了生产力的发展，束缚了人的自主权利，压制了社会主体的积极性和创造的活力。"③

　　这一时期的行政性整合模式主要表现在两个方面，组织整合与意识形态整合。组织整合体现在国家建立了完善的从中央到地方、从城市到农村的党组织，将社会精英吸纳到党组织中，并严密地控制着当时的政治社会生活，除此之外，在城市建立了单位制，在农村建立了人民公社制度。国家通过这些组织控制了几乎所有的社会资源，人们的生产生活所需要的所有资源都要通过组织来分配，在当时的情况下如果不隶属于一个社会组织，将无法生存。这种总体性的行政控制起到了很好的社会整合的作用，当然，在这样的社会整合模式下，社会缺乏发展的动力与活力。"政治—行政为轴心的'一元化'社会整合方式……在这种整合模式下，国家与社会高度统合，社会缺乏独立自主的发展空间，政府也缺乏相对的自主性。""这种整合方式存在严重的缺陷：它抑制了社会力量自主活动的空

---

　　① 朱力：《我国社会整合机制的转换——兼论"和谐社会"的理念》，《学海》2005 年第 1期。

　　② 何爱国：《从"单位人"到"社会人"：50 年来中国社会整合的演进》（http：//www. un. is. com/xueshu/zhong/18911. html.）。

　　③ 董慧、欧阳康：《社会活力：中国道路的动力机制》，《毛泽东思想研究》2009 年第 3期。

间，牺牲了社会自由，抑制了人民群众的积极性。"① 国家除了通过严密的组织进行行政整合外，还通过意识形态在思想层面进行社会整合。"国家通过意识形态话语和相应的舆论宣传制度与机构强制实现社会认同。"② 通过宣传马克思主义理论和进行道德教育，强制人民群众认同党所认同的主流话语。同时禁止不同话语的存在，批判一些传统习俗与西方话语，使人们达到思想上的高度同质状态。这种意识形态整合特点鲜明地体现在个人与个人以及个人与社会的关系方面，"改革前我国人与人之间关系的中介因素主要是意识形态，人与人之间的关系表现为阶级关系，像'同志'、'敌人'、'动摇分子'等日常称呼就是对那个时期人与人之间关系的一种最简单概括"。③ "文化大革命"期间，这种意识形态的整合更是发挥到了极致。在高度畸形的社会整合的控制下，社会异质的存在得到抑制，社会结构保持了高度同质低度分化的状态，这种"低分化、强同质的社会结构保证了社会的畸形稳定，使新中国成立以来逐渐形成的政党主导的单一的政治行政性社会整合范式发挥到极致，严重抑制了社会活力和效率"④。

3. 改革开放后至现在（1978—现在）

改革开放以来，我国的社会发生了翻天覆地的变化。这种变迁源于从传统农业社会向现代工业社会，从计划经济向市场经济的社会转型，这种转型意味着我国的社会结构将发生重大变迁，也意味着我国计划经济时代形成的社会整合模式在新的时代背景下遭遇了严重的挑战，遭遇了社会整合的危机，社会整合由此面临着现实的重构。

随着改革的大力推进，我国社会结构发生了巨大的变化，出现了新的分化与组合。体制结构发生了巨大的变迁，导致资源配置方式发生了巨大的变革。改革前，我国实行高度集中的政治经济体制，国家通过城市单位组织和农村人民公社几乎控制了所有的社会资源，在体制外没有

---

① 刘鹏：《论转型时期中国共产党社会整合机制的重构》，《理论研究》2006 年第 5 期。

② 何爱国：《从"单位人"到"社会人"：50 年来中国社会整合的演进》，（http：//www.un. is. com/xueshu/zhong/18911. html.）。

③ 程美东：《改革开放以来中国社会整合体系的演变》，《学习与探索》2004 年第 1 期。

④ 吴志军：《1976～1982：新的宏观历史叙述——以社会整合为视角》，《内蒙古社会科学（汉文版）》2005 年第 1 期。

替代性的社会资源。在这样的社会整合机制下，社会死气沉沉、毫无生机。改革后，城市单位制逐步趋于解体，出现了许多非国有企业和组织，参与市场竞争，为社会注入了无限生机与活力。这种由单纯的体制内单位供给制向体制内与体制外共同供给制的转变，"极大地释放了自由流动资源和自由流动空间，国家与社会开始发生分离，社会的自主性增强，社会的异质性出现并逐渐增强，社会分化加速"①，彰显了社会活力。农村人民公社也逐步走向瓦解，农村家庭联产承包责任制的建立，调动了农民的生产积极性与热情。更重要的是改变了农村基层管理权力的僵化与缺乏活力的社会整合方式，取而代之的是更有弹性与活力的以村民自治为基础的农村社区整合方式。这就是"经济民主为起点，产生了农村社区整合（包括经济、政治和社会事务的整合）的典型形式——村民自治"②。

　　伴随着社会结构的转型，社会整合模式与机制也历经着一个由新的不适应到适应的过程，社会整合模式必然要进行新的重构。但是社会转型过程是十分复杂与漫长的，由于新的社会整合模式建立的滞后性会产生许多社会问题，因此这对于执政的中国共产党来说则是一场尤其严峻的考验。关于改革以来的社会整合模式的看法众说纷纭、莫衷一是，不同的学者根据自己的研究方法提出了富有个人特色的见解。有学者明确指出，从一定意义上说，"……改革开放的过程，也是一个不断地寻求新的社会整合机制的过程，而这种新的社会整合机制的基本特点就是以契约性的社会整合机制为主导"③。姑且不论这种观点是否经得起历史的检验，但是确实具有一定的道理。主导市场经济的是契约理性，从这种意义上说，市场经济条件下的社会整合机制必然是带有契约性质的。当然也有学者认为，中国当前的整合模式表现为由改革前的"集权式"整合模式向"民主式"整合模式转变，"所谓'民主式整合'范式相对于'集权式整合'范式而言的，它表现为社会整合中心、社会整合主体和社会整合手段的多元性和多维性，社会结构由简单趋于复杂，社会流动由停止趋于活跃，社会体系由

---

① 黄玉捷：《我国社会整合机制重构》，《江西社会科学》1997 年第 9 期。

② 邹和平：《农村社会整合与社会发展》，《社会主义研究》1994 年第 4 期。

③ 孙立平：《转型与断裂：改革以来中国社会结构的变迁》，清华大学出版社 2004 年版。

封闭转向开放等"①。这种说法很有道理，较集权式整合范式而言，民主式的整合范式将给社会发展带来更充盈的活力。改革后的中国呈现出了"民主式整合"的所有特征，中国社会正在越来越趋向于民主。民主的特征则赋予社会发展更大的动力，使社会更加生机勃勃。"由过去完全依靠行政力量进行政治整合逐步转向由官方积极引导、全社会参与共同规范的积极创造性的社会整合"，随着整合模式的转变，经济、法律、道德、社会中介组织乃至社区组织的整合作用开始凸显，行政整合的作用"有所减弱，社会流动大大增强，社会关系趋于复杂，社会充满活力和效率"②。

　　对于当前的社会整合状况，我们应该理性与辩证地看待。一方面，我们的社会整合模式重构取得了重大进展，社会日益充满活力。另一方面，社会转型仍在进行，社会变动不居，社会整合真空导致的社会矛盾与冲突不断，甚至有加重趋势，而这些矛盾与冲突对正处于现代化进程中的发展中的中国来说形成了严重的阻碍。

　　（二）现实挑战与借鉴

　　改革开放以来，我国开始了从传统农业社会向现代工业社会与从计划经济向市场经济的社会转型，随着社会转型不断深入，我国的社会各方面均发生了巨大的变化，总体上表现为社会由同质性强、分化程度低越来越趋向于异质性较强、分化程度高。随着社会状况的改变，打破了原有的社会格局，社会阶层结构发生了重大变化，利益主体日益多元化，从这个意义上说，这意味着社会整合的基础必然发生改变，这使得我国的社会整合面临着巨大的挑战，遭遇了重大社会整合危机。

　　鉴于当前社会转型带来的社会分化与利益主体的多元化，原有的社会整合方式已不再适应当前的社会状况，必须重构新的社会整合机制以适应社会的发展与变迁。

　　三　加强社会整合，增强社会活力

　　随着社会转型在中国社会全方位、多维度地展开，我国社会结构发生

---

　　①　杨凤城：《新的民族国家整合——新中国头三年历史的宏观审视》，《教学与研究》2000年第6期。

　　②　吴志军：《1976～1982：新的宏观历史叙述——以社会整合为视角》，《内蒙古社会科学（汉文版）》2005年第1期。

了剧烈而深刻的变革，传统的社会整合方式无法适应快速的社会结构变迁，因而产生了许多社会矛盾和问题，阻碍了社会的发展，抑制了社会活力的释放。在社会主体的利益诉求日益分化与多元化的这一社会境遇下，必然提出新的社会整合诉求。只有一种以社会利益主体的异质性为基础与前提，以社会多元利益主体和谐共生和社会充满活力为目的的社会整合方式，才能较好地协调和整合社会生活中的各种冲突与矛盾，进而促进社会发展。笔者认为，要实现上述目标，需要实现以下几个整合转向，帮助构建新的社会整合模式。

（一）从政治整合转向社区整合

随着社会转型和改革的进行，计划经济时代建立起来的农村人民公社和城市单位组织逐渐趋于解体，这意味着计划经济时代形成的以政治整合和社会整合高度统合，"一元化"整合模式受到了挑战，社会整合模式必须转型。在过去的"一元化"的政治整合模式的笼罩下，从社会上看，呈现出这样的局面，"国家与社会高度统合，社会缺乏独立的自主发展空间，很难形成严格意义上的与国家行政权力有别的公民社会，尽管其表象为社会自组织力的缺乏，但从实质上看是执政党强大的政治影响力抑制了社会的活力"①。过去城市单位组织几乎承担了从"摇篮到坟墓"的所有职能，随着非公有制企业的蓬勃发展，公有制企业一统天下的局面逐渐被打破。而这种非公有制企业不具有全面的社会职能，出现了大量的社区。单位之外可替代性社会资源增多，而过去单位几乎垄断了所有的社会资源。随着市场机制的引入，出现了大量自由流动的社会资源，拓展了社会资源的自由流动空间，极大地释放了经济活力。在农村建立了家庭联产承包责任制，大批的农村剩余劳动力被释放出来，进入城市打工，增添了城乡流动与活力。上述变化带来的根本性影响是国家与社会的分离，创造了更多的自由流动的社会空间，在城市表现为社区，在农村则是以村民自治为基础的村社。这种社区的出现为社会整合模式的创新与转向提供了新的创造性空间，适应了新时期的社会现实。"社会的变革开创了社区整合的新领域，它将形成这样一种格局：让企业和行政事业单位成为真正的社会

---

① 王邦佐、罗峰：《从一元转向多元——关于中国执政党政治整合方式的对话》，《学习论坛》2003 年第 7 期。

劳动单位，而让生活社区承担更多的社会整合功能。"① 目前来看，社区
整合是一种符合社会现状的整合方式，但是我国的社区也存在着发育程度
较低、社区建设普遍滞后等缺陷，发挥社会整合的功能的唯一途径便是加
强社区建设。加强社区整合其核心在于社区归属感的建立，良好的社区归
属感的建立，可以为社区居民提供心灵的居所，使其保持高昂的精神状
态，释放出旺盛的精神活力。所有社会成员的活力状态，必然会达到社会
的活力状态。

（二）从机械整合转向有机整合

社会学家迪尔凯姆，针对 19 世纪末 20 世纪初法国社会转型的现实状
况，对当时的社会问题从社会团结的向度进行了分析②，提出了代表传统
社会的机械团结与现代社会有机团结两种不同的社会团结类型。他认为在
文明程度比较低的传统社会中，人们的行为建立在相似性与同质性的基础
上，集体意识发挥着对社会成员的整合作用，社会整合模式被称为机械团
结；而在社会分化比较发达的现代社会，人们的行为建立在社会差异与异
质性的基础上，由社会分工所造成的职业专门化所形成的人们之间的依赖
感维系着社会的整合。借鉴迪尔凯姆的理论，我们可以将中国改革开放前
社会的整合模式称之为机械整合模式，以后的则可称之为有机整合模式。

机械整合是在社会发展不充分、文明程度比较低的情况下，采用的一
种简单的或比较单一的社会控制方式，它的目的是通过消灭社会异质因素
而达到社会整合目标的方式。我国改革开放前，社会经济发展不充分、社
会分工不发达、政府通过垄断社会资源的分配而达到高度资源整合，通过
意识形态控制而达到严密的思想整合。因而可以说整个社会依靠行政命令
或指令等方式，通过人为消灭社会异质性而达到社会整合的目的。这种外
在的社会整合方式呆板而且机械，结果就会造成社会的僵化，严重阻碍社
会活力的激发。而改革开放之后，伴随着市场经济体制的建立和现代化的
推进，我国的经济社会取得了长足的发展，社会分工越来越发达，社会结
构日益分化，利益主体发生分化而变得多元化，社会日益由改革前的同质

---

① 黄玉捷：《社区整合：社会整合的重要方面》，《河南社会科学》1997 年第 4 期。

② 在迪尔凯姆的思想中，社会团结与社会整合基本上是同一个含义。他毕生关注的领域就
是社会整合，其实也是社会秩序。

性强的社会转变为异质多元的社会。随着社会分工的深入发展，各专业间的依赖性必然越强，在市场机制的作用下，社会越来越像一个有机体，在这样的情况下，机械整合模式必然会阻碍社会的发展，抑制社会活力，使社会处于非整合状态。要促进社会的发展，必然要转向符合当前社会实际的有机整合模式，即在社会经济发展充分、社会分工发达、社会分化程度高的情况下，运用的多元的有机的、允许社会异质性存在的社会整合模式。社会有机整合"可以充分调动各方面的积极性，形成社会差异基础上的统一，从而使社会产生了活力，并且释放出具有创造性的能量，促进社会快速发展"①。

（三）从一元整合转向多元整合

改革开放之前，高度集中的政治经济体制主宰着社会生活的一切，对社会起着严密的控制作用。政治整合与社会整合高度重合，政治与社会高度统合，城市单位组织与农村人民公社控制着几乎所有的社会资源，在组织之外找不到可替代性的社会资源，社会成员必须隶属于某个单位组织，才能分配到必需的社会资源。这种政治性极强的社会整合方式通过消灭社会异质性使社会达到了高度同质的状态，在这种整合方式下，社会呈现出高度的"一元化"状态，社会也达到了高度的整合状态。但是在这种"一元化"的政治整合模式下，"社会、政治、经济、文化权力的长期高度重合和结构单一，必然会导致僵化和社会活力与创造力的退化"②。

改革开放后，社会结构发生分化，利益主体日益多元，社会分化日趋发达，一个现代化的社会结构粗具规模。总之，社会日益由一个同质性强的社会转变为异质社会，一个多元化的现代社会日益形成。在这样的形势下，单纯任何一种社会整合方式很难奏效，很难发挥出良好的社会整合效果。因此必须多管齐下，发挥多元社会整合的综合作用。这就要求将组织整合、制度整合与意识形态整合等整合方式综合运用，发挥其多重效应。这样才能使异质性较强的现代社会凝聚为一个社会共同体，既达到整合状态又充满活力。

---

① 黄玉捷：《社区整合：社会整合的重要方面》，《河南社会科学》1997年第4期。

② 杨凤城：《新的民族国家整合——新中国头三年历史的宏观审视》，《教学与研究》2000年第6期。

（四）从强制性整合转向协调性（利益）整合

改革开放前，我国是计划经济社会，国家对社会资源实行统一分配，国家与社会高度统合，国家采取行政性的指令的形式对社会资源进行强制性的整合与分配。改革开放后，我国开始建立了社会主义市场经济体制，市场经济是主体经济、自由经济，由市场来调节社会资源的配置，这就需要在中国共产党转变执政方式，在分配社会资源时只需要起到辅助性的作用，在整合社会时应该采用协调性的作用，采取协调性的社会整合方式。

改革的过程其实就是利益重新分化与组合的过程。改革开放以来，社会利益结构发生了分化，社会利益主体日趋多元化。大部分社会矛盾与冲突问题均可转换为利益分配不均的问题，主要表现在这样一些方面：城乡二元化的问题、贫富差距过大问题、弱势群体的社会保障问题等。所有这些问题均体现为利益分配问题，解决这些的关键是合理协调各个利益主体之间的矛盾与冲突。从社会整合的角度而言，社会整合方式必须转变到协调性整合，将各个利益主体协调和整合为一个社会共同体。在个人利益与个人利益、个人利益与社会利益平衡一致的状态下，整个社会才能保持改革、发展与稳定三者的辩证统一，秩序良好而又充满活力。

第三章　社会活力的运行机制

社会活力作为中国社会的主题与关键词，必定有其内在的、相应的运行机制。社会活力的运行机制，是人类根据构建充满活力的和谐社会这一社会目标，通过人们有目的、有意识的活动创造出来的一种运行机制。这种运行机制是社会活力之所以可能，或者说社会活力得以存在和生发的一种根本的、普遍的机制。具体说来，指影响社会活力提升与激发的一些构成性因素，各自发挥自己的功能和作用，同时又交互影响的作用过程及运行方式。换句话说，人类社会发展演化的逻辑和更迭的历程中，必然有一些因素，它们之间具有一定的联系，但各自相对独立，有各自的规定性，同时又相互作用，使得社会创造性发展得以成为可能，使得"感性实践基础之上社会生活的生命力、社会主体的创造力、社会自主自由的主体性力量"① 得以彰显。之所以要对社会活力的运行机制进行分析研究，是因为一方面我们可以找到影响社会生机蓬勃发展的因素，将它们有机地结合在一起，使之成为具有内在逻辑联系的整体，更好地引导社会充满活力的发展，更好地认识并且探求人类社会发展变化的规律；另一方面可以有利于我们探求社会呆板、僵化、缺乏动力的原因，以寻找有效方法，完善各种机制和管理手段，在相关的制度以及价值观念的协调促进下，最大程度发挥人类的自由创造性，体现社会活力本身的价值内涵，实现社会可持续发展。

本章将在科学发展观以及和谐社会理念的指导下，深入探讨社会活力的运行机制，即决定社会积极向上、繁荣发展的发展方向和轨迹的各种表现形式的内在机制。社会活力既依赖于社会秩序的动力演进，也依赖于社

---

① 董慧：《社会活力论》，湖北人民出版社 2008 年版，第 57 页。

会有机体的历史进化，同时也离不开社会主体的实践建构。这一尝试并不是在抽象的哲学领域进行纯粹的思辨，而是面向现实的社会生活，可以说是建构"中层理论、沟通宏观社会学理论与微观社会学理论的有效途径"①。其理论意义表现在对默顿"中层理论"的具体化，而实践意义则表现在有利于我们在中国社会实践化进程中，更好地掌握社会活力产生作用的原理和规律，并且运用它们来促进社会生产力的提高，促进人们生活充实富裕，实现社会有活力有秩序地发展。

第一节　社会秩序的自组织演化

本书第一章已对秩序与和谐、和谐社会秩序与社会活力等相关问题进行了较为详细的阐述，我们得知，社会秩序不仅仅是表达人类文明和科学世界观的核心概念，同时也是当下社会变迁中的重大主题。尤其在全球化与大转型的中国现时代语境下，各种复杂的社会问题层出不穷，对社会秩序的稳定造成极大挑战。政治、经济、文化、生活翻天覆地的变化以及它们之间错综交织的复杂关系，社会生活秩序的结构性失衡，社会内部的分裂以及日渐频繁的各种矛盾和冲突，技术创新和社会组织创新对人与地域之间时空维度的重组等，这些都意味着我们需要重新审视和构建社会秩序。面对盘根错节的社会问题，除了以历史的眼光审视之外，还需要一种复杂性思维，对社会秩序的分析需要关注全球经济、政治、文化以及环境之间相互依赖性的复杂形式，要看到全球化及中国转型的多样化、历时性以及不连续性、不确定性，全球系统这一极端复杂的动态系统其本身的演化中也会存在很多突变现象，随机的扰动会对稳定的秩序造成冲击；除了从哲学和社会学理论寻找资源之外，还需要融入现代自然科学发展的最新成果，因为我们越来越清楚地认识到，"纵横交错的各种各样的'社会'就是与它们的外部环境存在着复杂的互相联络的各种各样的系统。存在着许多混沌效应，它们的源头从时间—空间上来说是非常遥远的……并且，不存在一个可以用纯一社会过程来解释的社会秩序"②。尽管社会的发展

---

① 郑杭生：《试论社会运行机制》，《社会科学战线》1993 年第 1 期。

② 约翰·厄里：《全球复杂性》，李冠福译，北京师范大学出版社 2009 年版，第 133 页。

是人类实践活动的产物，人类凭借理性和智慧构建了社会秩序和法则，这一被组织的方式固然重要，但我们也需要看到社会作为复杂巨系统所具有的自组织性。对社会秩序自组织演化的考察，旨在为认识与理解社会活力运行机制提供一个系统性、复杂性和总体性观察方式和视角，构建稳定有序的社会秩序，真正实现社会这一由无数子系统构成的大系统，朝向整体结构优化，并且具有源源不断动力的社会进步这一目标。

一　社会秩序自组织演化的理论基础

"在社会生活中建构并维持某种秩序"[①]，一直是人类的理想目标，并且引起社会科学、社会学、史学、法学、政治学等领域的广泛讨论。这些讨论中，有的是从传统社会向现代社会转变，现代社会秩序受到市场规则和消费主义原则的侵蚀，从而变得碎片化、原子化、风险化、陌生化，因此倡导建立维系人与人之间的良好的社会秩序[②]；有的则是认识到宗教对于社会秩序的高度相关性，从宗教运动和价值出发，重建维系心灵秩序和政治秩序的信仰与理性，比如对清教徒所追求的秩序如何对政治秩序产生影响，从而影响社会发展及文化精神的缔造[③]；有的则试图从国家与市民社会的批判和反思中，为社会秩序建构的基础提供合法性、合理性的论证[④]。哈耶克对自发秩序的揭示，则反映了他受复杂系统理论的影响，运用相关的系统论理论建构经济秩序的努力。在哈耶克的经济理论中，我们可以清晰地看到一些系统论和复杂性科学中的核心概念，比如"规则、

[①]　约翰·厄里：《全球复杂性》，李冠福译，北京师范大学出版社 2009 年版，第 131 页。

[②]　比如滕尼斯的共同体社会、涂尔干的有机团结的社会、韦伯的理性的社会、贝克的风险社会，实质上都指向建构人与人之间良好的社会秩序这一共同的主题。

[③]　比如韦伯（Weber）、托尼（Tawney）、希尔（Hill）、沃尔泽（Walzer）对宗教与资本主义兴起与发展的研究，尤其对清教徒如何创造了进步的革命的社会秩序的理论，即社会秩序是靠灌注调教个人的良好来实现。参见玛戈·托德《基督教人文主义与清教徒社会秩序》，刘榜离等译，中国社会科学出版社 2011 年版，第 10—33 页。

[④]　比如邓正来一直将"社会秩序的建构及其正当性"作为研究主题，他主张建立一个由市民社会为中心的概念分析框架，认为社会秩序的缺失和国家与国家的互动有紧密联系，倡导一种国家与社会分离但却能够良性互动的新的社会结构。参见邓正来《国家与社会：中国市民社会研究》，四川人民出版社 1997 年版；《自由与秩序：哈耶克社会理论的研究》，江西教育出版社 1998 年版。

秩序、深化，甚至'涌现性'成为哈耶克研究中常用的概念"①。由此可见复杂性给予人类巨大的启示，实践的、过程的、计划的观点对于了解我们所面对的社会确实起着相当大的作用。但社会本身是充满不确定性和各种复杂因素混合起来的系统，我们需要超越二元对立思维模式，用系统、科学的思路考察社会，看到社会生活既有成功也包含失败，社会秩序也是与混沌内在关联的，它是自组织的，因为"社会秩序总是依赖于它和某些涌现的跨国关系建立起多样化的联系"②。

系统科学理论、自组织理论的兴起，对于我们理解作为社会存在和发展必要条件的社会秩序提供了新的思路。20 世纪 60 年代末诞生的非平衡系统的自组织理论的新科学理论群，一方面将系统思想和系统范式推向一个新的发展阶段，为人们提供了一幅世界自组织演化的图景；另一方面为思考社会秩序复杂演进的机理——自组织特点奠定了坚实的理论基础。贝塔朗菲作为系统论的创始人，用开放系统来定义和描述社会，认为开放系统与外部环境持续地进行物质和能量的交换是其保持生命活力的源泉。这种生命形式是以一种动态的稳定形式表现着，有机体的组成部分相互协调，形成秩序，遵循着一定的目的性，活力是有机体的本质特征。系统论取代了之前在工业文明时期建立起来的机械论世界观，成为一种新的世界观，成为逐渐被人们所接受的一种新的世界观。之后信息论的诞生，更加凸显出系统的世界观意义，并且对社会学、政治学领域产生极大影响，如功能主义人类学中的系统思想，政治系统理论学派的兴起，这意味着社会科学与自然科学相融合的趋势，说明了科学技术中的系统思想可以帮助我们解释复杂的社会现象。最先将那些自发出现或形成有序结构过程用"自组织"来界定的是普里戈金在建立耗散结构时提出来的，耗散结构就是一种远离平衡态的稳定结构。之后自组织被哈肯进一步清晰化，他创立的协同学说明子系统之间有规律的协同作用，能够使系统由无序状态走向有序，自组织就是事物自发、自主地走向组织，它既是一种结果，也是一个过程。爱肯建立的超循环理论，探究了无生命到生命阶段进化问题，进

---

① 刘业进：《哈耶克经济理论中的复杂性和系统科学思想》，《制度经济学研究》2010 年第 4 期。

② 约翰·厄里：《全球复杂性》，李冠福译，北京师范大学出版社 2009 年版，第 133 页。

化就是生物大分子自组织的过程，表现在经过多重循环、自我复制和选择，组织和功能不断完善，从而实现宏观组织的不断进化。世界在混沌理论视野之下是非线性的、不可逆的和不规则的复杂存在，混沌运动中包含了产生新的有序结构的条件和基础，混沌在社会领域也是普遍存在的。曼德布罗特的分形学则揭示了自组织的高度复杂结构的特征——自相似性、维数与进化的联系，并试图寻找有序无序、整体部分之间的新秩序。这些全新的对世界的自然科学的系统思想，不仅为我们展现了自然界自组织演化的图景，同时也为我们研究复杂社会系统的演化开辟了一条新的路径。

　　自组织理论的研究对象是复杂系统——开放、远离平衡态的系统，这类系统的一个基本特征就是具有进化性。我们通常理解的社会秩序是外部力量促成的，比如"人类设计出制度以创造秩序并降低交易的不确定性"[1]来实现社会的稳定有序发展，或是通过标准化的协商一致而达成。对于个体行动实行外在的约束力，秩序就是这种外在约束力的表现，而社会秩序就是将这一约束力社会化或集体化。但我们也需要看到复杂系统科学所传达的思想启示：社会秩序表现了社会系统和外部环境，以及与其他社会系统之间的高度自适应性，它不是传统意义上的静态秩序观，即认为社会有机体的各个固定部分能够为社会整体的运行提供特定的功能。也就是说，秩序本身存在于复杂事物运动变化的过程之中。社会秩序是复杂性社会系统中的重要构成要素，它表现的是社会系统内部构成各要素之间相互作用和相互影响的过程，只有在运动和变化的过程中，在社会生活以及生活中的主体的人的社会实践的总体状态中才能观察到社会秩序。当代全球呈现出明显的流动、复杂特征，如同鲍曼所描述的流动的现代性，这是对社会现象非线性的解释。只有流动的关系之间达到一种有序的、多样化的稳定，才能真正形成有强劲动力的社会秩序。也就是说，社会秩序并不是固定的、给定的、静态的，而是在流动状态中形成的。社会本身是自主的、自我再生的，它类似于生命系统，因此我们可以从生命系统的特征中获取分析社会秩序的方法论启示。

---

　　① North. Douglass C. , "Institution", *Journal of Economic Perspectives*, Vol. 5, Number 1: pp. 97 – 112.

二　社会秩序的复杂性和自组织性

全球化已改变了人们生活的本质，因此从某种意义上说，整个社会关系，以及维系社会关系使之稳定有序的社会秩序也深深地嵌入在全球化的复杂进程之中，成为表征全球复杂性深刻内涵的重要主题。"信息和媒体权力是以流动的、表演的以及未受限制的方式存在着的。这种存在方式不仅增强了它们自身的力量，而且还增强了它们自身的攻击力。试图通过存在于社会中的强力迫使它们平静下来，会导致产生某些复杂的、意外的后果，并使社会系统本身更加远离平衡态。"① 这告诉我们复杂性及其在当代社会科学中的应用，确实是我们应当认真思考的问题，对此已经没有更多的怀疑，"在某些特定的社会领域，复杂性有着超乎寻常的解释力，因而它是适用于社会科学的"②。从最初法国空想社会主义学者圣西门提出的历史学将成为社会物理学，到后来著名社会学家孔德围绕这一概念进行的一系列论说，至少可以说明复杂性为我们分析社会提供了更多的隐喻，整个社会也许真的可以看作是"脱去了复杂性外衣但又不能简化成为动态系统的社会生活过程"③。

社会秩序是一种客观存在，它表征着复杂系统发挥其功能性作用，达到相对稳定和平衡的状态，达到一种秩序化、有序化。在社会秩序的形成过程中，市场、国家、资本、权力发挥着极其重要的主导力量，但社会秩序本身也是一个过程，一个自组织的过程。就一个社会而言，若想真正实现稳定有序、充满活力的进步和发展，更需要的是这种自组织的社会秩序。这种秩序面对的是复杂系统，以经济、政治、文化、生态的多元整合发展为目标，是建立在包括情感、认同、信任基础上的自治秩序，若自组织能力比较强，则更有可能从容应对各种突发事件或是危机，表现一种更有效率、更有活力的方式。尽管有效的社会控制是必要的，但在市场经济带来的资源配置多元化、利益的群体分化、价值观念冲突化和复杂化，以

---

① 约翰·厄里：《全球复杂性》，李冠福译，北京师范大学出版社 2009 年版，第 148 页。

② Stewart, P. "Complexity theories, social theory, and the question of social complexity", *Philosophy of the Social Sciences*, Vol. 31, 2001, p. 353.

③ Capra, F: *The Hidden Connections: A Science for Sustainable Living*, London: Harper Collins, 2002, p. 25.

及全球化带来的社会关系的重叠化、聚合化、风险化的时代境遇下，社会结构以一种非线性、开放的方式被重置或重构。要想捕获、维护以及推进社会秩序，仅仅靠常规化的控制和权力是行不通的。我们需要政府、市场、权力之外的自组织力量，以及在自愿参与、协商合作的方式基础上的信任框架的确立，来维持社会系统长期稳定的秩序。这也是一种充分反映社会自主性的秩序，彰显自组织社会生活精神的秩序。因而，社会秩序的真正含义并不是指各种社会因素达成的和谐、稳定状态本身，而是指向更高层，即这种和谐、稳定、有序状态生成和自我维持的动力学。也就是说，具有自由个性的主体能够在平等对话、畅通表达的基础上实现无意识的、主动的、积极的规训。社会秩序就是不断处在这种无意识、自动、自组织与有意识、被动、受控的变换之中。

不论是西方社会在特定历史过程中所形成的强大的社会自治传统，还是中国社会改革开放之后社会制度的变迁，都说明了通过人为的控制或强制的力量所形成的社会秩序是缺乏活力的和低效的，只有具有强大的社会自组织因素，社会秩序才能发挥其强大的、执着的力量，使社会主体的自主性、社会生活的自足性价值得以最充分的彰显。比如，西方在社会大转型过程中，因为其在特定的历史文化传统中形成的市场、社会和国家三元互动关系，国家对资本市场的干预与引导，使得西方国家有效地遏制了市场交易规则对整个社会生活及市场的控制失灵导致的各种灾难性后果，避免了社会秩序的彻底被颠覆。而之后伴随着国家权力对私人自由空间的侵蚀，对国家与社会、人与人之间关系的新一轮反思开始，之前积淀下来的城市自治、地方自治及教会自治所形成的社会自治实践精神，以及社会各个领域的自组织因素，在新的社会情势下重新显示出强大的力量。市场经济、社会和国家之间良性的互动，创造出与公民追求利益不矛盾的，并且允许社会生活极大自由空间的和谐的社会秩序，这不仅推动了资本主义体系的发展，也推动了全球自治和治理的发展。社会秩序的自组织演化，在西方社会可以用社会自我保护运动来印证。这种自我保护运动是"社会根据自身的法则运转的方式来形塑自身"① 的表现，它"运用保护性立

---

① 卡尔·波兰尼：《大转型——我们时代的政治与经济起源》，冯刚译，浙江人民出版社2007年版，第50页。

法、限制性团体和其他干涉为自己的运作手段"① 积极对抗、抵制自我调节的市场经济，各种社会制度、规范和组织为了保障人们的协调、参与应运而生，因而整个社会走向能动化，这种积极的能动化表现在"面对市场原则全面渗透人类社会生活，土地、劳动力和货币不断被商品化，以致社会完全臣服于市场，社会必须做出积极的回应，捍卫社会生活自足的价值，降伏市场，重新将经济嵌入社会，使之成为受规制的市场"②。这种自发的保卫运动，提高了社会的自组织水平，增强了社会秩序自组织演化的能力。

中国在改革开放之前，是政治、经济、意识形态三个权力中心高度重叠形成的大统一的一元化总体性社会，整个社会秩序是计划经济体制调节下的带有"总体性"色彩的他组织秩序。国家对全部社会生活实行严格的、全面的控制，农民的社会生活和家庭生活被纳入到集体的控制之中，个人由单位支配，集体和单位则由党、群来组织，"在社会主义大革命过程，社会财产没有遭到破坏，社会秩序没有发生混乱，社会生产没有下降"③。他组织的社会秩序，使我国结束了近代混乱、落后的局面，但后来慢慢表现出其局限性，严重阻碍了相对独立和自主的社会秩序的建立。总体性社会秩序越来越不适应社会的发展，固定不变的政治体制及其意识形态，束缚了人们的思想，国家严格地控制与计划，削弱了经济结构自我调整和自我更新的能力，也使得个人与企业丧失了自主创新、自主管理的活力空间。"全能主义国家对社会秩序的控制，实现的充其量只是一种静态和封闭的稳定，是以社会活力的窒息、社会成员自主选择权利剥夺为代价的，因而必然也是无法长期延续的。"④ 改革开放实践改变了中国的命运，改革是观念调整体制重构，个人主体性空间拓展，社会政治、经济、文化生活的自组织性增强，社会的自治程度日益提高，经济飞速发展，人民生活水平大幅提高，这说明相对自组织的社会秩序慢慢在培育和形成，

---

① 卡尔·波兰尼：《大转型——我们时代的政治与经济起源》，冯刚译，浙江人民出版社2007年版，第112页。

② 沈原：《社会的生产》，《社会》2007年第2期。

③ 1957年国务院政府工作报告，《人民日报》1957年6月27日。

④ 何显明、吴兴智：《大转型：开放社会秩序的生成逻辑》，学林出版社2012年版，第128页。

并且为整个社会的蓬勃发展带来强劲的动力。尽管社会是一个有机的整体，社会秩序的形成是多种因素相互作用下的、慢慢自适应的自组织过程。在全球化与社会转型背景下，在社会秩序的复杂性更加突显的情况下，若想发挥社会秩序自组织的作用，保持社会发展的可持续活力，需要继续保护和培育这种社会秩序的自组织性，提高社会的自组织和自治能力，从而避免理性缺乏、秩序风险集中、过度依赖权威结构的社会秩序的建构，这也是社会发展的重要目标之一。

普利高津从20世纪60年代以来就不断地向我们说明，系统需要远离平衡态才有可能有序，造就生物多样性的只能是不稳定和变化，而不是稳定和不变，无序、混沌才是有序之真正根源。透过系统物理性质研究所得出的结论，我们也可以看到自然秩序与人文秩序、社会秩序的一致性，复杂系统的探究方式同样适用于社会秩序的研究。处在社会转型十字路口的中国，面对生存与发展的真正多元时代，面临着多重选择困难，如何保证社会向着多元开放、平等正义、互动融合的方向发展，在复杂系统中灵活生存，具有应对变故、风险的能力，这些都涉及社会秩序的自组织演化问题。社会秩序与社会活力之间存在着复杂关系，社会越发展越动荡越复杂，秩序化、稳定化的要求就越强烈，需要为发展创造良好的氛围环境，这种强烈秩序化也是人类生存需要的特殊表现。而当社会进入一个发展稳定期的时候，目标就要放在激发社会活力、为个人和社会发展创造更广阔的空间上了。而且社会秩序本身表现了耗散结构的特性，它是不断趋向更复杂、更有序、更均衡的结构和状态。社会秩序与外部环境具有高度的同构性，与复杂秩序具有共通性，主要表现在：

非线性：非线性是数学中描述型数关系的一个概念，它与线性相对立。非线性简单说来就是非直线性，也可以理解成曲线性。数学中的概念用于现实社会中，具有不同属性和更广泛的区别。非线性最突出的整体特征就是多样性，复杂性的根源也在于多样性，所以是否具有多样性也就成为复杂与简单区别的标志。无论从本体论还是从认识论意义上来谈论世界的本质，它都毫无疑问是复杂的，线性只是在当时数字发展还无力对大量非线性和复杂现象进行解释时的一种无奈的观点和方法。非线性表明事件不具有某种可以被明确界定的原因和结果，并不能因为知道事件的起始状态，就可以预测它的发展或探究它的原因，事物的演化也具有多种可能途径。整个社会可以说被淹没在纷繁杂乱的非线性之网中，尽管人们尽最大的努力去认识并理解这个变化万千的世界，但仍然不能够达到让人满意的理想效果。而且在这样的非线性世界中，无论是实践上还是在理论上，精确的预测都将是不可能的，"一个系统中最小的不确定性通过反馈耦合而得以放大，在某一分叉点上引起突变，使即使是一个简单的系统也可能发生惊人的复杂性，从而令整个系统的前景变得完全不可能预测"①。尤其是我们现在所生活的世界，技术、网络、影像、信息等，相互缠绕，并且形塑成推动人类社会发展的重要合力，前所未有地影响着人们的思想观念和生活方式。正是因为社会由这些混沌序列的非线性事件组成，使得社会秩序演化的复杂程度大大增加。

涌现性：涌现性是反映系统复杂性的重要概念，它指的是各种各样的现象组合起来产生的一种整体属性。复杂性就是研究系统的结构以及它们的涌现性、动态性和自组织性的。涌现是总体呈现出来的一种态势，意味着新质和新的关系的产生，这种总体的属性与功能并不一定在数量上大于部分之和，而是指总体功能与各组成要素的功能表征是迥异的。对此，有学者谈到，存在某些系统"行为规律，这些行为规律不知何故超越了系统自身要素的属性"②，因此系统具有不确定性和不稳定性，各组成要素相互作用或变化，会产生各种随机现象，总会有一些其他相关的事物呈现出来，这被普利高津称作"一个充满不规则运动和无序运动的世界"③。可见涌现也是与非线性相关的复杂性的重要特质，事物的原因和结果之间存在着不一致的相关性，在某些情况下相同的原因会导致非常不同的结果产生，微小的差异会导致结果很大的不同，也许会是全球范围内的巨大影响，最经典的例子当属"蝴蝶效应"。当然同样的原因，产生的效果也许过于微弱而不容易被人察觉。系统在发展过程中存在着一个自组织临界点，当这个系统在控制变量的过程中，因为微小变化通过了这个点的话，那么转变有可能马上发生，变化会引发无法预知的新结构和新事物的产生，涌现则将会处于开启状态之中。社会秩序的生发，不能还原为个人的

---

① 彭新武：《复杂性思维与社会发展》，中国人民大学出版社 2003 年版，第 38 页。

② Cohen, J., and Stewart, I, *The Collapse of Chaos*, Harmondsworth: Penguin, p. 232.

③ Prigogine, I, *The End of Certainty*, New York: Free Press, 1997, p. 35.

因素，而是需要在全球视野这一更高的层次上发现影响和制约社会秩序演进的变化参量，掌握这些参量的关系性关联，并且尝试在一定程度上把握和控制社会秩序的演进。

过程性：过程性表明一种动态性和连续性。怀特海的过程哲学，就是建立在对 20 世纪初自然哲学比如相对论、量子力学的基础之上。它强调过程是根本的，成为现实的就是成为过程的。以关系—过程的视角来看，世界由事件构成，事件是自然要素的终极单位，事件的关系是内在的，关系构成事件本身的要素。在过程哲学看来，机体与过程密不可分，机体、环境与进化这些概念相互联系、彼此包含，形成一个内在具有一致性的有机系统，它有自己的个性，有自我创造能力。机体是一个由各个部分相互联系组成的整体，部分会根据整体模式修正自己，这种修正将导致新的秩序；环境也是相互关联的概念，适宜的环境对于进化来说是必要的。所以机体具有创造力，并处于不断演化与创新之中。过程思维强调事件、过程、机体、感知和内在关系。"事件、无限的和有限的，是物理事实的主要形式。"① 我们经历事件，事件会过去。所有融入现实中的事物都将它的每一个方面移入到个体事件之中。过程性表明怀特海用一种非确定性、动态演化的自然观念来解释世界。如果世界构成要素都是永恒的、单一的个体，并且在它们的变化和相互作用中仍旧保持同一性的话，那么自然界是不会出现有创造力的演变的，所以世界是一个过程而不是实体，是连续的、变化的、生成的，而不是静止的，"他证明了一种关系的哲学（没有任何自然元素永恒地运行变化着的关系，每个元素都从它与其他元素的关系中得到其本体）和一种创新演化的哲学之间的联系"②。世界是一个不断演化的动态的过程，社会领域也是如此，在耗散的社会秩序的动力学中，存在着的更多的是多种多样的相互联系和相互作用。

三　社会秩序自组织演化的启示

社会秩序自组织演化不仅仅是当代自然科学需要探索的理论过程，它

---

① Alfred North Whitehead, *the Interpretation of Science. Selected Essays*, Edited A. H. Johnson. Indianapolis: Bobbs – Merrill, 1961；1991, p. 59.

② 伊·普里戈金、伊·斯唐热：《从混沌到有序——人与自然的新对话》，曾庆宏、沈小峰译，上海世纪出版集团 2005 年版，第 98 页。

还是一个实践性、创造性的过程。全球化对所有国家的发展，尤其是发展道路及机制问题带来巨大挑战。在这样一个难以驾驭的无序化世界中，建构无序中的秩序流，使之更为积极、主动地向有序化过程逼近，以下几个关键词需要进一步考察。

发展：发展是现代社会的核心要义，社会发展表现为向着理想的社会逐步展开的过程。对于社会发展的理解，既需要有科学的视野又需要有人文和价值的关照。在这里我们特别强调，如同自然科学发展中，生物进化不再遵循着单一的由低到高的方向，而是出现了许多随机性和选择性，社会发展也呈现出种种特殊的复杂情况。需要对社会发展存在的一些层次矛盾进行深入分析与反思。把发展作为建构社会秩序、激发社会活力的目标，并不是说发展理所当然地仅靠单一逻辑运演就能得到证明，恰恰是这一目标有多种意蕴，它不仅包括进化，而且还包括退化，即发展中的倒退。从复杂性科学的视角来看，发展就是世界在它的演化过程中发生的一种特定的现象。发展是有限度的、有界限的，一旦超越了自然生态的某种限度，它就会产生反主体性效应，对人类生存及其环境造成巨大威胁。以单一经济价值取向为目的的发展，违背了社会多元化、复杂化趋向，会打破统一性与多样性之上的平衡，会对社会秩序的优化造成直接的影响。所以需要将发展看作是一个完整的有机整体，它整合了经济与自然、权利与义务、主权与责任等多种多重目标。相应的社会秩序也需要有经济、政治、文化、道德的表征，离开统一和多样，秩序无法成长，也无法发挥它的作用。社会发展需要强劲有力的动力机制，社会秩序如果能有较高的运作能力，并且能够满足人类利益需求，符合人性尊严的诉求，不断保证这种自组织力量的框架，那么它是能够为社会发展提供这种动力支持的。

开放：开放是非常独特的理想范式，也是我们努力追求的共同愿望。它并不是一个很容易被理解的简单的概念，若从系统科学视角来理解的话，开放可以看作"等同于'近似均衡'状态"[①]。要达到这种均衡，需要系统保证与外界持续不断的信息与能量交换。就一个社会而言，要想保

---

① 乔治·索罗斯：《开放社会——改革全球资本主义》，王宇译，商务印书馆 2011 年版，第 118 页。

证有序并且充满活力的发展，社会系统既需要向外界、自然界开放，同时也需要向其他社会系统（其他社会共同体）开放。只有保持开放，当某个参数变量的变化达到一定的临界值（阈值）时，通过涨落发生突变（即非平衡变化），才有可能从原来的无序状态转化为一种在时间、空间和功能上稳定有序的新状态。要想保持富有生命力并且稳定的社会秩序，既需要对内的交换，即为个人发展创造更广阔的空间，在此基础上通过协同产生制约社会秩序的一些变量，才能实现社会秩序自组织的演进，因为从一定程度上说秩序就是从内部建立起来的平衡。也需要对外的交换，与外部自然环境和社会环境的交换，吸收有利于自身发展的因素，提升自己自组织的有序程度。尽管全球化对社会秩序的稳定性会造成一定的威胁，但我们更需要看到全球化作为一个世界经济体系的涌现性特征，造成全球化各因素之间的相互关联性，以及全球化的开放优势，社会秩序自组织演进的动力学其实是深藏于这种开放性之中。

　　沟通：借助沟通这一卢曼社会系统理论中一个非常重要的核心概念，我们可以从社会秩序自组织演化中获得一些启示。卢曼把社会系统看作是有生命的，因此自我再制这个适用于生命系统的概念可以用来说明社会系统，社会在自我再制模式中具有了活的特点。"是那些被界定为统一体的系统，界定为构成要素的生产网络的系统，这些构成要素透过它们的互动往复地生成与实现这种网络，这种网络产生了这些构成要素，而且这种网络在这些构成要素存在空间中，构成网络的界限，此界限作为网络的构成要素，参与在网络的实现过程中。"① 若想让这种互动往复与实现成为现实，需要沟通这一自我再制的再生产的特殊模式。因此沟通是社会系统保持生命力的重要条件和必要部分，它们通过沟通的网络被再生产和创造出来。沟通意味着社会主体之间的互动，通过沟通，社会主体能够明确自己在系统中的角色以承担相应的义务。沟通的含义比哈贝马斯的行动更为深远，沟通是自我再制社会系统的基本构成单位，它指向未来并且表明社会自我再生产持续的可能性。可能性若想变为现实，需要合适的配置及分配。其实，我们对于社会秩序之外的因素，并不能一味地采取排斥、消解

① Maturana, Humberto R, Autopoiesis, in Milan Zeleny (ed.), *Autopoiesis: A Theory of Living Organization*, New York: North Holland, 1981, pp. 21 – 30.

或对抗，而是要把它们看作是社会秩序的构成条件。正是因为这些因素的存在，加深了社会秩序的复杂程度。我们要用一种反省的思维，把它们看作是沟通中的建构物，了解这些因素对社会秩序产生的影响，才能提高社会秩序自组织演化的能力。

更新：更新在生物学那里，表现为细胞分子的替换，或是器官内细胞的更替，这一过程对于生物体保持其生命力是必不可少的环节。对于社会系统来说，更新也是相当重要的。如果没有更新，复杂的社会秩序就会慢慢以衰败告终。社会系统并不是凭借储存模式来维持自身，而是凭借生产要素来维持自身，它的稳定性是建立在不稳定性的基础之上，建立在与外界以及自身内部的交换所产生的不连续性之上，同样也是建立在求新的需求之上。所以更新是社会系统再生产以保持内在生命力的重要过程，可以用帕森斯的"潜在的模式维持"来进行理解，"在现实的情境中，生产出下一个要素，而这些要素必须与先前的要素有所不同"①，必须表现出新的态势。之所以潜在，是因为复杂性与不确定性，社会系统并不可能在一定时期内实现它所有理想的模式，而需要将这些模式维持在未被使用的最大可能性的状态上。更新是社会秩序自组织的创造力量的表现，它既可以表现为旧要素的分裂与重新组合，也可以表现为社会秩序构成因素的紊乱、失调与重新有序化之间不断的更替。社会秩序的复杂性特点，为其不断更新提供了大量的可能性，更新则是达到新的可能性的秩序的重要途径。

第二节　社会有机体的历史演进

人类社会的发展是一个创造性的过程，它表现为社会活力不断被提升、激发和建构的过程。要想真正实现社会具有生机活力的发展，至少需要考虑以下几个方面。社会发展并不是自然而然的过程，既需要社会各组成部分功能积极作用，又需要为这种功能的整合提供制度基础；社会发展既然是创造过程，必定有其运行主体。究竟什么能够承担起主体这一角

---

① 苏国勋、刘小枫主编：《社会理论的诸理论》，华东师范大学出版社 2005 年版，第 169 页。

色，并且充分发挥主体的功能与特性？社会发展总是有一定的目标指向，成长为健康和谐、充满活力的社会毫无疑问应该是所有民族和国家追求的美好蓝图。如果关注历史上出现的各种社会形式，包括技术先进、经济发展水平高的西方、东欧和日本，还有其他在世界经济舞台上占据一定地位的社会，我们不难发现，社会是历史的发展着的，历史是人类创造出来的社会的演进历史。人类生活在历史之中，人类走进历史，在自身劳动实践的基础上，对社会变迁所表现出来的特点和状况进行内在把握，使得"对历史的理解本身构成了历史发展及未来形式的内在组成部分"[1]，同时人类也通过创造性活动走进社会，在创造社会的同时也创造了我们自己，因为社会存在于人类自身的创造和再创造的实践活动之中。可见对社会如何理解，对于我们认识社会现象、理解社会发展，并且为其提供相应的制度安排与规范具有基础性的地位。社会是一个异常复杂的系统，人们对此已达成共识。社会也不是孤立于世界其他地方的社会，更不可能与其此前的社会形式割裂开来。社会的演进历程表明了简单社会向复杂社会、以农业为基础的传统社会向科学技术革命主导的生产效率全面提高的工业社会并且最终迈向信息化社会的跃迁过程，社会生产力不断提高，社会关系日渐丰富，物质日益繁荣，发展动力日趋增强。而"有机体，特别是人类身体，历史上一直为使用隐喻方式来描述和理解社会关系和社会过程提供了一个丰富的来源"[2]，因此我们能够从有机体这一概念中获取描述社会历史演进的巨大的分析以及经济、文化和意识形态力量，将人类社会看作是能动的有机体能够充分体现解释社会结构、社会关系及社会进程的活力。

一　社会有机体的理论基础

社会有机体这个概念表达了自然系统和社会系统的区别。有机体在西方文化中代表着一种隐喻的方法，比如《圣经》将教会看作是一个有生命的有机体，它是耶稣的身体，耶稣的身体是教会的结构和基础。伴随着

---

[1]　安东尼·吉登斯：《批判的社会学导论》，郭忠华译，上海世纪出版集团 2007 年版，第 13 页。

[2]　布莱恩·S. 特纳、克里斯·瑞杰克：《社会与文化——稀缺和团结的原则》，吴凯译，北京大学出版社 2009 年版，第 30 页。

欧洲贸易发展及贸易团体的成长，这一观念的影响逐渐渗透到世俗的商业世界，商业公司因此被看作是用来进行贸易和交换的有机的、功能性团体。在有机体前面加上"社会"一词，说明了在 19 世纪的社会学领域中，社会学家受社会达尔文主义影响，吸收了大量隐喻概念，根据结构和功能创造出试图对社会构造方式、复杂结构进行理解的理论，这就是最初出现在实证主义社会学家孔德那里的对社会关系的一种很有活力的有机体类比。功能主义直接起源于 19 世纪对自然界进化的生物学的描述和借鉴，也就是借用生物有机体的结构及功能来理解社会，并且功能主义的影响一直持续到 20 世纪 70 年代。

孔德最先认识到生物学中个体有机体与社会学中社会有机体之间的类似性，生物学把结构分解成要素、组织和器官，相应地社会也可以看作是一个有机体，可以将之分解成家庭、阶级或种族，城市和社区，每一部分与结构的要素、组织和器官一一对应。孔德将社会分为社会静力学即形态学和社会动力学即社会发展与进步，表明了他对有机体的关注及内涵的深刻理解。社会静力学表明对社会有机体组成部分、制度和角色的系统构成的理解，而社会动力学则表明了社会有机体各部分之间的功能及相互联系和作用。这两个维度的相结合，解释了社会有机体的生存及发展。斯宾塞将有机体的类比系统化，通过将有机体与社会之间深入分析与比较，他认识到伴随着有机体和社会的增长，它们的结构也会随之复杂化，并且分化，这会导致功能的分化，每一分化的结构会有相应的功能，并且结构和功能相互依赖、相互整合，其目的在于维持整个有机体的生命活力。社会有机体除了具有和生物有机体类似的必要条件之外，也具备自己基本的功能条件，"获取资源和传输资源；生产有用的东西；通过权力和符号管理来整合内部的活动"①，群体、社区和整个社会都有同样的需求，简单社会发展的主要推动原因就在于这些基本的必要条件的各组成部分加以满足，而当社会逐渐演变为复杂时，结构就需要更加分化和专门化。在斯宾塞看来，社会就是一个有机体，它是通过结构的分化与功能的整合实现自身的发展，而社会的发展就表现为由军事社会向工业社会的进化过程。迪尔凯姆则是孔德有机体论的继承人，他"大量借鉴了当时的医学理论来

---

① 乔纳森·特纳：《社会学理论的结构》，华夏出版社 2001 年版，第 11 页。

理解社会关系，它包含了一种有机体进化类比的医学版本"①，因此其思想也打上了 19 世纪社会科学普遍受生物科学影响的烙印。他把社会看成一个实体，这个实体是由各个部分组合成的一个整体，组成部分是整体实现其基本功能的必要条件，但整体不能被还原成自己的各个组成部分。社会在他看来有病态与常态之分，若想避免病态的出现，就必须满足社会系统的需要，要求独立于构成它的个人之上的社会系统的自治和独立。病态与常态概念的提出，一方面表明他将社会看作是与人的身体一样的有机体，社会也会生病；另一方面也说明他对功能需求观念的强调。迪尔凯姆尤其关注社会团结的本质，以及在充满城市失范行为的社会中如何维持团结这个问题，他认为机械团结和有机团结是存在于初级社会和工业社会的两种不同的团结形式，社会关系更加依赖大规模劳动分工和社会角色分化的社会中需要的是有机团结。若要避免社会混乱，需要一套制度来调和个人与国家之间的关系。德国的滕尼斯则针对社会关系"共同体"和"社会"这两个概念进行了明确的界定。共同体是原始的、有机的共同生活的形式，它是建立在同质性基础之上，而同质性又是建立在血族关系、有机联系和道德凝聚力之上。而社会则是建立在个人主义、异质、竞争和大规模劳动分工基础之上。从之后韦伯对社会行动的社会学一般分析，以及帕森斯对行为社会学范式的发展中我们都可以看到滕尼斯研究的影响。上述梳理展现了社会学理论和研究的发展历程中有机体隐喻的发展线索，以及对社会进行有机体类比的重要意义。社会既是一个组织、系统，也是正在组织的行动的集合、过程。社会有机体鼓励我们把有机体这个概念具体化为一个类似事物的组织的观念，它超越并且独立于个体行动而存在，如同身体是一个有机的器官，它可以不断被改造和建构一样，社会有机体也是能够不断被培育、被建构，个体有机体会慢慢被社会有机的系统和组织替代，个体有机体的生命会融入社会有机体之中。

马克思的社会有机体思想是其唯物史观的重要组成部分，对于我们把握人类社会发展的一般规律和过程，深化对社会生活和社会发展的认识，建构源于作为主体的社会有机体的历史进化的社会活力，提供了思想来源

---

① 布莱恩·S. 特纳、克里斯·瑞杰克：《社会与文化——稀缺和团结的原则》，吴凯译，北京大学出版社 2009 年版，第 31 页。

及方法论启示。马克思认识到物质生活关系是理解社会问题的前提，人类社会历史进程的规律需要到现实的市民社会中去寻找，"社会生活在本质上是实践的"①。物质生产是社会存在和发展深层的物质基础，社会有机体的发展既离不开社会组织，也离不开物质交往、经济生活以及社会生活中的一切社会关系。"每一个社会中的生产关系都形成一个统一的整体"②，社会体系的各个环节都是紧密联系在一起的，不是不同组成要素机械的组合或搭配，而是相互影响共同作用的机体，不能被割裂开来，也不能把它们还原成各自独立的社会实体。这说明我们面对的社会具有生命的丰富多样性、组织的交错与相依性、演进的过程与动态性，理解社会有机体的特性是透析所有社会问题的前提，也是我们处理复杂社会关系、提升社会有机体活力的基础。"现在的社会不是坚实的结晶体，而是一个能够变化并且经常处于变化过程中的有机体"③，这是马克思在《资本论》中明确指出的观点。社会有机体既是对社会整体表现出来的生命活力的主体澄清，同时也蕴含着对人类社会发展规律进行正确把握的方法论原则。社会有机体产生于人类社会实践，它是"以生产劳动为基础的全部社会基本要素的相互联系、相互作用的动态的统一体"④，创造力和活力是这个统一体的生命本质的表现，而活力的根源在于人类能动的实践活动。离开实践，就无法理解建立在人类物质生产及人与社会互动基础之上的具有自主性、自我生成性的有机系统。个体在自身需要不断被满足之后提出新的需求，彰显着个体的生命活力。正是这种活力推动着个体不断超越生物特性的限制，将自身的生命活力不断融入社会组织中，成为社会有机体成长和完善的内在推动机制，所以人的能动性、创造性活力正是社会有机体能够实现新陈代谢的重要动力机制。社会有机体也是一种矛盾的、辩证的及过程的分析方法，它告诉我们需要从整体和总体来把握人类社会的生活及发展。"这种有机体制本身作为一个总体有自己的各种前提，而它向总体的发展过程就在于：使社会的一切要素从属于自己，或者把自己还缺乏的器官从社会中创造出来。有机体制在历史上就是这样向总体发展的。它

---

① 《马克思恩格斯选集》第 1 卷，人民出版社 1995 年版，第 60 页。
② 同上书，第 142 页。
③ 同上书，第 102 页。
④ 李秀林：《论社会有机体》，《哲学研究》1980 年第 5 期。

变成这种总体是它的过程即它的发展的一个要素。"①

二　社会有机体演进的历史性及过程性

将社会看作是有机体，表明了人类认识的深化。认识到社会是一个具有生命力量的物质实体，它是一个具有自觉的调节性和组织性的系统，它既能够与外部环境进行物质与能量的交换，又能够在内部通过各组成部分功能性作用与整合发挥其社会的功能。从社会历史演进的历程可以看出，当社会各组成部分能够协调合作，处在规范有序和稳定状态下，那么社会有机体就会迸发出鲜活和巨大的生命活力；随着时间的推演，社会内部信息会增加，事物的新功能会出现，组成部分的数量或规模会增大，会破坏原来的稳定性而产生混乱或失序，这一方面对社会有机体活力造成威胁，同时也为进一步社会调控与动作机制的改善提供可能性，为在一个新的阶段上活力的生发奠定基础。这时候可以通过自组织和社会控制，使社会有机体在进步、在新质基础上转变为新的稳定。社会有机体的理论与社会系统思想、复杂性理论具有内在的统一性。我们说现代社会是一个复杂的自组织系统，其实就是在表达现代社会的有机性程度很高。社会有机体演化的必然性，其实就在于社会有机体各组成要素之间的相互作用，而且这种相互作用会在一定社会环境下发生涨落，从而使系统失去平衡，在远离平衡态下机体内部会产生一些新的结构或组织代替旧的，一旦质变或巨涨巨落发生，那么有机体就会向前发展。社会有机体对于我们理解社会的结构和功能，理解社会的发展源泉、动力机制，确实是一个具有隐喻和实践意义的重要概念。

首先，社会有机体是由人和全部社会生活领域的各个组成要素相互联系、相互作用而组织起来的有机整体，它不是一个杂乱无章的堆，而是内在结构稳定、信息流通畅通、运作功能有序的一个联合体。社会有机体的结构是可以被观察到的，它表现着组成社会整体的各个部分和要素之间的联系方式，比如经济结构是同人们社会物质生产力发展阶段相适应的生产关系总和所构成的，它表现为一定的社会经济制度，是"每一历史时代主要的经济生产方式和交换方式以及必然由此产生的社会结构，是该时代政治的和精神的历史所赖以确立的基础，并且只有从这一基础出发，这一历

---

① 《马克思恩格斯全集》第46卷（上），人民出版社1979年版，第235—236页。

史才能得到说明"①，在整个社会有机体中占据基础性的地位；政治结构是建立在经济结构之上的政治法律设施、制度及其相互关联的方式，以社会政治制度的形式表现出来，它既反映经济利益又具有相对独立性，通过相应的机构和设施实现有组织的暴力；文化结构则是社会在思想、观念、意识形态方面的表征，它表现为一种观念形态，囊括人类的一切意识要素，包括人类在社会实践和意识活动中创造出来的价值观念、审美情趣、宗教情感、道德品质等。经济、政治和文化结构并非各自孤立、毫不相干地存在着，而是相互依存、共同作用，不能截然分开。社会有机体并不是由这些可以观察到的要素和结构简单、机械拼叠而成的集合体，而是包括自然、人和社会在内的全部要素和相互关联方式在内的、相互作用的一个有机的组织。社会有机体同时具有其自身实现的目标以及发挥其特定功能所需要的资源，并且会有相应的制度化的规范和配置来运用这些资源。发展是社会有机体要实现的目标，发展既是物质生产力的提高，也是人类自身更好的生存和最终的解放，既是各要素的协调稳定，也是多样化良性互动和有序统一。经济、政治、文化、生活、生态等各个领域的资源，都必然被纳入到社会发展的整体视野之中，因为社会有机体的生产不仅仅是物质资料的生产，也是精神生产与人自身生产的统一，是"集科技、经济、社会、政治和文化，即社会生活一切方面的因素于一体的完整现象"②。

按照对社会有机体的上述界定，拥有主权的国家、区域一体化组织（比如欧盟、世界各行为主体）为实现各自的利益，在频繁相互作用的过程中所构成的国际社会都可以看作是不同类型的社会有机体。但我们一般是以国家为单元来进行考察，国家与国家之间则看作是社会有机体的社会环境。社会有机体包含有稳定的、规则的、可预测的人类实践模式，也包含可以被规范的合作行为模式，人与人之间的凝聚力对于保持社会有机体的生命活力具有重要的意义。可以借用乔恩·埃尔斯特提出的"凝聚力系数"③对社会有机体

① 《马克思恩格斯选集》第1卷，人民出版社1995年版，第257页。
② 联合国教科文组织：《发展的新战略》，中国对外翻译出版公司1990年版，第4页。
③ 乔恩·埃尔斯特认为凝聚力系数，可以界定为本地个人之间交往的总数除以这些个人所参与的交往的总数。当我们在层级中上升的时候，从小区域到大区域，系数将增加、下降、再增加，如此等等。见乔恩·埃尔斯特《社会黏合剂：社会秩序的研究》，高鹏程译，中国人民大学出版社2009年版，第266页。

的特点进行进一步生动的描述，他将凝聚力看作是形成于社会成员普遍交往过程中的一种力量，它反映着社会各组成要素之间的紧密程度以及社会成员交往互动的程度，指向良好的社会秩序。他认为社会指的是在本地具有最大凝聚力的地区，任何稍小或稍大的地区都会使系数下降，社会的互动有可能是合作性的也有可能是毁灭性的。可信性或是信任是社会的润滑剂，如果没有它，社会的车轮将会很快停止。社会成员彼此信任，才有可能促进合作。按照乔恩·埃尔斯特的思想，社会有机体当然是具有最大凝聚力的联合体。凝聚力是一种内聚力，对社会成员的吸引力，反映着社会成员之间人际关系的紧密程度、支持与协调状况。凝聚力高，表明社会成员之间的信任度高，社会整体的有机化程度则高。有机化的社会是灵活的、具有活力的，社会各个组成部分协同竞争，相互作用的渠道通畅，具有很强的创新能力，在世界复杂环境中的生存适应力也会很强，社会有机体的生命力旺盛。当然当社会信任缺失时，凝聚力难以形成，稳定有序的社会秩序就会受到破坏，社会有机体也会趋向瓦解。当然，社会有机体的瓦解原因是多种多样的，也有可能是某个子系统的突变，或是其生存环境的变迁。当"有机体的基本目标不能继续贯彻；发挥功能的资源缺乏；规范紊乱；原来的社会结构瘫痪"[①]，这几个基本的方面遭到破坏的时候，那么社会有机体就会走向瓦解和衰落，社会历史的发展已经充分说明了这一点。一旦社会有机体的要素、关系或结构自身出现问题，或是某种强有力的外部因素的刺激推动，它就会在各种力量复杂交错下趋向解体，这种解体也为新的社会组织的重建奠定了基础。

其次，社会有机体也处在不断演进的过程之中，它表现为社会的发展，而且发展的趋势是前进的、不可逆的。既然社会是有机体，那么它应该会按生命的节奏演变，有成长、创造和衰亡的历史。人类社会和人类文明的发展，可以看作是城市—人类社会权力和历史文化所形成的一种最大限度的汇聚体，同时也是社会最重要的器官的发展和演进历史。城市作为人类文明的象征与标志，是社会有机体得以正常运转的重要前提和表现，社会演进与转化在很大程度上依靠城市的运作职能。比如我们可以历时性地考察城市、社会及文化的发展历程，从中把握社会系统各组成部分的功

---

①　王锐生、陈荷清等：《社会哲学导论》，人民出版社 1994 年版，第 183 页。

能及其相互关系在社会发展中所扮演的角色和地位，由此了解整个社会有机体演进的特点及规律，找出影响社会有机体发展的促进和制约因素，积极制定政策，推动其可持续性地发展。古代社会中，城邦社会就是一个有机体，它是一个由互通有无、互相补益、品类相异的人所组成的集合体。表现为不同村落的有机组合，与土地有着非常紧密的联系，主要从事农业和畜牧业生产。城邦作为政治经济共同体是政治、宗教和社会秩序的中心，是社会团体的最高形态。雅典城邦的民主政治，使其在历史上经历过经济发达、文化繁荣、艺术兴盛的时期。中世纪的思想和组织制度，支配着城市结构的进化，也支配了社会文化生活机构的演变历程。教会是唯一强大而持久的组织制度，宗教影响无处不在，从商业贸易到个人生活。个人需要将自己纳入到一种隶属关系之中，履行各种义务以获得自由和安全。社团生活最广泛的代表形式是带有宗教性质的行业公会，主要在精神上启迪城市同胞，也适应一些经济需求，组织并且控制城镇经济生活的是商业公会这样一个普遍性的团体。经济过程已促使形成了工厂、商业公司以及连锁商店之类的组织机构，政治组织则包括商会、制造商联合会、工会等。可以说中世纪行业公会是社会有机体非常重要的组成部分，行业公会的社会和政治内容顽强地控制着整个社会的机体，思想意识形态实现着对城镇和社会生活的绝对统治。工业革命使得社会发展汇聚了全新的能量，依靠了新发明的合作组织形式和管理模式的技术进展，商品及劳动力可以通过市场自由流动的开放市场的建立，行业公会的取消，政府为个人权益和权利提供保障，大大推动了社会的发展，使社会呈现出强劲的发展态势。但因为当时占主导的思维方式是机械论，比如机器本身就代表着追求目的、规律的秩序，"艺术、宗教、个人文化，以及城市建设，都领受到了这种体制对于人类社会的有机事件和有机形态的冷漠无知"①，因此没有能力解释有机体和社会现象。社会发展带有"创造性的（正面的建设）破坏（负面的建设）"特点，如同美国昆虫学家惠勤所说的："有一种进化是具有双重性的，既有增加该物种的复杂性的方面，更有增加其萎缩症的方面；而这两种进入趋势可以在同一个物种机体上，以不同的速率

① 刘易斯·芒福德：《城市文化》，宋俊岭等译，中国建筑工业出版社 2009 年版，第 174 页。

同时进行。"① 创造性表现在社会丰富的分化和整合过程上，个体对于整个社会的适应性调节日益丰富，个体可以很好地融入到社会经济过程之中；破坏性则表现在城市形态丧失，社会有效组织受损。社会有机体的生命已下降到极其卑微的地步，整个社会发展最终会身陷末路。通过解读城市的发展，我们知道大都市和大都市经济并不能正确代表现代文明的力量。城市的生命过程不同于生物体的生命过程，它可以显现出"断裂生长、局部死亡和自我更新的现象"②，可以从其他地区或文明的健康社会中移植组织来获得新生。当它意识到发展到大都市或超大都市的阶段时，它很清楚自己处在下降的轨迹中，需要"一个强大的社会力量以克服这种惯性，来改变运动的方向，来抵制内在的解体过程"③。

　　还有，社会有机体的历史演进总是在一定的时间和空间中进行，它不可能脱离社会时间和社会空间而抽象地存在和发展。社会时间、社会空间与社会变动、社会结构的进化紧密融合在一起，经济、人口、文化和社会力量在时空中不断交互作用，所以也不存在抽象的社会时间和社会空间。社会有机体就是在时间与空间中，在与外部有生命的、开明的环境的不断进行物质、能量与信息的交流中，在自身每个组成器官、机体要素循环、修复以及更新中，实现着生长、延续。从时间维度来看，社会有机体的发展代表着不同时代文化及历史经验更迭、积淀、积累和传承，具有一种循环往复性、历史连续性；从空间维度来看，社会有机体的发展代表着由于人类实践地理范围的拓展所带来的不断复杂的地理现象，以及全新空间的不断产生。社会有机体的变化反映着隐含于变化之中的社会关系，也包含着相应制度安排的影响。每个民族、国家的发展历史都各具特色，具有根本的差异，这种差异反映着它们各自的社会时间和空间存在方式。差异之所以产生，是因为它们历史沿袭下来的植根于社会的物质结构的经济、政治及文化模式。在某种程度上可以说社会有机体的结构就是社会时空结构，处在稳定期和动乱期的社会，其时空结构是有区别的，封闭和开放社会，其时空结构也有不同。社会发展过程中的倒退或是相似的发展状态，

---

① 刘易斯·芒福德：《城市文化》，宋俊岭等译，中国建筑工业出版社 2009 年版，第 175 页。

② 同上书，第 332 页。

③ 同上书，第 333 页。

也并不代表着实际的还原和真正的复制，而是社会系统本身的自我更新、自我创生的新陈代谢的表现。自然地理环境是构成社会有机体生存发展的重要条件，因此也是社会有机体存在和发展的重要构成因素，是任何一个社会系统的时空结构都不得不考虑的重要因素。自然地理环境状况的好坏，对于社会有机体的发展起着促进或阻碍作用，如果条件优越良好，就会有利于社会时空结构，有利于社会有机体的发展。当然有利的自然地理条件，需要与社会有机体的各个子系统相互融合，才能对社会有机体的组织结构、历史演变起到积极的作用。也就是具有生命活力的、可持续发展水平高的社会，应该是经济生产力水平高，政治稳定，文化繁荣，在世界格局中影响力强，而且必定具有非常合理、有序的时空结构，具有利于社会有机体的自然资源和地理条件。

另外，需要为社会有机体提供持续不断的物质、信息与能量，才能保证它得以代谢。社会有机体的历史演进是一个对自然界的各种资源不断进行消耗的过程。如果没有持续不断的能量与信息供给，维持有机体生命的来源就会被耗竭，支持生命更新的能力就会慢慢降低或减弱，有机体的自组织性就会越来越差。社会有机体需要保持开放，要使自身的系统结构与外界环境保持一种双向适应关系，达到一种理想的互动与平衡。也就是需要社会有机体一方面最大限度地利用自然环境提供的各类资源，同时及时根据与外部环境之间的关系不断调整自身的系统结构，使之更好地适应自然环境的物质与能量的供给。劳动生产系统作为一种为社会提供物质和能量的保障系统，是社会有机体得以演进的最重要的因素。正是它经历了漫长的发展，不断完善进步，才一步一步地推动着社会不断从自然资源中获取生存和发展的物质能量，不断提升自身的组织化程度。人类的物质生产劳动实践以及其他的实践，比如社会交往等，对于劳动生产系统的进步至关重要。除此之外，社会有机体内部各组成部分之间，需要保持畅通的信息交流，遵循共同的社会规范，这样才能有序地组织社会生活。所以物质、信息和能量这些因素缺一不可，否则社会有机体的组织性不仅会降低，而且甚至会解体。

三　社会有机体历史演进的启示

审视社会有机体的历史演进，尽管在前进运动中包含着倒退、停滞、循环的因素，但总的来看还是每一个民族和国家逐渐走出自身域上的和认识论上的狭隘，崭新的文明被创造出来，而且以其巨大的影响力拓展到世界渗透到世界各地，渗透到社会生活的方方面面。毋庸置疑，开放、主动、积极的观念和思维方式包含着生命的种子，因此对于社会有机体理解的必要扩展将是推动社会可持续发展，保持社会生机活力的重大动力。一个好的社会有机体，一个具有鲜活生命力的社会有机体，不仅仅会创造空间，而且也会积极鼓励所有个体，协助推进公众所普遍需要的意识的发展。社会有机体的发展是各组成要素互相协调的过程，各组织、各系统千差万别，高低不等，需要真正的相互责任与相互调整，才能使之协调有序。个体的实践活动，个体有机体的有组织的活动，推动社会成为生产和维持经济、政治、文化现象的有组织实践的结合体。伴随着全球化的进程，社会有机体正在发生变化，维持社会有机体的整体性、有序性，保证其发展的活力，需要既考虑世界历史的理论背景，又要立足于中国改革开放的时代境遇。社会有机体并不是一成不变的，而是协调的、动态的、发展的，它在与外界不断的互动以及自身内部不断创新的过程中逐步得到完善。人类自诞生之日起，就没有停止过对和谐、充满活力的社会的构想与追求，现实中存在的矛盾、冲突及不协调因素，成为阻碍社会有机体良性健康发展的重要因素。经济、政治、文化、环境各领域大量利益矛盾的存在，政治发展、环境发展与经济发展也出现不协调现象，如果不加以调整与控制，可能会导致一个民族和国家格局失序，最终走向衰亡。社会有机体良性、健康地发展与存续，是一个具有实践意义的挑战性难题。更多依赖于作为主体的人类自身积极的自我创建，需要人类付出更大的努力。

首先，需要大力发展生产力，把经济当作首要的任务，只有这样才能为社会有机体的存续奠定坚实的物质基础。马克思早在创立唯物史观时就已明确地把经济发展放置在社会发展的基础地位，认为物质生产对社会发展起着决定性作用。我们现在所面对的全球化是一个客观的历史进程，主要是由生产力大发展所带来的必然结果。全球化的特征是资本在全球范围的空间拓展，因此我们应当积极参与其中，充分发展生产力，保障社会有机体发展所需的充裕的物质资料，这样才能带动社会其他方面的生产与发展。这是人类社会发展无法跨越的必要的、基础性阶段。

其次，积极进行社会关系再生产。社会关系的再生产经常被人们所忽略，但它是确保社会有机体全面生产、发展的关键性因素。马克思早就强调社会关系再生产的重要作用，甚至把它看得比物质产品、物质结果更为重要。"在马克思看来，人类社会的生产必须是全面的生产，即除了物质生产之外，还必须包括人的自身生产、精神生产、社会关系再生产和人与自然关系再生产。所谓社会和谐，本质上就是这五种生产的内在平衡，任何一种生产的缺失，都可能影响整个社会有机体的生存和发展。"① 作为人们结合方式的社会关系，其再生产代表着人自身创建实践的能力，社会关系协调、积极、良好，人与人之间合作就有动力，也会增加人自身的社会责任感，以形成强大的社会合力。良好的社会关系既是社会有机体充满活力的体现，也是实现社会有机体活力不可缺少的基本条件；既代表着统治者的愿望，也是全体社会成员的理想。

还有，需要保障自由的社会流动。"生命不是随任何物质消失而终止，而是随一定结构、组织的破坏而终止"②，因此保持社会有机体的整体效应，即各组织、各系统、各器官的有机结合所产生的效应，才能维持社会有机体的生命活力。而社会的自由流动，为防止社会有机体结构的僵化，以及保证社会有机体充满生机、不断变革和创新奠定了基础。社会流动反映着社会结构的动态性与灵活性，它蕴含着价值观念、生活态度、文化视野的变化，并且通常伴随着人们在经济、教育、社会机会方面不同利益诉求而变化，作为社会有机体发展的结果和决定性的因素，在一定时期反映着整个社会有机体和组成有机体各部分变化的综合表现。向上的流动会作为一种进步的动力机制产生作用，促成人们参与竞争、积极创新。同时，自由的社会流动能使人们重新定位自己的经验和在社会结构中所处的地位，从而逐步为个人价值的实现开辟新的空间。当然社会流动具有双重效应，一方面会给人们带来新的机会，尤其是给个人职业结构方面带来更大的多样性；另一方面会导致社会紧张感的出现，增加人们内心的不满足感和不公平感，从而出现利益分化。积极的效应当然能够维持社会有机体结构的稳定与有序，而负面效应则会削弱社会有机体的凝聚力。所以自由

① 孙承叔：《一种被忽视的生产——马克思社会关系再生产理论的当代意义》，《学习与探索》2007 年第 4 期。

② B. H. 维尔纳茨基：《活物质》，商务印书馆 1989 年版，第 218 页。

的社会流动也需要在一定的限度和范围内进行，需要在人们对社会结构稳定的普遍认识之下进行，自由意味着人们内心期望要与真实的流动之间实现平衡。

第三节　社会主体的实践建构

　　社会活力实践运行机制的推进与社会主体的人性根基辩证统一的结合为社会主体活力的实践建构提供了坚实的理论与现实支撑。社会主体活力的生成是社会活力整合的必要条件。每个社会主体的活力在社会活力中获得价值意义，而社会活力的生成与展现则源于每个主体活力的有机汇聚。人在纷繁复杂的社会交往中获得真正的自由是社会成为真正的人的社会的前提，社会个体感性与理性的存在特质，与做出适宜的价值判断和道德实践，以解放社会想象力从而建构社会共同理想息息相关。充满活力的社会主体是实现"建立在个人全面发展和他们的共同的社会生产能力成为他们社会财富的基础上的自由个性的社会"① 的目标的行动承担者。社会主体自身活力的提升促进整个社会活力的提升。若无充满活力的、富有创造性的社会主体的积极参与，和谐有序的社会将成为理想的乌托邦。综合社会主体活力的多维度影响力，本部分打算从交往、科学思维、道德认同、社会想象力、社会理想五个方面来探讨如何实现社会主体活力的实践建构。

一　延展交往内涵，润生主体活力

　　人类社会的发展史，是一部交往的历史，一部实现人与自然交往、人与社会交往、人与人交往三者内在统一的历史。对建构社会主体活力而言，交往既是手段又是目的。交往作为理解人的本质存在的一种实践活动，是反射和确证社会活力的一面镜子。马克思的社会交往理论着眼存在于一定历史阶段中物质生产实践所决定的人的一切社会关系的总和，突出人特有的对象性和对话性，为发挥人自身的本质力量，润生主体的活力创造条件。本节将从广义上探讨交往的三个类型及其激发主体活力的

① 《马克思恩格斯全集》第46卷，人民出版社1979年版，第104页。

过程。

首先，人与自然的交往的过程也是物质生产实践过程。在人类所有的交往活动和交往形式中，物质交往是第一性和本原性的，是一切形式的交往活动的先决条件。反映的是人与自然之间的对象性关系，是作为社会主体的人与作为纯粹客体的自然直接或间接的接触。实践是人类能动探索改造世界的一切社会性的感性的客观的物质活动，人将自己的本质力量对象化到对象上去，使客体发生"为我"的变化，充分显示了主体的能动性、主体性。正是人与自然交往的物质生产实践活动使人类改造世界创造世界，进而创造了人类自身，丰富了自身的存在本质，展现主体的独立性和自由性，由此更加激发了人类自身的生机和活力。

其次，人与人的交往，是人与人在交互实践中产生社会活力的一种交往方式。社会主体与主体之间的交往称之为人与人之间的互主体性。"每个人都是主体，都是彼此间相互关系的创造者，并且都把与自己有关的其他交往者的主动性、自主性作为相互对话、相互理解和沟通的前提条件，在一定的规范、习俗和文化传统的共同承诺的遵循下进行交流、对话、沟通、理解等活动。"[①] 人与人的交往中，主体处于相互尊重的平等地位，有助于每一个个体的自由个性的发挥，自身内在的修养、品格和道德意识的外显，也有利于跨越自我与他者的界限，共享彼此思想与规范，无形中润生主体的活力，由个体到整体，由局部到全部，成就了社会秩序稳定和社会关系和谐。共同致力于追求进步，社会群体之间、个体之间展开正向的强强竞争和优势互补的通力合作以实现良性的有活力的运转。

最后，人与社会的交往是充分保证每个社会主体充满活力的基础。人与社会的交往在某种意义上就是人类创造性的实践活动，它是一个社会充满活力的源泉，也是社会活力持续迸发的精髓。社会主体受欲望驱动而展开对未知世界的探索，利用现有工具积极寻求新发现，为人类社会的进步创造新契机。不断地提出新问题，解决新问题，并赋予其独特的社会价值，并在以后的实践中检验其合理性，以推动人类文明的进程。这种人与社会的创造性实践，是人的自我实现、自我发展生命活力在现实世界中的对象化的呈现，是人之为人的实践特质。社会总体的进步依赖于社会主体

---

①　王锐生、陈荷清等：《社会哲学导论》，人民出版社 1994 年版，第 153 页。

的无止境的探索和源源不断的创新，一个充满创造力的社会必然是一个充满活力的社会，而社会活力的激发与提升主要来源于社会主体的创造性实践，来源于各种形式的创新，最终又激发整个社会的创造力。如果社会发展坚守固化僵硬的模式，则引发社会对个人自由的压抑，进而导致人与人交往的异化。此外，社会主体以平等对话式的交往形式，积极参与社会实践，也会产生"凝聚和体现公共意志、公共精神，表达民众价值观念和价值理想，包含着独立人格、主体意识、责任义务感等观念的社会活力"[①]。

伴随着信息化时代的到来，信息科学技术手段的普遍应用，人类社会的交往手段也在随之变化，信息化的交往活动方式占据人类社会交往方式的主导地位，这已是不可争辩的客观事实。信息化的交往使得社会交往主体获得了强大的交往媒介，交往的客体场域也得到了前所未有的拓展和延伸，交往主体的本质力量、时空结构也发生了根本性的变化。信息化时代的社会主体交往方式的改变必然引起人的存在方式和社会面貌的改变，必然会对社会经济、政治、文化、生态等的发展产生深刻的影响，一定程度上为润生社会主体活力提供了载体和平台。交往手段和范畴的延展，有助于人们积极关注社会现实，自觉改善社会关系，推进生产力发展，为实现"人的全面发展和社会进步"的终极关怀和价值目标提供动力。不可否认的是，信息化时代互联网的高速发达，交往方式的虚拟化、多元化、快捷化、世界化等特点，在发挥优势的同时，不可避免地带有一定的缺陷，也会带来人类社会主体交往的异化，进而造成一定的社会经济、政治、文化之间的矛盾。因此，在信息化时代极为关键的问题是要做好趋利避害，发挥交往主客体之间的自主性和自觉性。

社会主体间的交往为丰富人性，润生个体活力提供可能性的空间。润生主体活力需要坚持主体性原则，打破思想的束缚与禁锢，将人的力量尽最大可能发挥到极致，自主地寻求限定中的超越，实现自身的解放和活力的释放。主体间的自由关系是限定在一定的范围内的，允许个体自由的发挥，又不会破坏社会的秩序，当然这需要一个包容的、公正的、有普遍认同的社会形态为前提。

---

① 董慧：《社会活力论》，湖北人民出版社 2008 年版，第 93—94 页。

二　关注感性经验，养成科学思维

个体的存在特性包含感性和理性的双重特性，两者共同作用于个体的主体性，决定主体内在矛盾内涵。说个体主体是感性的存在，因为它包括认为人之为人的具体形态、身体结构、大脑神经系统等物质实体和情感、意志、信仰、需求等心理要素。个体首先依靠自身的感觉器官、复杂的大脑神经结构，凭借感觉、知觉、表象、情感、意志、欲望等非理性的方式把握周围的世界，得到的是对生活世界的一种表象的认知。非理性是个体以最简单直接、最具体的方式反映对象世界。个体是一个有着欲望、情感、意志的生命存在，在情感、信仰、需求的驱动下，进行个体劳作、与人进行交往、从事各种社会活动。因此，个体的非理性与个体感性的生命存在息息相关，它"比理性因素更根本、更与生命相关、更有生命力、更是对人的存在的确认"①。人的理性活动的形成是需要感性的激发和驱动的，因为社会主体的情感、欲望、好奇心、信仰、爱恨等感性因素都会对理性产生冲击，影响理性作用发挥的方式。感性是人们存在的直接现实性和真实具体性，不仅人的本能依存于感性之中，人的理性思维也依附于感性机体才能发生，一旦感性发生扭曲和异化，也必将导致深层次抑或总体上的扭曲和异化。

个体的感性特质运用非理性直观地告诉人们去做什么，为人的行为活动提供原始的初动力，却不能清楚地提醒人们该怎么去做、怎么做更好，不能对具体行为加以反思和分析。如此一来，个体如果仅仅作为一个感性存在，便与动物没有了本质的区别。人的感性欲望和需求并非都是合情合理的，这就需要理性加以限制和引导。现实意义上，个体还是更多依据理性从事感性的生命活动，即理性地存在着。所谓理性存在，是指个体运用抽象的思维能力，以概念判断、逻辑推理、反思批判的形式把握对象世界的本质和规律、普遍性和特殊性、实然性和必然性，并对个体生活世界的事实和社会关系进行价值评价，最终运用个体整体的认知指导具体的实践活动。个体的理性认识来源于感性经验的积累，来自对感性认识的去粗取精、去伪存真、由此及彼、由表及里的提炼。这种对经验知识的分析综

---

① 李泽厚：《李泽厚哲学文存》下编，安徽文艺出版社 1999 年版，第 479 页。

合，加之一定的推理和假设建构起来对事物内在联系的知识结构的思维方式，也称为科学思维方式。以理性为核心的科学思维形式建构的认识世界的统一图式便是哲学体系。哲学作为科学思维形式的代表来诠释宇宙万物、人类社会存在与发展的根本性质和根本原因，又尝试将已经形成的并经过实践检验的理性知识中最普遍的原理和方法用来解释尚未被确证的经验领域，从而建立起了可以概括一切经验知识的理性的统一世界图式。

感性活动既可能是积极的也可能是消极的，只有在理论认知的正确引导下才能呈现其建设性和创造性。积极的感性活动表征主体生存和交往的情感状态和心理活动，良性的情感和心理发展有利于产生创新和变革的动力，赋予理性充足的活力，使主体在实践过程中表现出极大的自主性、能动性、超越性、批判性、创造性，能够激发主体在遭遇挫折和困境之时以强大的意念做出明智的抉择，展现主体的积极性、活力。此外，欲望和需求的潜能在适度的刺激之下能够得到极大的挖掘，这种内在的潜能便是活力的升华。理性作为人类自我认识的一种自觉的方法，有其独特的理论力量和逻辑力量。理性在其本质上体现的是人的独立、自由和解放，是人的一种深刻的批判和建构的能力，这种批判和建构的能力正是社会主体活力从自在到自觉的释放。但是理性在一定条件下也能转化为感性。一种理性观念长时期在主体观念结构中积淀形成固定的思维模式或者心理定式，从而内化为潜意识，这样，曾经是理性的东西也会发展成为非理性的。对理性的过分强调，超过一定的限度，也会出现以理性形式存在的非理性。

综上所述，感性认知与科学思维（理性思维）是个体存在特质的一对辩证统一的矛盾。一方面，社会主体以感性生命活动取自身之所需，对所到之处的刺激物产生纷繁复杂的感性认识，情不自禁地对生活充满好奇和激情；另一方面，社会主体的每一种欲望和需求总是要受到主体、客体的、规范秩序的制约和限定。值得注意的是，两者又对提升社会主体（个体）的积极主动性、创新建设性有着各自不同的影响，因此，要提高社会主体的活力建构的质量就需要恰当地把握两者之间的微妙联系，既要关注感性认知，摒弃感性成分的片段化、碎片化、情绪化，又要养成科学思维，发扬理性观念的全面性、联系性、合理性。

三　尊重差异选择，寻求道德认同

唯物主义辩证法认为凡事均有两面性，社会主体的活力范畴也不例外。活力的含义宽泛，对其把握不到位、约束不力的情况下，它便会滑向天平的一端。正如"它可以朝'善'的方向发展，造成积极、健康的结果，即促使人们沿着真善美的方向，在法律和道德的规范下，为社会创造更多的财富……也可以朝的'恶'的方向发展，造成不良的、消极的结果，即促使人们沿着丑恶的方向，违背法律和道德的规范，不择手段地谋取个人的私利，造成社会生活一定程度的失序、失范、失信……"① 因此，价值选择在这里扮演着重要的角色。

人类的多样性潜在地意味着个体的多样性。而普遍的"人性"存在思想似乎是违背了社会历史的特殊性原则，但是在人类研究的进程中，这种特殊性则是必须要考虑的。正因为特殊的多样性的存在，人们对于事物能否满足主体的需要以及能够在多大程度上的满足是各异的，由于个体在价值判断的基础上作出的价值选择影响人们认识世界和改造世界的实践活动，对其有着重要的导向作用。正确的价值判断能够得出正确的价值选择。由于社会主体自身的多样性，那么价值判断和价值选择便存在一定的主体差异性、多维度性。主体价值选择允许差异性存在方显社会的包容与活力。现代社会市场经济的进一步发展，确定并强化了个体的"主体身份"和"社会身份"的统一。主体身份的地位和性质决定了社会主体的自由意志，自主选择自己的生活生存状态、决定自己的命运。个体求真、求善、求美的本性必然会充分调动自身的主观能动性去实现目标，并且还会有意识地根据自己的需要和利益对生活进行反思、批判、调整、重构。这种由反思及重构的过程便是焕发主体活力的过程，也是个体生活主体性的最高境界。

社会的开放包容反过来又促进社会主体自身潜力的开发，为社会主体活力的彰显提供本体性需要的物质层面和精神层面的保障。包容的社会意识形态强调差异性的存在并不意味着包容所有的价值选择，不符合社会总体利益的价值选择必将是要摒弃的。群体化的社会存在需要一般意义上社

---

① 李忠杰：《论社会发展的动力与平衡机制》，《中国社会科学》2007 年第 1 期。

会认同和道德伦理的存在，来保障社会有活力但不混乱。社会认同会在很大程度上影响个体的行为和偏好，建构成功的社会认同对于个人合理融入社会生活、维护个体本体安全、确立生活和道德方向有明显的指导作用。而当代社会认同危机中最有代表性的是社会主体"我"的身份感的流失，而这对于个体的自我评价认知、自我实现发展却是致命伤。正如吉登斯在《现代性与自我认同》一书中指出的："晚期现代性的背景下，个人的无意义感，即感觉生活不能提供任何有价值的东西的感受，成为了根本性的心理问题……个体的反思规划创造了自我实现的和自我把握的方案。但只要这些可能性被理解为主要是自我现代性控制体现的拓展，那么它们就缺乏道德意味。"[1] 伦理学家泰勒曾经强调认同对于社会主体的道德定位的重要性。认同缺失，就会引发社会认同危机，政治、文化、社会等认同的危机会产生严重的无方向性和冲突偏见等，从而导致社会秩序杂乱无章。随着全球化的风靡，各种意识形态和价值观互相冲击交战，但只有适合本国国情的才是最好的。在当今中国最好的社会认同便是社会主义核心价值观，而"核心"两字就明确表明了其是建立在现实社会合理性基础上的，反映社会主流意识形态所提倡的价值取向。和谐秩序化的社会稳态的形成，某种共同的意识存在对于一个社会来说是根本性的，而这个根本性的问题便是形成"集体意识"。因此，我们应当"以社会主义核心价值体系引领社会思潮，尊重差异，包容多样，最大限度地达成社会思想共识"[2]。

　　如果一个社会中道德规范的不在场，或者不再有正当神圣性，那么社会发展便失去了依托，人们一直以来被压制的冲动、情欲便会蠢蠢欲动，百无禁忌，后果便可想而知。"道德的独立性与超越性为人类的创造性活力的发挥提供了无限可能的空间。道德价值的实现既是社会活力的合目的性与合规律性的道德支撑，同时也是社会活力的最高道德境界。"[3] 道德的价值支撑为建构活力社会提供明确的方向，规范社会主体活力的实践建构。社会主体也即道德主体，受社会道德的内在自律性教化感染，引导心灵向善，朝着活力的"正方向"前进，激发积极健康的活力。道德认同

---

　　① 吉登斯：《现代性与自我认同》，生活·读书·新知三联书店 1998 年版，第 9 页。

　　② 《中共中央关于构建社会主义和谐社会若干重大问题的决定》，《人民日报》2006 年 10 月 18 日。

　　③ 董慧：《社会活力论》，湖北人民出版社 2008 年版，第 187 页。

实践在一定程度上保持主体行为与社会秩序的统一，尊重多样性与社会认同的统一，集体合作与社会主体的自我调适的统一，实现人与社会的有机嵌合。社会各要素结构之间良性互动与合作本身就蕴含着活力，也不断触发社会活力根源，源源不息的生命活力和创造力便油然升发。

四　权衡理性与自由，释放社会想象力

社会主体活力的实践建构除了要注重延伸交往的范围，注重感性与理性的双重把握以及包容多样差异性，更深层次上要打破世俗思想的桎梏，使得理性与自由之间张弛有度。理性与自由越来越成为提高当今社会活力亟须解决的论题和困扰。因此，应当对理性与自由的关系进行重新阐释，探寻理性与自由合理的存在界限，因为只有这样才能更好释放社会想象力、激发主体活力、调动社会大众积极性，促进主体独特的心智品质的养成和多样化的洞察能力的提升，为活力社会的建设提供条件。

就活力的界定而言，它"是立足于实践基础上的主体自我解放……活力本质上是作为主体的人的实践基础上自由自觉的社会实现，是人们自我解放和自我创造的自由的主体性力量的体现"①。这里的自由自觉便是理性与自由科学协调一致的产物。放任自由，走向纯粹的感性，便是本能自我宣泄的非理性主义的放逐，也就失去了自我反省的能力，不能真正自律地生活。理性是一种客观性的力量，这种力量摆脱世俗的束缚，便能建设一个进步的、幸福的世界乐园。但是对于理性夸张性的信仰，也会掩盖人类理性本身固有的局限性，"理性是人们进行自我选择、自我约束、自我规范的能力，但理性本身却不能确立作为这种自我选择、自我约束、自我规范的原因和根据的终极价值"②。换言之，理性能够使人类有效率地实践，却不能解释支配理性发挥作用的价值问题。阿马蒂亚·森（Amartya Sen）在其著作——《理性与自由》一书中专门探究了理性与自由的关系，认为理性与自由之间存在着可逆关系，只有在充分考虑个人的合理偏好和价值观的前提下自由才能得到科学的评价。但自由又不能基于人的基本本性行事，自由首先是对可以做出的选择加以考察辩论，最后做出适

---

① 董慧：《社会活力论》，湖北人民出版社 2008 年版，第 40—41 页。
② 王小章：《经典社会理论与现代性》，社会科学文献出版社 2006 年版，第 15 页。

宜的选择，这里表明自由不能脱离理性而存在。反过来，追求理性也需要实现自由，自由是在人类事务中发挥越来越重要作用的理性存在的载体。因此，欲使两者相得益彰，必先有一个促使两者相互弥合的规范。

理性与自由都是激发社会主体活力的途径和手段，但是推进两者合力最大化的关键因素之一就是社会想象力，有想象力才能激发主体潜能活力，有活力才有创造力和建设力。C. 赖特·米尔斯曾经以想象力为基础重建社会创造力，指出社会大众所"需要的以及他们感到需要的，是一种心智品质，这种品质可帮助他们利用信息增进理性，从而使他们看清世事，以及或许就发生在他们之间的事情的清晰全貌……这种品质……可以称之为社会学的想象力。"[1] 社会学想象力作为一种心智品质，能让主体清晰地理解自身现实与周围更宏观的社会现实之间的关系，而理解本质上就是运用人类理性在人类事务中发挥更大的作用。米尔斯认为："我们不知人类潜质的限度何在，既有高尚的追求也有自由堕落，既有剧痛也有欢欣，既有令人愉悦的残暴也有理性的芬芳……我们已经开始明白在某一社会中，一代代的人的个人生活；他生活在自己的生活历程之中，而这个历程又存在于某个历史序列之中。因为他正在生活这一事实，他就会对社会的发展和历史的演进作出贡献，无论这贡献多么微不足道，甚至连他自己也是在社会和历史的推进作用下塑造出来的。"[2] 保持这种想象力，才能使社会个体"看到更清更广阔的历史舞台"，看清个体是怎样在杂乱无章的日常经历中错误定位自己的社会位置和对历史发展的意义，理解所置身的时代环境对自身命运有几许的机遇或几重的限制，进而激发公众不再漠然而是积极参与到社会公众话题中去。如此，他们的好奇心得到焕发，养成新的思维方式，历经价值的再评估和重建。这种对社会历史的反思和感受，对个体与总体彼此间联系的捕捉正是构建活力社会的心智品质和洞察力。社会学想象力正成为社会文化生活的主要共同尺度之一，但共同尺度的出现并不意味着其他的思维方式和评价尺度不存在。至少这是一个能让人有所获益的手段或途径。

---

① C. 赖特·米尔斯：《社会学的想象力》，陈强、张永强译，生活·读书·新知三联书店出版社 2001 年版，第 3 页。

② 同上。

社会学想象力也可以理解为从一种视角转换到另一视角的能力，并且在转换的过程建立起对社会整体及其组成部分的完整认知。社会学想象力是可以培养的，但又是难以预料的，因为它本身就是各种观念复杂性的重组。现实社会中不仅我们的科学研究者需要社会学想象力，社会大众也需要解放自身的想象力，释放自身能量和活力，培养自身认知和理解社会的能力，打破制度与意识形态的裹挟，孜孜不倦地推进人文社会科学、自然科学哲学理论以及方法论的创新与进步，将求知的欲望、破解难题的欣喜与社会责任感、人文关怀融为一体，在社会转型期和文化转向期始终保持清醒的头脑、勇于肩负以集体发展为己任的使命。

五　启蒙社会理想观念，激励主体活力意识

就现实性而言，不存在尽善尽美的事物，而主体行为活动又呈现多样性、差异性，人们便转向观念世界中去寻求一种普遍性和确定性来规范自身行为的合目的性和合历史规律性。这种普遍性的和客观确定性的追求就是理想。社会理想是现实人的一种对未来社会图景的一种信念、信仰，有念想才会去奋斗，有信念支撑才会更有活力。理想不仅能够把人类的思维带入一个更加开阔的场域，也为人类自身存在的意义提供一种价值思考。坚定的理想信念和信仰延展、开化人们内心强大的想象力，激发人们对所憧憬的目标情感和拥有欲望，从而调动主体整个生命活力，并形成一种持久不衰的内在力量，内在力量直接或间接地外化为建设充满活力的社会的实践过程。

人是感性理性存在物，同时也是希望存在物。作为"应然"范畴的理想，它是关于特定对象的未来状况的一种预测、憧憬、预设和观念建构。理想具有超前性、前瞻性、建构性和期待性，它依赖于对现实情境的否定性评价，表达着对美好未来的期许和追求，对于人们的行为观念有着重要的激励、引导和规范的作用。有了理想目标，人类自身的行动才更有方向感，"确立生活的目的并置之于崇高的地位，是成为一个生机勃勃、全面发展的无限度的人所最为重要的因素"。而社会理想则是对未来理想社会的一种超前规划，以对现实社会的批判性的反思为基点，以人类整体实践能力为支撑，也表达着人类自身不断发展着的社会需求。而社会理想的信仰建构是理想社会实践建构的先导，而社会理想则为激励社会主体活

力的创设条件和氛围。马克思的社会理想的独特实质是"是"与"应该"的统一，是对现实的解剖与人文价值关怀的统一，也是科学精神与人文精神的统一，以寻找可能性的生活。"未来的理想社会不是一种自洽的逻辑推理，也不是根据经验科学的标准做出的断然预言，它是人与外界矛盾的解决，是传统'科学'与'价值'二元分立的消融。"① 而理想社会的建构从来不可能是一蹴而就的，这是人的需求本性以及需求的超前性与现实滞后性之间的矛盾使然。社会主体之所以会被社会理想所吸引，本质上讲是因为社会理想体现了人的存在本性之价值需要和价值追求，我们不否认理想与现实的差距，但这种需要与追求本身使得"乌托邦并不是可以被取消的事物，而是与人类一样长期存在的事物"②。现实与理想之间的互相撞击，产生激励社会主体活力意识的永不衰竭的动力源泉，推动社会稳定前进。

21 世纪是高速发展且竞争激烈的时代，各国都把本国综合国力的提升作为关键任务之一，经济基础和科技实力的竞争归根结底是人才的竞争，是一个国家创新力的竞争，一定程度上又是国家社会活力程度的竞争。社会活力的提升归根结底是社会主体活力释放的结果。社会理想作为社会主体自觉的选择，怀揣着明确的目标和意念在行动，但历史活动的结果往往不以人的主观意志为转移，不一定会取得预设的完美结果。这里需要指出的是自觉选择无疑比自发选择的合理范围更大，正确认知选择行为所依仗的主客观条件，主体的积极性、创造性才能朝着正确的方向前进，才能避免不必要的代价和坎坷曲折。"人之所以要建构社会理想，是由于世界不会满足人，而人决心改变世界……人建构社会理想和实现社会理想，是人作为主体的能动性和创造性的表现，是人对自己需要的一种意识和主观认定。"③ 从这一视角出发，人类欲望形成社会理想观念，创造一个理想社会，就必须体现科学与人文、知识与信仰、理性与非理性、自然主义和人本主义的统一，凡此种种均以主体活力充分发挥为基点。

"社会理想作为人们对美好未来社会的一种设计、向往、企盼和追

① 刘文艺：《马克思的社会理想研究——基于"是"与"应该"相统一的一种考察》，博士学位论文，上海复旦大学，2012 年，第 13 页。

② 保罗·蒂里希：《政治期望》，徐均尧译，四川人民出版社 1989 年版，第 163 页。

③ 叶泽雄：《社会理想论》，武汉大学出版社 1998 年版，第 276—277 页。

求，不是一个本体论意义的存在概念，而是一个评价论意义上的价值概念，与历史生成且又历史发展着的人的需要本性和本质力量相关联。"①因此，社会理想与社会主体密切相联，启蒙社会主体社会理想的形成与激发社会主体活力之间存在着依赖相长的关系。一个被每个主体普遍认可的社会理想可以带动主体的非理性因素，养成主体良好的意志品质，激发主体的心理潜力、承受力，所谓"不塞不流，不止不行"。而坚定的信念与信仰是战胜一切艰难险阻的关键因素。追求事物的兴趣越浓厚、目标越明确，行动力就越坚决、创新度就越大。反之，主体活力的激发，主体意志品质的成熟，也提高了预见的自觉性、合理性，更有利于社会理想的实现。

---

① 叶泽雄：《社会理想论》，武汉大学出版社 1998 年版，第 18 页。

第四章 社会活力与城市空间：问题及解决途径

　　城市作为经济社会和文明进步最重要的表现，它的活力将直接影响社会的可持续积累与文明进步。一方面，城市是重要的社会空间单元，城市活力是社会活力的重要表现，是人类人性化生存的关键，它与社会活力所倡导的以人为本的社会发展模式具有内在深层一致性；另一方面，当前社会活力所面临的时代境遇，除了全球化与中国转型之外，还有城市化、信息化的复杂现实境遇。因此，历史唯物主义视阈下的社会活力，从宏观上说是对中国社会发展模式的探讨，从微观上说则是对与人生存紧密相关的社会生存之寓所——城市空间及其活力的探讨。

　　城市化是人类社会文明进步的重要标志，它不仅创造了现代经济的繁荣，也改变了人类的生活方式和思维方式。但城市化的迅猛发展也带来诸多城市问题，当前中国城市建设高速发展，日新月异，迸发出无限的集聚力量。但城市空间趋同化、片段化、单一化、功能化、唯视觉化、唯物质化、大尺度化导致城市发展缺乏活力，城乡差距、贫富分化、城市经济二元化、超城市化、城市空间隔离等问题也令人堪忧，城市可持续发展的生命力与活力面临危机与挑战。如何建设美好的、富于生机的城市来满足人类居住的向往，并且使之能够永续性存在，实现人类文化的积累和进化？另外，信息化正在以巨大的变革力量改变着我们生活的每个方面，把我们带进后工业信息时代既真实又虚拟的网络社会，改变或消解着传统的城市生活及存在方式，从而历史地革新或重构了旧的社会运行体制及文明创造模式，使原有的社会活力生发机制与动力发展系统面临着严峻的挑战。对于网络空间的技术背景与人文底蕴的思考，在挑战中寻找机遇，在危机中追求进步，在借鉴中实现超越，是建构信息时代背景下的新型活力城市与活力社会的题中应有之义。对城市空间组织的、政治进程的伦理思考，彰显作为总体性伦理原则的空间正义，不仅有利于生存论意义上属人空间的生产，也利于蕴含于主体间性中活力因子的激发，以帮助我们从容应对兼具全球化与地方化、工具性与价值性等复杂语境下的空间城市化进程。直面问题，是哲学研究的重要基础。当城市化成为改变当代中国社会的最显著力量之一，哲学毫不犹豫地应该将它放置于自己话语体系之中。哲学工作者与研究者也应该本着强烈的社会责任感和人本主义理想，担当起审视、反思、质疑、批判城市化过程中的种种问题与难题的任务。

第一节　空间、城市及其活力

一　空间与城市

（一）空间

空间问题历来是哲学中一个非常重要的问题。它之所以重要，是因为空间从来都是与人的生存联系在一起的，并且今天空间的存在方式发生了翻天覆地的变化，不同的新社会空间形式的出现，改变和重构着人的活动方式，对人类形成一种新的挑战。对空间的理解，一般有三条路径：政治经济学批判路径、人文主义批判路径以及女性主义批判路径。政治经济学批判路径主要是由空间产生的经济、政治和意识形态的相互作用来解读与分析空间，分析空间形式、地方环境如何整合到剥削性的社会和政治制度中，资本的积累与生产、消费、再生产空间环境如何关联，以及阶级关系与其他社会关系之间的复杂联系。它继承马克思对资本主义组织和积累之间逻辑性的描述，从生产方式出发，对空间剥削、空间权力控制、地理不平衡发展以及经济危机进行空间回应。把全球化的过程看作是资本全球空间扩张的过程，这一过程打破了过去的"自然空间"，形成了新的空间关系。环境、民族国家和人们的日常生活不断改变，影响全球的权力与霸权转移日渐成为现实，资本所代表的创新、流动、易变、即时、丰富等特质成为社会生产和社会生活中的主导价值观，从不同尺度影响着社会生活空间性的方方面面：建筑物的设计、环境的营造、城市区域的经济模型、阶级力量的平衡以及文化生活。人文主义批判路径，则是试图澄清人文主义的哲学基础，将人及其所处的环境作为中心，运用独特的视角来研究人的方面，即意义、价值、目标和目的等，强调人在空间中的主体能动性，对人类在世界中的地位和贡献作出实质性的理解。人文主义批判路径依据背景条件而不是因果关系来观察、审视和理解空间，这些背景条件包括人类地方日常生活的广大范围和深厚经历，将空间看作个人社会实践的产物：空间既是连接客观物体和意识的意念网络，也是表征着共同意义和价值的群体区域。空间是人类社会实践动态的构型，以及其所带来的广泛的心理和社会意义的集合，它折射着人们的文化偏好、个人想象、价值观念和信仰理想。空间与文化紧密相关，甚至可以说空间就是随着时间和空间消逝增长、变异及重复的文化的总和或文化的集中表现，它以地理景观、地方家园、人造环境等具体形式展现出来。女性主义批判路径，强调空间的社会性别视角，对日常生活地理学进行社会性别的解释。认为性别不平等的社会和经济形式往往在文化景观的组织中表现出来，比如在房间、建筑物、风景、城市或区域的不同空间和地方，也会影响私人与公共、家庭与工作和政治空间之间的空间划分。而且空间形式一旦嵌入到文化景观中，又会在时间中加强性别关系、种族和阶级关系。性别化的社会空间排斥了女性多样化的需求，加剧了空间阶级不平等现象。其目的主要是通过探求不同空间的女性气质和男性气质的文化构建，帮助我们理解男女之间差别如何决定其地位，并且将这种理解运用于政治行动的实践。

在新的世纪，空间发生了本质性的变化，一方面，当代人的生存困境需要我们对作为人类实践活动存在形式的空间进行反思。另一方面，当代空间实践的复杂性需要我们对空间进行整体性的哲学思考。空间不仅仅是社会活动的容器，它不能被简单地看作是一个表达社会经济、政治和政治过程的工具，它不仅包含了人类实践行为，而且成为定位我们实践行为的重要因素。空间本身就是人类行为的重要组成因素，它构成社会关系的一部分，并且与我们的日常生活紧密相连。它是在社会中历史地形成的，而且伴随着社会再生产的目标，以及人类改变空间并且建设新环境来更好地满足自身生存和发展需要的目标，不断在人类的主体性实践中获得新的内涵。因此，需要用"社会空间辩证法"来分析城市、城市化及空间的都市化。城市空间是人创造的，它是人类创造和改变空间表达自身的需要和渴望的产物，城市空间也从居住于其中的人们那里获得它的特性及存在意义，城市空间与人类实践紧密相连。城市空间与全球资本主义体系相关联，全球化是资本在空间的布展，伴随着这一过程，空间的生产与规划和资本的权力结构关系日益凸现出来，随着时间的极限化，空间取得了主导性的支配地位。资本在拓展物质生产空间的同时，必然通过生产关系的生产和再生产，开辟出比物质生产空间更为重要的社会空间，这一被马克思开创出来的思想后来在西方马克思主义学者那里得到了继承和发展。所以空间日益成为当代西方激进政治理论的重要内容，在当代资本主义批判的版图中占据着重要位置。全球资本主义体系通过空间的功能（比如资本扩张、权力运用、社会控制和文化统治等），深深渗透到城市发展之中，全球化与城市化的实践又重新界定了空间的本质、形态及意义。对空间、城市及城市化的"社会空间"式的辩证理解，有助于我们建立美好城市的积极政治变革和谋划。

（二）城市

城市是人类最伟大的创造物，它代表着"我们作为一个物种具有想象力的恢宏巨作，证实我们具有能够以最深远而持久的方式重塑自然的能力"①。城市的演进和发展代表着人类从蒙昧时期向文明的跃迁，表明人试图建构一个新的、可操控的空间与秩序，城市的意义与文明的意义近乎相通和相同。对城市的透视与审视，需要将其放在一个更广泛的社会、经济和政治组织的背景之中，也就是说城市必须被看成是维系它的社会的反映，对城市的相关研究不能从它的历史、文化和经济矩阵中分离开来。"城市表达和释放着人类的创造性欲望"②，这已成为对城市的共识。城市的产生和发展，彰显着人类的创造性活力。尽管城市经历具有多样性、复杂性，城市需要有道义约束，需要有市民属性，但可以肯定的是，一个成功的城市，必须有蓬勃向上的生机和活力。城市活力就是城市发展、城市生活生产发展的活力，就是城市空间活力，建构城市活力必须考察城市问题的空间特征。应该从社会空间的视角来分析城市结构、城市生产关系和过程，通过考量人类生活实践在城市空间中的状态来赋予空间以意义。城市化的过程就是城市空间动力形成、发展、繁荣、消退的不断无限循环和相互交织的历史，城市空间生产则开启了城市动力之经济、政治、文化和

---

① 乔尔·科特金：《全球城市史》，王旭等译，社会科学文献出版社 2010 年版，第 16 页。
② 同上。

生活的空间维度的无限可能性。理想的、具有活力的城市空间应该具有以下几种特征：

1. 城市空间的公平性

公平是城市空间活力的首要伦理诉求。这里的空间囊括主体日常生活所需之空间。保证主体实践过程的方方面面得到伦理关怀，促进个人活力的激发。这里的公平既有异于平均主义的绝对公平也区别于抽象意义上的公平，而是"如果城市的某项政策不得不产生某种不平等，乃是因为他们必须建立在公平的机会均等和符合最少受惠者的最大利益的基础之上"① 的一种公平原则。保证城市主体能在机会、权利与结果上公平地享受空间资源。公平性体现在：需要处理好城市空间资源分配中公平与效率关系。城市发展的最终目的是为了人，公平恰是一种属人原则，一种价值判断、伦理判断。若只注重城市空间生产效率这一城市发展的显性指标，却忽视进行城市化的本质性的因素便是虚假的活力；需要确保城市中的弱势群体能够公平地享受空间资源，这里的空间资源，既包括诸如住房空间、公共空间等物质资源，也包括精神资源，如在自己居住空间中拥有的归属感与幸福感也被同时剥夺。对物质生活资源与精神生活资源的双重剥夺，会严重损害个人活力的产生。

2. 城市空间的人本性与人文性

避免城市空间的异化，使其成为充满家园感与归属感的人性化空间要求注重空间的人本性与人文性，实质上是呼唤一种"正义"的原则。"正义是在某个时期内的空间场所中，由所有与调节和序化物质的社会实践相关的一系列信念、话语、社会关系的制度化和权力的竞争构型等社会性地构成的。"② 要将其看作处理城市空间中人与人、人与自然、人与社会的关系的价值取向，如人与人呼唤公平正义，人与自然之间呼唤生态正义，人与社会之间呼唤社会正义。城市空间本是自然空间的人化产物，其不仅为"物"的空间，更重要的是为"人"的空间。将"人"的因素排除在外的空间是异化的空间、僵死的空间。营造城市空间活力要求从人化空间

① 秦红岭：《城市规划——一种伦理学批判》，中国建筑工业出版社 2010 年版，第 72 页。
② 董慧：《空间、生态与正义的辩证法——大卫·哈维的生态正义思想》，《哲学研究》2011 年第 8 期。

走向人性化空间，即物性因素与人性因素和谐发展。物性因素包括城市生产力发展、经济提升、物质生活水平提高、城市开发程度高、基础设施完善等。人性因素包括城市主体多重需要的实现程度，城市资源多大程度上为人所用，城市文化保存、延续与创新等。

3. 城市空间的多样性

城市主体需求的多样性决定了城市空间的多样性。只为追求美观或是某一集团经济利益，机械地将工作、居住及娱乐空间等割裂开来形成单一的空间布局，违反了多样性原则，不利于人的自由、全面的发展。主体需求满足得越充分，越有利于主体活力的激发，从而促进空间活力的激发。雅各布斯认为"好的城市是具有活力的，而城市活力主要源于城市的多样性"。多样性体现在两个方面，首先是城市空间自身的多样性。具有不同功能的空间应交混分布，空间的多层面、多功能、多方位的组合使用可以产生集中优化效应，有利于提高不同功能空间的可及性，满足多方面的需求。同时，通过交混形成的中介空间，有利于提高日常生活的丰富性，增强不同阶层主体间的认同。避免由于空间隔离导致各阶层城市主体间冷漠的产生。其次，多样性体现为不同城市空间之间的多样性。如今，城市化与城市现代化进程正如火如荼地开展，当我们沉醉于所取得的"发展"时，却猛然发现每座城市给我们的感觉都如此的趋同，如此的现代，却又如此的死气沉沉。每栋建筑都争相凸显自己，城市被一座座高架桥所割裂，物性因素喧宾夺主，人们仿佛生活在牢笼中一般。城市空间的地方性特色是多样性的基础，也是空间活力的重要来源。地方性就是要求在空间生产中对工具理性与价值理性等同视之。使工具理性的"建设"转向工具理性与价值理性相结合的"发展"。找寻每个城市空间自己的"根"，形成自己特有的活力。

二　城市活力

城市活力作为城市发展的动力和城市创造性、可持续发展的条件，是人类自古以来就追求的理想目标。当前中国城市建设高速发展，日新月异，迸发出无限的集聚力量。但城市空间趋同化、片段化、单一化、功能化、唯视觉化、唯物质化、大尺度化导致城市发展缺乏活力。城乡差距、贫富分化、城市经济二元化、超城市化、城市空间隔离等问题也令人堪忧。如何建设美好的、富于生机的城市来满足人类居住的向往，并且使之能够永续性存在，实现人类文化的积累和进化？城市化实践历程带来了国内外研究学者对城市活力问题的重视与关注，以下三种理论尤为突出：其一，人类生态学理论。主要是芝加哥学派的城市社会学理论，将城市看作生态有机体，运用地理学和生态学的角度和方法，在空间揭示城市中人与人、制度与制度的相互关系，并试图发展城市模型（如伯吉斯的同心圆说、霍伊特的扇形说、哈理斯和厄尔曼的多核心说）。如帕克（1987）认为，竞争、冲突、合作和同化这几种不断重复循环的社会关系，是城市充满活力的根源，若将城市看作心理状态的文化聚集体，其活力就是一种心理和物理机制。其二，城市设计理论。如韦恩·奥图和唐·洛干的城市触媒理论（1995），认为城市导入类似化学剂的触媒元素，可以创造富于生命力的城市环境，带动整个城市空间系统的活力；扬·盖尔（2002）批判功能主义规划原则，致力于城市的活力和人居性研究，提出日常生活是城市公共空间活力的根源；简·雅各布斯（1946）认为城市活力和生命力来源于城市的多样性、人与人的活动以及活动场所相互交织过程中。其三，西方马克思主义城市理论。主要运用马克思主义的政治经济学分析资本主义城市化进程，探究城市空间演进的深层原因。如哈维（1969，2000）以马克思主义政治经济学与历史地理唯物主义相结合的分析方法，探寻城市空间动力，认为城市能够存活就在于城市的空间经济充满活力，它能够使资本在全球空间的流动和循环加速，获取更多的剩余价值，实现城市空间扩张。

　　笔者认为，城市活力作为城市空间演进的动力机制，是政治、经济、文化、生态及其利益团体和活动主体共同作用的结果。城市活力具有明显的空间维度，它表征着城市布局和景观的优化、城市功能和效用的协调、城市生活和消费的丰富、城市个性和风格的昂扬、城市经济和产业的勃兴、城市文化和价值的创新、城市精神和生态的和谐。全球化空间实践下的城市空间危机，片段化和同质化的地理空间、非地方性的文化空间、剥夺性聚集的经济空间、日益失落的公共空间、扭曲异化的消费空间、极度膨胀的交通空间、大都市化的空间决策是当代活力城市建设面临的城市空间难题，当代城市建设中的经济、文化、管理、制度、生态层面的城市难题也具有空间性的特征。应对日益多变、复杂多样的城市危机，建设好的城市，实现"城市，让生活更美好"的目标，离不开城市的空间问题框架。因此，城市活力的建构是一个系统的空间工程，它需要我们在空间视角、内蕴城市社会—空间的辩证关系、反映城市空间生产与城市化的视阈中，将城市作为一个空间整体来构思、感受和实施，运用过程性、动态性、开放性的研究方法，以人与城市空间的互动实践与情感共鸣为立足点，以社会的价值理想和利益要求为整合目标，关照人与城市空间的实践及价值互动，提出针对性地解决城市空间难题、营造城市活力之道。

第二节　文化与空间：城市文化空间及其活力

城市化进程既是人类文明不断演进的历史，同时也是人类社会生活不断丰富化的历史。城市作为人类文化的汇聚体，在与人类实践互动中不断化育出承载着多元性的人类可感知和体验的各种文化场所、文化模式、文化制度，也孕育出展现人类文明重要含义的有生命力和历史延续性的符号与象征、精神与气质、记忆与梦想，形成独特的城市文化空间。而伴随着工业文明及城市化，虽然积极地改变了人类历史进程，但其中的破坏性因素或反主体性效应带来的危机与困境也不得不让人咂舌：愈演愈烈的城市膨胀，城市风格缺失，城市视觉污染；频频爆发的贫穷犯罪，文化身份认同偏差导致的城市排他和居住分异，贫富阶层的文化冲突和强势群体的文化霸权；消费主义大肆流行，文化传统及多样性丧失，垃圾文化大量出现，城市中民族文化生存的底层空间日渐式微；城市生活日益恶化，市民焦虑孤独，萎靡不振，审美匮乏……这些既是城市文化空间失序与失调的表现，同时也是人与城市空间在文化意义上的断裂，意味着人类社会秩序的混乱和失序，以及城市文化传承的困难。理性反思城市文化空间，挖掘城市文化的空间动力学，建构有活力的城市文化，对于城市的创造性发展及人类文明的进步有重要意义。

一　城市文化空间：生成及内涵

城市化过程本身就是一个文化积累的过程。城市空间既是物质的空间，也是行动和意义的空间，它不仅仅是自然的物质空间的外在形象，而且是对社会秩序进行归序和强化的社会建构的实践场所。城市空间的文化意蕴和文化本质因为与人对更文明、更有序、更有活力的生活秩序的追求具有深层的一致性，以及空间的象征性意义和不同人的生命体验、社会生活和价值体系的交流沟通而突显出来。

（一）城市文化空间

城市文化空间是由各种不同要素组成的有序的、有生命力的人类城市文化生活实践的载体，是对现有社会秩序进行维持、强化和重构的实践区域，同时也是文化诉求展现与意义表达的过程。它既是人类实践活动创造的，满足并体现着人类实践需要与价值，同时，人类在创造改变城市空间的同时又强化了城市空间的文化特质，因此城市文化空间体现了"社会空间辩证法"①。城市文化空间是包含形式与过程的多向度、复杂的、有机的空间，它依据不同的科学目的、文化背景、价值诉求，具有不同意义。从形式上看，城市文化空间既包含直观的、具体的物质性构成要素，如城市居民、自然和人文景观、历史遗存及具有历史与美学意义的建筑、科研艺术机构，也包含生动的、感性的互动性构成要素，如经济活动、文化交往、日常生活，还包含意义的、抽象的精神性构成要素，如城市文化精神、城市情感、城市性格、城市心理、文化象征与文化符号、城市魅力。从过程来看，城市文化空间是传达不同时期社会制度、行为规范、价值观念、风俗习惯、情感认同等特定内容的历史延续过程，同时也是城市空间与人的行为相互依存、交互影响的作用过程。

城市文化空间是历史地生成的，表现着人与社会相互建构的关系，并伴随着人类社会的发展而逐步形成和发展的。马克思说，"整个所谓世界历史不外是人通过人的劳动而诞生的过程，是自然界对人来说的生成过程"②，正是人的实践活动，才生成了人类历史及其发展过程，才有了日益丰富的城市生活和社会关系，才使城市空间获得丰富的文化意义。人类实践活动创造了对于城市空间概念的需要，日常生活实践解决了城市空间与社会文化之间的联系。作为城市化和文化的存在物，人类实践必定以时间与空间方式存在，人建构着城市空间，人的存在和实践是城市演进与空

---

①　Soja, E. "The Socio – Spatial Dialectic", *Annals of the Association of American Geographers*, Vol. 70, June 1980.

②　马克思：《1844 年经济学哲学手稿》，人民出版社 2000 年版，第 92 页。

间拓展的基础和前提。在这种互动实践中，城市居民达成交往与社会关系，形成情感认同的共同体，创造一系列城市文化象征与符号，城市空间因此具有了历史的、文脉的、价值的和社会的文化属性。城市文化空间形成是人的实践活动、城市空间结构本身的集聚扩散、城市社会结构在经济、社会与文化价值观念上不断协调、整合互动的结果，是人类展现行为价值与意义的场所，也是人类行为及人类文明有序、可持续的路径。历史的发展造就了城市文化空间物质实体要素的稳定性和丰富性，人的实践活动的时间和空间又导致它的复杂性和特殊性，不同文化因素的交融和价值观念的存在则使得城市文化空间相应地具有兼容性和层次性。良好的、理想的城市文化空间应该既能够展现清晰有序、和谐稳定的城市格局，又能够将其具有生命活力的城市精神——创造并保持人类精华和人类文明延续下去。

（二）共时代视阈中的城市文化空间

城市文化空间是立体的、层次的、多维的，即共时态视阈中的城市文化空间。主要指不同时期、不同地域占主导地位的城市文化空间的形态及构成要素，它们同时存在并且构成城市文化空间这一有机系统，或是在不同学科视角下城市文化空间。这里的共时态视阈中的城市文化空间，从某种意义上说是被抽空了的时间，采取了时间的空间化策略的空间。它主要体现在三个层面：物质实体意义上的城市文化空间、互动实践意义上的城市文化空间和文化精神意义上的城市文化空间。物质实体意义上的城市文化空间是指实体环境与地理意义上的空间，主要在客体形式范围内，从物质实体要素，比如建筑、树林、街道、交通等与周围虚空间之间的交织关系出发，运用归纳及多变量统计方法，对城市空间整体或某个局部共时态空间格局与模式特征进行分析，形成规划城市空间的规律及协调不同要素之间相互关系的原则，进而引申出城市空间的文化、情感及美学意义。它反映了城市构架的整体性和秩序性逻辑，并且强调城市若要获得有生命力的内涵，不能只注重形式美，而必须在满足城市功能活动要求前提下，使城市空间更加具有组织感、秩序感及形象感。互动实践意义上的城市文化空间主要是行为与环境知觉意义上的空间，也是从日常生活出发理解的城市空间。这一层次的空间由单纯的客体形式的分析深入到认识主体人，在环境与人的感知、领悟与理解的双向互动的基础上，挖掘空间的文化和符号意义，形成人类社会化共识的基本特征"意义"。有秩序的城市空间，以其深沉的历史和精神的脉动，给人以安全感和归属感，并且具有恒久的生命活力。文化精神意义上的城市文化空间，是融合了城市、社会、文化和文明的空间。它要解决的基本问题是城市是否满足人的基本需要，城市空间布局、城市设计是否都以人性化尺度为出发点。遵循人本主义目标和企望的城市空间，与自然环境之间是有机融合的，不会追随纯粹的形式主义和城市秩序，内蕴真、善、美的核心价值理念，"蕴含了各种能量、形象和活力"①。

（三）历时态视阈中的城市文化空间

城市文化空间的生成和发展也可以在历史和时间维度中理解和透视，这就是历时态视阈中的城市文化空间，它为我们展现城市空间的发展规律和其文化诉求的逻辑，强调城市文化的历史演进与多元层叠。城市空间是历史地生成的，它并不是独立于人类社会经济和政治之外的领域。从文化视角把握城市空间的历史生成，首先是将文化理解成并不是独立于经济与政治之外的而是内在于人的一切实践活动领域之中，并且同样也是历史地生成的生活方式、价值规范、理论形态。其次是城市空间随着历史的进程，日益获得并强化文化意义，文化伴随着城市的成长，帮助形塑城市生活方式和人类文明。我们可以简要地概括城市文化空间历时态演进序列，每个阶段又有各自兴起、繁荣、衰败的历史逻辑。古代城市的"神祇的家园"，城市产生于"旧—新石器的文化的社区之中"②，它从产生之日起就是显示出其特殊性，代表着人类文明的创造物，"代表了城市的守护神祇，以及整个儿井然有序的空间"③；希腊城邦的"自由的生活"。希腊城邦是经过数代市民的努力创造的新的城市形式，它蕴含着更有机的、与人类生存的活的内核更贴近的东西，那就是自由市民的精神，并且萌生了真正的城市秩序，城市生活充满活力、丰富多彩、健康有益；中世纪城市的"自然的韵律"，中世纪的城市带有浓厚的乡村特点，城市空间与大自然

---

①　刘易斯·芒福德：《城市文化》，宋俊岭等译，中国建筑工业出版社 2009 年版，中文版序。

②　刘易斯·芒福德：《城市发展史——起源、演变和前景》，宋俊岭等译，中国建筑工业出版社 2008 年版，第 31 页。

③　同上书，第 39 页。

巧妙地协调，蕴含着具有生命活力的自然的韵律，也体现了空间的最基本的文化含义——给居民提供安全和方便的生活和心理安全感；现代城市的"实利的规则"，渗透到城市中的每一个角落，渗透到居民的日常生活，破坏与降低了人们的审美力和对创造性艺术的欣赏，城市建筑被没有丝毫文化意义的装饰包围。结果就是"文化上的自杀"①，文化的生命力被窒息，城市空间的文化意义也被消解，城市成为枯萎、挤满人群、精于计算、浅薄冷漠的混乱无序的地方；未来理想城市的"有机的分散"，沙里宁倡导的有机分散，或许可以给我们改变城市拥挤混乱的状态提供新的思路。它强调城市需要秩序，这种秩序是将城市各个组成部分和各个力量作为一个整体来对待，城市与乡村和区域的关系是城市自身生存与发展必不可少的部分。有机的理想城市是秩序与活力并存的，形式和布局有序整齐，社会生活丰富、经济繁荣，充满积极的城市价值环境。

二　城市文化空间的活力

（一）秩序与活力

秩序与活力是人类自古以来就追求的理想目标，同时也是城市形态和城市生活的理想状态。随着人类社会从狩猎社会到城市社会的发展，秩序和活力作为城市文化空间的核心内蕴和本质与意义也慢慢彰显出来。秩序与活力首先是与人的生存需要与生存意义内在相关联：人能够将意识结构和需要体系进行自我调节与调节他人，都是出于秩序的需要；人的生存自我创生、自我确证和自我理解的基础则在于人内在的生命活力，活力促使人整个生命机能发挥与实现，推进人类生存意义的无穷生发。伴随着自发和有计划的行动，慢慢形成了日益负载着生产活动功能，并且为居民提供日常生活与交往场所的城市。城市关乎人的生存，从它诞生起，就承载着人类对秩序与活力不懈追求的意义，城市不仅是人类希望过上有序生活并且能够使之创造性地持续下去的物质手段，也是记录人类努力使城市格局、城市形态、城市生活、城市精神、城市文化等保持秩序与活力一致性张力的象征性符号。因为人有目的和有意识的实践，城市才具有了文化的

---

① 伊利尔·沙里宁：《城市——它的发展、衰败与未来》，顾启源译，中国建筑工业出版社1986年版，第66页。

意义，城市文化空间也包含着一开始就蕴含在人类实践中对秩序与活力追求的本性。理想的城市文化空间是城市文化空间格局、城市生活、城市文化精神秩序化与活力化相统一的有机体。一方面，表现着秩序，并且具有"序而不死"、"活力生机"的特点；另一方面，具有生机与活力同时却"活而不乱"、"井然有序"。秩序代表城市文化空间的稳定、有序、饱满的动态平衡状态，它展现了基于科学性、有机性层面的价值追求和理想表达；而活力则蕴含着城市空间的文化生命力、社会生活的丰富多样性及人类文明的可持续性。

（二）城市文化空间活力的多维理解

城市化的过程也是城市文化产生、集聚、延承、传播及创造的过程。人作为城市生活的主体，在与城市空间之间的连续互动的双向过程中将自己的实践活动对象化，作为稳定的生存方式、生活样式、精神气质内化并且渗透到城市生活的种种领域，形成独特的城市文化空间。城市文化空间，既是物质性的对象化表现——城市的建筑风格、地理风貌、街道广场、人造景观，又是制度性的对象化表现——城市规划、管理制度、法律规章，同时也是精神性的对象化表现——思维方式、价值取向、风俗习惯、道德规范和信仰认同。城市的独特性及其发展活力就在于它的文化标识，因此，城市文化空间的活力就是城市文化的生命力、竞争力及创造力，它是城市进步和可持续发展最重要的推动力量，同时也是城市文化个性的形塑、城市特色品质的铸炼、城市独特魅力的提升、城市生产生活的充盈、城市文化的价值认同、城市乃至整个社会文明传承的不竭源泉。

城市文化空间的活力，就是对城市文化空间动力学的研究。因为我们努力寻求和建构的是有活力、有生气的城市文化，这种文化不是一种机械的外力的推动，它涉及城市文化内部资源的激活问题，也涉及文化的空间布展、文化的空间变迁、文化差异的空间性。从社会历史发展来看，城市及城市文化是人类历史和社会历史发展中的重要现象，我们努力寻求和建构有活力的、有生气的城市文化，其实质是在人类劳动实践及文化创造中实现超越，在城市、社会与文化的关照中追求社会发展的深层次的文化价值定向，探索社会运行的内在机理，对社会发展的历史根基、动力机制、内在规律及理想目标进行反思、规范和定位。从这个意义上说，城市文化空间的活力是实践唯物主义和历史唯物主义视阈中必然包括的重要主题。

城市文化空间的活力，需要在一个总体性视野中加以把握。城市文化空间的活力，是一个有机的、开放的复杂系统，它与人们的实践目标与价值目标以及人们对理想城市的构想相关联。从静态组成部分来看，城市文化空间的活力是在城市与城市相互比较中呈现出来的特质：有机多元的城市文化景观、生动有趣的城市文化生活、繁荣勃兴的城市文化产业、宽容和谐的城市文化环境以及宽松、公平的城市文化制度。所有这些既是城市文化活力的外在指征，同时又是使城市文化充满活力的前提条件。它们只有有机组合在一起，才能形成具有凝聚力、感召力和认同的城市精神，打造充满生命力、竞争力及创造力的城市文化。从动态过程来看，城市文化空间的活力是城市文化的互动、融合和创新中表现出来的"活生生"的朝气蓬勃的状态，它渗透在文化贮存、文化传播和交流、文化创造和发展过程中，是城市演进发展的"原动力"。作为"人类社会权力和历史文化所形成的一种最大限度的汇聚体"①的城市，我们单纯地从技术与经济层面都无法充分解释它发展的内在动力及永葆活力的根源。

城市最具活力的深层原因在于文化的生命力及创造力，因此需要从人与城市相互实践过程中把握人的丰富本质和城市文化的特有活力本质。从这个意义上可以说，城市文化空间的活力本性在于人创造城市生活的本性，它体现了人类的多维性、丰富性和深刻性，也体现了城市的多维性、丰富性与深刻性，开启了理解城市文化及人类自身的重要维度。

（三）城市文化空间面临的挑战

如果我们不从时间和空间关系来考虑，就无法形成并理解城市文化空间的概念，也无法理解城市丰富的未来。文化是我们日常生活中不可缺少的一部分，它通过一系列城市空间里的形式和活动来获得再现，并且赋予我们生活以意义。城市也通过时间和空间合成了一曲丰富而复杂的文化交响乐。城市空间的每一个角落都有它特定的价值和意义，文化作为城市空间存在的方式或格局安排，已渗透到城市空间的各个角落，也渗透到我们日常生活中的方方面面。城市空间反映了城市的、社会的，或者是"一

① 刘易斯·芒福德：《城市文化》，宋俊岭等译，中国建筑工业出版社 2009 年版，第 1 页。

种文化的——信仰、实践和技术"①，就如同文化一样，是信仰、实践和技术的集中体现。城市文化空间的构成及发展相当复杂，整个城市文化空间演变的历史就是一部人文主义与科学主义、人性化与功能化、理性秩序与自然秩序、精英主义与大众主义之间交替、变更、徘徊前进的历史。对秩序与活力的追寻则一直作为人类构建理想城市与人类文明的梦想贯穿在城市文化空间演变过程中。随着全球化的进程和信息技术在城市空间与社会生活领域的广泛渗透，城市发展面临越来越多的问题，城市文化空间面临重大挑战。

现代性的挑战。城市是"现代性的机器和主角"②，现代性改变了时间和空间的表现，也改变了人类主体自身这个独特空间单元在具象世界的城市空间中对空间与时间、他者与自我、生活的可能性与风险的感受与体验。这种"创造性的破坏力量"，造就了人与其生存的城市空间之间的屏障，造就了对于城市爆炸性增长以及新、奇、大、变、快的体验，也造就了居于世界中心却又躲着这个世界的"城市漫游者"（Flaneur），把现代人带进了自身与城市空间文化断裂的焦虑、孤独、不安之中，人们空间的感知力、想象力越来越弱，对城市空间的权利丧失。这种分裂与断裂是人自身秩序的断裂及活力的丧失，是人与城市空间在文化意义上的断裂。城市文化空间的活力，其实包含人对自身秩序及活力恢复的一种期望，因此它的建构与拓展，要着力于改变现代城市人普遍生存状态，从满足人们最基本的物质生活需要到满足他们更高层次的文化需要，慢慢弥补人与城市空间逐渐的疏离，使人慢慢找回自我、确认自我，找回失去的城市认同感。

全球化的挑战。全球化是全世界的宏大话语，它本质上是资本按自己的原则重新组织城市空间的过程。在这一过程中，资本对城市空间和文化不断侵占和控制，城市空间丰富的文化意义被商品化和消费化侵蚀。全球化不断生产出被消费主义、实利主义浸染的城市空间景观和道德秩序空间区隔、阶层秩序的城市空间景观，全球化、商品化、资本日益深化的流通力量与城市空间生产逻辑相吻合。全球化对城市空间的历史、地理、文化

---

① 迈克·克朗：《文化地理学》，杨淑华、宋慧敏译，南京大学出版社2007年版，第14页。

② De Certeau, M., *The Practice Of Everyday Life*, University of California Press 1984, p. 95.

和重构与重组，导致城市面貌和形态的均质化、标准化和庸俗化。城市空间的经济价值受到追捧，而其文化意义被日益抽空，城市文化空间的多样性与丰富性日益衰微，个人政治与社会意义日渐模糊，空虚、不安、焦虑及混乱的文化情绪空间加剧。构建城市空间的场所意义、文化模式和价值观，保存城市文化空间的本土性与独特性，应该成为提升城市文化空间活力的积极路径。

信息化的挑战。在信息化时代下，城市不再是马克思所理解的资本、物流、财流汇聚点，它已变成了流动的网络，直接影响着人们的生存状态。新的文化改变了人的生活方式，其最深层的影响是文化层面的，它诠释着人类在信息时代的新型生存方式及自由主体价值，这就是今天人们在信息化时代网络城市的"数字化生存"状态。信息化时代，城市空间、人和建筑、文化习俗等都要相应地进行重组，旧的社会运行体制及文明模式也要重构。信息化时代的城市文化空间建构，需要在当代科技发展与人文关怀延续、虚拟实践与现实感性活动的互动、虚拟社区提供的认同感与自我创造力促进中保持张力和平衡，这样才能将城市中内植深沉的人文情感与文化意蕴发挥出来，使城市真正成为代表居民需要、权利和责任的，并且拥有丰富多彩日常生活的地方，而不是一个乌托邦理想。

三　建构与提升策略

（一）研究范式的确立

城市文化空间及其活力的研究范式是一种独特的思想框架和规范，代表着城市文化研究的总体性的、批判的、反思的基本路数及模式，以及形而上学的哲学理论品质。它包括研究的要素、过程和方法等，能够帮助我们确定城市文化空间活力的内涵，明确研究的基础性原则，从而为进一步梳理并形成系统的观点，构想策略性路径提供前提性条件。当前国内外学界对于城市文化空间及活力的研究有两个基本范式，我们需要将两种范式有机结合起来，深入发掘城市文化活力的理论资源，在人与城市空间深层次的文化实践互动中把握城市文化活力的本质内涵，为创造稳定有序、鲜明活力的城市文化空间提供理论和对策建议。

人文主义的范式：这一研究范式主要以城市文化的传承、城市和人类文明的可持续为目标，以人性化、人文化、人本化、日常生活化的城市重塑为核心，探讨城市文化、空间、城市精神与城市活力。这一研究范式主要基于社会学、人类学、哲学等领域的成果，直接针对城市化过程中城市风格缺失、城市文化传统及多样性丧失、城市生活日益恶化等问题探寻解决思路。如芒福德指出只有保持城市文化的能量、形象和活力，才能实现城市的文化积累和文化创新的根本功能。城市之所以能够从无到有、从简单到复杂、从低级向高级发展，并且与人类社会、人类自身的发展过程保持一致，正是因为其文化的活力，即"化力为形，化权能为文化，化朽物为活灵灵的艺术，化生物繁衍为社会创新"① 的活力；米歇尔则认为"异质城邦文化"和"种族通话"能为文化的发展提供活力和创造力②，异质城邦文化是社会文化原动力的一部分，正是因为其多样性和各种文化形式相互融合的复杂性，才使得文化能够保有持续不断的活力和创造力。"种族通话"是保持文化差异性及多样性的创造活力的重要方式，它代表着城市的归属多元化过程，是对抗文化霸权和重构城市文化空间的过程；列菲伏尔则开创了旨在恢复人在城市生活中自我实现与交往的独立性和创造性的日常生活的"文化革命"，日常生活空间是人类社会关系和人类得以萌生与成长的土壤，也是城市文化空间的活力之源。日常生活的文化革命就是一场城市的空间革命，旨在改变受资本逐利支配的，具有无限扩张性的资本主义空间生产方式，改变资本逻辑对日常生活造成破坏的资本主义的空间模式，恢复欣欣向荣的城市生活，恢复人自由地、有意识地创造生活和历史的权利。国内的研究主要以鲍宗豪为代表，其主要观点是，城市化过程中诸如城市视觉污染、城市空间日益均质化、城市建筑呆板无序、城市文脉断裂、城市生活单调乏味、城市人自我迷失膨胀的问题，均是对城市文化空间的破坏与摧残，要想提升城市文化空间的竞争力，实现可持续的城市化和人类文明，需要建构融城市居民生活习俗、理念信念、价值取向为一体的城市精神文化空间。③

---

① 刘易斯·芒福德：《城市发展史——起源、演变和前景》，宋俊岭等译，中国建筑工业出版社 2008 年版，第 9 页。

② 米歇尔·迪尔：《后现代都市状况》，李小科等译，上海教育出版社 2004 年版，第 213 页。

③ 鲍宗豪：《文化自觉与国际大城市文化建设》，《开放导报》2004 年第 1 期，第 75—76 页；鲍宗豪：《城市精神文化论》，《学术月刊》2006 年第 1 期。

科学主义的范式：这一范式主要是国外学者在全球化、现代化和城市化背景下从文化视角探讨城市社会运行规律，一般是在地理学、城市社会学和建筑学领域采取实证与定量分析的方法、注重城市文化的各项量化指标及其要素的资源配置的实证性研究，可以为城市文化空间及活力研究提供实践层面的有益借鉴。比如约翰·波特曼的城市编织理论和协调单元理论，就是以整体的、系统的观点主导城市设计，目的是为了促进城市的有机更新和城市活力的提升，营造有机的、富于活力的城市空间；杨·盖尔的公共交往理论指出，应当把城市当作一个整体来构思、感觉和实施，正是人们在日常生活中的相互交往和丰富的激情构成了富于生气的城市生活，因此需要让人能够使用并且真正参与到满足他们多样化兴趣和需求的公共空间——如丰富的街道界面、多样化的城市公共设施中；简·雅格布斯的城市多样性理论，强调城市生活的多样性，这种多样性表现为城市文化的多样性，即城市文化空间的千差万别、错综复杂并且相互支持，城市生活和社会经济的活力就在于城市功用的综合性、混合性，这是保持城市文明持续不断活力的根本所在。沙里宁的有机城市理论提出城市建设相互协调的原则和有机秩序的原则，城市应该按照大自然建筑的基本原则去规划，发展成为人类艺术的成果，这样才会在物质、精神和文化上臻于健康。城市文化空间的布展需要有充分的灵活性，也就是说分散的城市社区，比集中的城市有利。C.亚里山大的事件模式理论，其核心就是城市的整体性，空间的意义与特征是参与其中的居民的日常生活实践及交往所赋予。公众参与越彻底，城市空间的文化意义就越凸显，城市空间模式也就越有活力，就越能唤起生活。所以由多样性的城市经验以及由日常生活过程构成的人际关系网，是让街区真正成为城市生活的充满活力的有机单元的根本；后现代主义建筑家、新城市主义的代表L.克里尔提出城市重建概念，他提倡将具有历史感、纪念性意义以及标志性的历史建筑和传统公共空间引入现代城市，让城市回归传统，回归到具有人情味的和深厚文化内涵的人们居住和工作中心；沃斯则致力于建构一个关于城市性的可操作的理论体系，强调作为一种生活方式的城市性，城市文化空间不应该使个体产生精神压力和焦虑、紧张感，否则会导致社会失序和社会组织瓦解，城市发展失去活力。

（二）理论资源的挖掘

城市文化空间活力是城市文化空间整个有机系统的活力，是人的城市化实践与城市文化空间总体创造力的体现。挖掘城市文化空间活力相关的理论资源，是建构与提升城市文化空间活力的重要基础。

内生性思想资源：为城市文化空间活力得以成立提供合法性的辩护和基本的理论支撑，它强调并且保证了城市文化空间的活力内涵。活力问题在对生命问题的追问和探寻中产生①，起源于生物学领域的活力，慢慢渗透到人类社会发展的各个方面，扩展到与人类社会发展相关的事物与原则上，逐渐成为人文社会科学关注的中心。所以城市文化空间活力，首先要发掘的应该是活力理论，否则它将成为无根、无基础的研究。活力理论经历了一个历史的演变过程，它与一些著名社会学家及社会理论家对社会结构、社会变迁、社会冲突、社会秩序及城市化进程的研究紧密相关，在全球信息社会的兴起以及社会科学领域复杂性理论的视野下，活力理论不断发展，活力也日益被赋予了文化与哲学的内涵，并被社会哲学家加以拓展用于研究城市社会发展及进化过程。活力理论重视人的生命力及创造力，强调社会的生命力、竞争力与创造力，以建构蒸蒸日上的城市为理想目标。活力理论研究的关键问题是制度、文化、交往与意识形态，其主旨是关注人以主体性力量存在的活力本性；帮助阐明形塑城市生活、城市发展的重要维度及特征，说明整个城市演进的历史就是自由与秩序、城市文化的有序及活力相统一，共同走向和谐的历史。

实证性思想资源：主要用社会与文化视角，通过人与城市互动的复杂关系探求社会、文化和制度在城市发展的动力机制及空间特性方面的作用，以希冀通过文化的功能及作用来解决城市中产生种种问题的努力的研究模式。其中，城市性、城市可持续理论尤其应该关注。城市生活表现着一定价值观和文化规范，塑造着人的特性，城市文化随之呈现出一种"以社会空间辩证法为核心的流动性和活力"②，人与生活环境之间关系的和谐稳定，对于形成社会凝聚力，保持社会秩序非常重要。城市生活方式对于居民心理状态、价值观念、城市身份认同、城市共同体关系、城市活

---

① 董慧：《社会活力论》，湖北人民出版社 2008 年版，第 52 页。

② 保罗诺克斯、史蒂文平奇：《城市社会地理学导论》，商务印书馆 2005 年版，第 192 页。

力与秩序有深远影响。对城市发展可持续的诉求，则源于城市空间生产及发展的不平衡导致的城乡差距、贫富分化、城市经济二元化、超城市化以及大量环境污染、能源耗竭、交通拥挤、贫困犯罪等种种问题。城市和可持续性问题密不可分，可持续发展的城市，应该是布洛尔斯提出的"多样化"的城市，即"一个对人类相互作用、交流和文化发展产生作用的长期生存环境的持续能力……一个可持续城市的标志是活力、团结和居民共同的地方感。这样的城市以没有公开的或暴力的群体冲突，没有明显的空间隔离和长期的政治不稳定为特征。简言之，城市社会可持续性是关于一个充满活力的城市社会单元长期生存的问题"①。城市可持续理论的意义在于，它与城市文化活力的本质内涵，即城市发展的多样性与丰富性、城市公共空间的开放性、城市人文环境的公平性、城市居民充分参与性一致。

范式性思想资源：这一思想资源为城市文化空间活力的相关研究确立了原则、方法和基本的理论框架。它告诉我们，城市文化空间的活力研究，应该超越追寻城市文化发展历史资源、城市文化建设的实证性的概述性描述，需要运用总体性及交叉性的研究方法与视角，建立清晰且有说服力的理论框架。这样才能真正挖掘城市文化在人的超越实践、城市生活、社会运行等方面作为内在机制和图式所起的作用，从而释放及迸发出活力，支撑并且推动城市和社会的新陈代谢。价值哲学理论是重要的范式性思想资源，是因为城市文化空间活力本身可以看作是一个价值概念，是对城市文化景观、文化生活、文化产业、文化环境以及文化制度等组成的立体要素，以及文化贮存、文化传播和交流、文化创造和发展动态过程中表现出的精神状态所作的价值评价和理性认同。城市文化空间的活力，是一个高度复合、复杂有机的概念，它需要在一系列复杂的价值关系——如先进和落后、多样与单一、生动与单调、善与恶、美与丑、糟粕与精华中展开，而且要涉及传统与现代、理论与实践的复杂关系，对这个概念的认识及使用本身就意味着对复杂的城市文化现象的价值评价与取舍。城市化的过程是丰富的、复杂的、开放的、活力不断展现的历史过程，它有许多价

---

① Yiftachel, O. and Hedgcock, D., "Urban social sustainability: the planning of an Australian city", *Cities*, May, pp. 139 – 157, 1993.

值因素的参与，最重要的是人的主体价值参与和自觉实践。因为只有丰富多彩的生活世界中，才能真正显露及张扬生命活力及情感价值体系，从而积极融入到人与城市的文化实践之中，真正实践超越的自我提升与辩证发展之道。

（三）实践路径及策略

提升城市文化空间活力，需要以科学发展观为指导，以人的自由全面发展为根本方向，整体推进城市文化意识、城市文化资源、城市文化格局、城市居民文化生活和城市文化体制的协同发展，发挥其最大合力。这是激发城市文化空间活力、促进城市文化发展和提升城市综合实力的根本保证。

强化文化意识：增强文化意识，也增强城市居民对城市文化形成过程、特点、发展趋势以及对城市、社会的发展带来的效益的自觉认识、反思及重视。城市文化意识的培养及弘扬，对于保持城市文化特色及文化风貌，形成城市巨大的精力动力，提升城市文化活力有着极大的影响。城市文化意识包括城市居民的文化意识，还包括城市的特色意识，以及城市建筑与环境的保护意识。城市的可持续发展要求社会经济和自然环境的协调发展，城市发展目标若只关注经济利益，忽视城市的独特文化，最终会窒息城市文化空间的活力。

挖掘文化资源：城市文化资源是城市文化空间保持生命力的永不枯竭的源头，它是城市生命演进过程中形成的文化遗产、文化人才、文化机构、文化设施和文化生活方式的历史积淀。合理开发城市文化资源和优化城市文化资源配置，能为城市文化建设和发展注入新的活力。一般来说，需要在优化当地城市文化资源和释放其文化能力的基础上，吸收优秀文化和外来文化的养分，在传承中不断创新，塑造氛围浓郁、底蕴深厚的独特的城市形象。

丰富文化生活：随着城市化的发展和城市居民生活水平的提升，居民对精神文化生活的需要日益增加、社会生活不断发生变化，进而源源不断地滋养供城市居民呼唤、回应、交流、沟通和各自实现自我意识的公共空间。而公共空间形式和组合的灵活性和多样性，不仅适应了城市居民新的复杂的文化生活需要，也促使城市居民的文化生活向更新的方向发展，并且城市居民在城市公共空间中通过文化生活的交往和互动发挥出一种活力和召唤出巨大的文化创造力。由此，扩展城市公共空间，举办形式多样、规模不同的各种文化活动，创新文化内容，创造出更多反映人民主体地位和现实生活的优秀精神文化产品，既可以满足城市居民日益增加的精神生活需要，也可以使城市文化在市民广泛参与中释放活力和传承。

促进文化交往："大凡容许多种文化存在、参与竞争的时代，总是充满活力的时代。异质的加入提供了另一种参照系统，并能生发改造的动力以健全自身。"① 所以，多元文化的交往和互动格局，为城市文化的健全和新发展提供了新的活力和动力。文化交往能够打破各个不同城市文化空间的封闭性和局限性，在相互比较和竞争中激活传统因子。并且文化交往和互动能够将文化推向更广阔的空间和推进文化创新，增强文化发展活力。

消解文化冲突：现代城市中，文化冲突广泛存在于物质文化和精神文化层面，并且成为造成多种社会问题及危机的根源，严重影响着城市居民的日常生活，抑制了城市文化进一步发展的活力。所以我们需要消除文化冲突产生的土壤，保持本民族文化的自信心，建构城市文化相互包容的空间，坚持正确的文化观念，才能在多元异质的文化状态中保持理性态度，激发城市文化生生不息的活力。

建设文化格局：需要放宽视野，把城市文化的建设放置于城市经济发展的大格局之中，形成城市文化事业和城市经济相协调、共同发展的格局。也需要把城市文化事业的发展与生态环境联系起来，放在保护城市生态环境、实现城市、人与自然的互动共生的考量中来推进。这样才能使整个城市有机系统协调、合力优化，并且表现出充分的活力，反过来城市文化活力的生长空间也会增加。

第三节　网络与空间：数字城市及其活力

我们已进入全新的信息化时代，计算机和网络信息技术的影响无处不在，建构了眼下社会的一种新形态，一种新的存在方式。传统意义上的时

---

① 谢冕：《多元秩序与文化整合》，《二十一世纪》1991 年第 6 期。

间和空间限制已经被改变，取而代之的是一种新的空间形式——网络空间。网络空间作为现代科技成果的集中体现和社会空间在信息时代的新兴形式，越来越表现出清晰的社会和经济组织态势。它极大地解放了生产力，"实质性地改变了生产、经验、权力与文化过程中的操作和结果"[①]，传统社会空间中的秩序与活力在网络空间中具有全新的内涵。

一　网络空间

（一）网络空间及其对秩序与活力的挑战

网络空间是信息时代中科学技术的进步和人类实践能力的提高所拓展出的新型社会空间，它是现实社会空间的投影，却超越了真实社会。它最生动、最复杂、最具活力，也最不受传统社会秩序和准则约束。由此可见，正是网络空间自身的宏观特点决定了它与现实社会空间的同构性与异质性。

首先，从词源上看，网络空间英语原文为"cyberspace"，是"cybernetics"（控制论）和"space"（空间）结合而形成的复合词，本身即暗示网络空间是一种涉及多学科、多领域、多维度、多层次的复杂空间。从宏观上看，网络空间首先是一种抽象空间，它不同于现实社会空间，不具有传统三维空间的物质形式，也不具有历史性与时间性。其中一切信息、规则、主体际或群体际关系甚至人本身的存在几乎都可以还原为数据。因此，网络空间中的主体实际上等同于卡西尔所说的"符号的动物"[②]。如何在抽象的电子流中引导并整合这些"符号的动物"？理所当然地需要有一种"符号的秩序"。这种秩序脱离了现实社会空间中时空的物理界限，脱离了社会事实表象的具体限制，能够引导数字化、抽象化、符号化的信息存在方式和传递手段，从而前所未有地提高了符号化网络主体获取信息的效率和质量，也改变了人存在、发展和实践的传统方式。在这个意义上，符号化的网络秩序使网络空间类似于波普尔所说的"世界三"，一种人类精神活动和智力创造的产物，即思想或观念的世界。

其次，网络空间是一种生活空间（lived space）或"第三空间"，这

---

① 冯雷：《理解空间》，中央编译出版社 2008 年版，第 176 页。

② 因斯特·卡西尔：《人论》，甘阳译，西苑出版社 2003 年版，第 42 页。

种空间既非完全的"第一空间"或物质空间，也非纯粹的"第二空间"或表征的空间，即精神或观念的空间。它同时涵盖了物质和精神两种维度，更超越并重构、融合了前两种空间。它不可避免地具有不同于真实社会空间的秩序。这种秩序结合、兼容并协调了抽象与具体、虚拟与真实、向心力与离心力、物质基础与精神动力、主体个性与群体共性之间的张力与冲突，使多样性、创造性的个体活力与整体性、稳定性的群体活力彼此碰撞，相互激发，衍生出无穷的智慧火花与活力之流，从而使网络空间兼具自然性、空间性、社会性、历史性、文化性、心理性、观念性和实在性。①

最后，网络空间也是一种流动的空间（space of flows）。它依赖各种类型的流动而存在，如信息交换、资本输入输出、技术交流、行为互动，以及文字、图像、音频、视频的全球共享等。流动的网络空间既是最隐秘的个人空间，也是最开放的公共空间；既是最不安全的私人空间，又是最不宽容的大众空间。流动意味着变化，但也预示着生命、活力、发展与未来无限的可能性。正是这种弹性的秩序使流动的网络空间虽然并未取代传统的地方空间、地方也并没有消失，但它们的意义却日益为网络所吸取和决定。正如列斐伏尔在《空间的生产》一书中所说："每一种特定的社会和生产方式都会历史性地生产出属于自己的社会空间。这种社会空间包含着生产与再生产关系，容纳着各种社会关系，并赋予这些关系以合适的场所，而新的生产方式的出现则必然伴随着新的空间的产生。"② 因此，从本质上说，兼具抽象性、现实性和流动性的网络空间，正在全方位、多层次、多角度地改变着人类社会的政治、经济、文化乃至日常生活，形塑着一种全新的、蓬勃昂扬的、活力四射的社会环境和生活空间。

（二）网络活力：自由与秩序

社会活力的发生与发展，伴随着历史进步、文化变迁和人类实践活动经历了从低级到高级、从简单到复杂、从单一到多元的进化过程。网络活力是社会活力在网络空间的表现，它是一种高级、复杂、多元的社会活

---

① 爱德华·W. 索亚：《重描城市空间的地理性历史》，载包亚明《后大都市与文化研究》，上海教育出版社 2005 年版，第 13 页。

② Henri Lefebvre, *The Production of Space*, Translated by Donald Nicholson – Smith, Black well Ltd., 1991, pp. 30 – 64.

力。"所谓社会的秩序，在本质上便意味着个人的行动是由成功的预见所指导的，这亦是说人们不仅可以有效地运用他们的知识，而且还能够极有信心地预见到他们能从其他人那里所获得的合作。"① 可以说，活力意味着个体自由，秩序意味着群体合作；活力是人类本性的需求，是人类创造力和积极性得以存在的基础，秩序则是人类一切实践活动的前提，是社会和文明得以延续的根本。在这个意义上，活力与秩序既相互依存又互相冲突。网络空间是一柄双刃剑，除了我们所知道的抽象性、现实性、流动性等宏观特征外，还具有微观上的匿名性、平等性、超时空性等特征。宏观与微观特点相互交织的复杂性，使网络个体、网络群体、网络个体与群体之间存在着复杂的互动和反馈机制。如何在这种既不同于现实社会空间又有别于理想社会的网络空间中，保证充分的自由性又坚持合理的秩序性，催生蓬勃的个体活力又整合健康的群体活力，最终实现动态和谐的社会活力？笔者认为，网络空间独有的微观性质决定了以下几条具体路径：

1. 潜在性的网络秩序引导匿名性的活力

一方面，网络空间的匿名性，使积极的人际互动、理想的人格重塑成为可能，因为网络主体完全可以隐瞒或改变部分，甚至全部现实社会空间中的真实身份，避开权威、释放精神，造就一个活力无限的可能性空间；另一方面，匿名性意味着网络空间的互动实质上是一种陌生人之间若即若离的单向性关系，一种即时性的松散弱联系。这种非身份化的交往使网络空间成为陌生社会，并且网络主体身体的不在场使其脱离了现实社会空间中法律与道德的约束，加剧自由与责任的不对称。这是网络空间匿名性的负面效应，即不但没有在互动沟通中激发个体活力，整合群体活力，而反倒是在隔离与孤立中消解了它们。因此，匿名的网络空间需要一种潜在性的网络秩序。它以一种十分隐蔽的方式悄无声息地起着作用，它没有特定的针对目标（因为目标都是匿名或假名的），通过一种潜移默化的信息引导技巧指导着异质个体活力的发展方向和群体活力的整合趋势。它类似于一种调教和干预，对网络行为进行有规则有目的有计划的监视、控制和调整。如巨量信息流在其途径的每一节点、每一网关时刻受到各种技术的监

① 哈耶克：《自由秩序原理》（上），邓正来译，生活·读书·新知三联书店1997年版，第199—200页。

控和审查，网站管理者、版主和更为上层的权力控制者对网络信息的监督与制约。建立在自由获取和处理信息基础之上的异质个体活力，正是在网络秩序的信息引导之下实现交流和互动，并且"在社会整体层次上保留着一致性的基本信仰与价值观念"①。

2. 普遍性的秩序促进平等性的活力

网络空间中看不到现实社会空间金字塔式的权力等级，每个网络主体都借助电脑和网络的技术平台，平等交往、平等发言、平等对话。"任何一个拥有电脑的人都可以既是作者，又是编者，还是发布者。"② 在这种似乎更加开放和平等的新型社会空间中，个体个性得以最大限度地张扬，生命的丰富性和多样性得以自由地表达，新观念、新思想和新方法得以生动地发掘。但等级与权力存在于任何形式的社会空间中，网络空间也同样充斥着与现实社会中相似的歧视、不公和等级制度，并且"直接决定着人们对信息的获取……影响着人们对知识的获得，因为前者是通往后者的极富价值的途径"③。网络空间的基础技术平台就已经存在着明显的中心和边缘划分，比如作为全球网络运作根基的、为数极少的终极服务器都位于北美和欧洲的隐蔽基地之中，成为一种权威全景式地监视、协调和控制着全球网络行为和相对边缘的网络用户。因此若要实现真正的平等，网络空间需要一种普遍性的秩序。它更像是一种处于循环和流动过程中的动态关系，而非自上而下的压制。它在无数个节点和无数个分散于世界各处的个体身上体现出来，以其流动性和即时性交错成一张复杂而又瞬息万变的巨网，使每个置身网中的个体都不由自主地参与其中。人人都是管理者，人人也都是被管理者。秩序从现实空间中的单向性和固定性变为网络空间中的多向性和流动性，正是这种普遍化实现了真正的平等，使个体能平等地获得广阔的发展空间，群体获得强大的凝聚核力，社会获得高效的驱动机制。

3. 区位化的秩序整合超时空的活力

网络空间的超时空性，打破了长久以来限制人际交往的主要障碍，个

---

① 董慧：《社会活力论》，湖北人民出版社 2008 年版，第 115 页。

② Don Fallis，"On Verifying the Accuracy of Information：Philosophical Perspective"，*Library Trends*，Vol. 52，No. 3，2004，p. 466.

③ Don Fallis.："Epistemic Value Theory and Information Ethics"，*Minds and Machines*，Vol. 14，No. 1，2004，p. 130.

体可以将多时空多地域中积累的无数不可逆转、不可验证的信息及知识在逼真的虚拟时空中重新审视检验，充分体现个体活力的本质，即"作为主体的人在实践基础上达到自由自觉的活动，体现自我解放和自我创造的主体性力量"①。但是，同样正因为人们可以不受时空限制地在网络空间中进行自由的即时性交往，不同的价值取向、道德文化、个体利益和群体趋向时常相互冲突；另一方面，网络空间中存在"信息递减率"②，即可获得的信息越多，可能有的意义就越少。现实空间中鲜活的人际互动也便是空洞的符号化、数字化、电子化的了。网络空间中，历史、现实甚至未来都消失了，唯一存在的只有虚拟的时间序列和电子空间，群体归属感与个体自尊心也不存在了。因此，消解了时空界限的网络空间必然需要一种"区位化"的秩序。它通过虚拟社群和区位化③（nichification）信息流从复杂的异质个体中对同质或近质的个体活力进行准确定位和引导，通过控制信息容量、质量和内容将其整合为具有共同目标和方向的最优化合力——群体活力。虚拟社群是一种特殊的群体，具有特定的目标、主体、规范和价值取向，其群体活力的整合是在于以"区位化"的秩序使本社群之中具有相似目标、兴趣、理想、期待的不同个体之间进行社会互动，使正确的人在正确的时间获取正确的信息，将成千上万的个体对于同一对象不同侧面、不同层次、不同角度的信息描述结合为一体，使个体"通过自发性的行动、爱与工作，与所有的人进行主动的整合，使自己再度与世界合一，但不是依靠初级连带，而是以独立自主的个人身份"④，从而激发同类社群的求知欲与想象力，在头脑风暴和集体智慧中不断超越自我，创造新的知识。

① 董慧：《社会活力论》，湖北人民出版社 2008 年版，第 41 页。

② 迈克尔·海姆：《从界面到网络空间——虚拟世界的形而上学》，金吾伦、刘钢译，上海科技教育出版社 2000 年版，第 9 页。

③ 所谓区位化，是来自区位营销（niche marketing）理念对现代消费社会的认知：现代社会在职业专业化的同时，也出现了消费的区位化，即现代消费社会中的消费者已经分化为诸多泾渭分明的小群体。网络中的信息也经过了区位化的分类处理，能够迅速地直达那些对某方面感兴趣的网民。

④ 哈罗德·伊罗生：《群氓之族——群体认同与政治变迁》，邓伯宸译，广西师范大学出版社 2008 年版，第 54 页。

二　数字城市

(一) 数字城市：网络空间真实和虚拟的存在

通信和计算机网络技术的瞬息万变，正以不可阻挡之势将人类社会推向后工业的信息时代。"历史总是阶段性发展的，每一阶段都由各自独特的社会力量或原则所塑造。而目前我们正快速步入一个新的历史阶段，该阶段即以信息和知识在社会和经济生活中所扮演的越发重要的角色为特征。"① 在城市化、信息化、全球化运动风起云涌的当代语境下，物质城市——人类技术文明和文化成果的集中体现和智慧结晶——向数字城市的蜕变已蓄势待发。

城市是人类集体智慧与技术成果的化身，也是人们"寻找到公民价值，在共同法庇护下获得安全感，与他人互动而从中获利，深度挖掘自身潜力并有机会从野蛮进化到文明状态的地方"②。而数字城市则是"物质城市在信息世界的反映和升华"③。正如马克思所言："事实上世界体系每一个思想映像，总是在客观上受到历史状况的限制，在主观上受到得出该思想映像的人们的肉体状况和精神状况的限制。"④ 由是观之，数字城市基于真实物质城市，却独具虚拟性、数字性、信息性、灵动性；它源于网络空间在城市化运动中的新发展，却更加具体化、功能化、细节化、区位化；它始于人工技术成果，却因自然、人与技术之间的永恒互动演化为一种复杂的文明象征系统，孕育并塑造着未来多元化、超时空的活力城市与自由市民，也潜在地挑战并危及着传统的人类存在方式与生活模态。

数字城市是网络空间真实和虚拟的存在。它或称虚拟城市（Virtual City）、网络城市（Cyber City），是信息时代多种高科技成果的智慧结晶，本质上是信息化、数字化、虚拟化、网络化、智能化的模拟物质城市。它以计算机网络为基础，借助于"地理信息系统（GIS）、遥感（RS）和全

---

① James B. Rule and Yasemin Besen：*The Once and Future Information Society*, *Theory and Society*, 2008, p. 37.

② Kevin Thwaites, Sergio Porta, Ombretta Romice：*Urban Sustainability through Environmental Design*, London：Routledge, 2007, p. 15.

③ 倪金生等编：《数字城市》，电子工业出版社 2008 年版，第 5 页。

④ 《马克思恩格斯选集》第 3 卷，人民出版社 1995 年版，第 376 页。

球定位系统（GPS）、多媒体技术、大规模存储及虚拟仿真"[①] 等各种先进信息技术开发、管理和应用城市的各类信息资源，对城市的硬环境（物质基础设施和外部形态）和软环境（功能运行机制和社会政治经济文化）进行信息搜集和监测控制，从而在计算机的管理下对物质城市进行"统一的数字化重现和认识"[②]。概括说来，"它是一个数字网络的多媒体束，正在快速融入到社会、文化和经济生活中"[③]。

一方面，数字城市是真实存在的客观城市。现实城市类似于内部因素错综复杂的非线性巨系统，城市繁荣发展的根本原因，在于它对"社区、自发性运动、政治、商业、旅游、文化等方面的共存所起到的集中与联结作用"[④]，这也正是数字城市的核心功能与职责所在。数字城市同样是拥有城市市民的生活世界，同样依赖于蓬勃的人类活动而不断获得发展的活力与生命力，同样试图在技术环境与人文精神之间寻找平衡。离开了丰富的人类活动与思想智慧，它同样也只能衰落为一座寂静之城。另一方面，数字城市也并非传统的真实城市。它不具有确定的地理空间感，建构在不可见的数字电子流中，渗入到日常生活世界的各方面。如同身体一样，它与现实生活的关系是如此盘根错节以至于人们已经熟悉到感觉不到它的存在。它"较少依赖物资的积累，而更多地依赖信息的流动；较少依赖地理上的集中，而更多地依赖于电子互联；较少依赖扩大稀缺资源的消费，而更多地依赖智能管理"[⑤]。它是城市空间的延伸，是现代人心灵与物质身体的化身。它浮现于特殊的物理背景中，却不仅仅是屏幕上的界面。它是这样的一种地方："真实活动引发计算过程，而计算过程也要真实地展现自己。"[⑥]

---

① 倪金生等编：《数字城市》，电子工业出版社 2008 年版，第 6 页。

② 承继成等：《城市如何数字化——纵谈城市信息建设》，中国城市出版社 2002 年版，第 37 页。

③ Stephen Graham："The End of Geography or the Explosion of Place? Conceptualizing Space, Place and Information Technology"，*Progress in Human Geography*，Vol. 22，No. 2，1998，pp. 165 – 185.

④ Toru Ishida, Alessandro Aurigi, Mika Yasuoka，"*World Digital Cities：Beyond Heterogeneity*"，P. van den Besselaar and S. Koizumi（Eds.）：*Digital Cities* 2003，LNCS 3081，2005，p. 201.

⑤ 孙逊等编：《都市空间与文化想象》，上海三联书店 2008 年版，第 162 页。

⑥ William J. Mitchell，E - topia，*Urban Life，Jim—But not as We Know It*，MIT Press，1999，p. 31.

（二）数字城市及其活力：问题与挑战

作为社会空间在信息时代的新发展，网络空间的出现并没有消解现实的城市空间，反而衍生出数字城市这一特殊范例。数字城市实质上是一种基于计算机系统的网络信息空间。它由三个要素组成："支撑其存在的物理基础结构、虚拟或在线的表征及其参与者或使用者。"① 作为某一真实物质城市的虚拟化表征，数字城市不同于无中心、分散化、放射状的扁平式网络空间，而是有意识、有目的地集中针对某一特定的地点。不同于网络空间中游荡的"神经浪游者"②，数字城市中的市民具有更强烈的地方认同感和参与感。在这个特殊的生活世界中，无线网络联通一切，空间的均衡与不均衡、活力的集聚与分散、动力的生发与消解都复杂地融为一体；在这个数字化、信息化的城市空间中，"计算机和信息技术变得不可见，它们已经深深嵌入到周围环境或日常工具中"③。

数字城市作为一种同样具有物质性的人工技术产品，是一种后工业社会所生产出的更加复杂的城市空间和更加具体的网络空间。正是信息时代日益扩大的城市化运动与日益增多的城市人口对即时信息和远程通信的需求，生产出数字城市这一特殊的网络空间。但是，数字城市又不囿于冰冷的技术产品这一客观范畴。它绝不只是基于各种软硬件产品而浮现于电脑屏幕上的三维立体图像。它承载了人类厚重的历史与文明进程，内植了深沉的人文情感与文化意蕴，赋予了挣扎在拥挤钢铁森林中的都市人更广袤的空间感、更强烈的参与感、更完整的认同感、更明显的现代感、更自由的连通感，更生动的未来感，却也影射着技术与人文、自然与社会、个体与群体之间的矛盾与冲突，预言着人类活动、社会存在与文明进步的实践基础、人性根基与精神源泉所面临的活力挑战。

数字城市作为开放式信息网络技术"植入"现实城市的系统性成果，使物理的时空要素沉寂为深藏的隐喻。以"计算机硬件、程序代码、高速远程通信网络，以及设计并应用这些技术的人类理智"④ 全方位、多方

① Ana María Fernández - Maldonado："Virtual Cities as a Tool for Democratization in Developing Countries"，*Knowledge，Technology & Policy*，Vol. 18，No. 1，Spring 2005，p. 47.

② William Gibson，*Neuromancer*，New York：Basic Books，1984，p. 23.

③ Weiser，M. "The Computer for the 21st Century"，*Scientific American*，No. 3，1991，p. 265.

④ Dodge，M. and Kitchin，R.，*Mapping Cyberspace*，London：Routledge，2001.

面、深层次地建构着崭新的空间可能性，使虚拟空间与真实城市相互缠绕、彼此交涉，从而支撑、改造并诠释着人类在信息时代的新型存在方式及自由主体价值。可以说，数字城市也是一阕魔幻色彩的现实主义诗篇，真切地展现了传统物质城市空间与当代信息网络空间所衍生出的不同文化模式与社会形态，客观地预示着在发展当代科技与延续人文关怀时顾此失彼所导致的实践冲突与理论挑战：它对虚拟实践与现实实践的结合是否会动摇人类活动的实践基础？它对私人空间与公共空间的模糊是否会吞噬社会存在的人性根基？它对集体记忆与个体想象的混合是否会摧毁文明进步的精神源泉？而失去了实践基础、人性根基与精神源泉的个人、城市与社会，不论在现实还是虚拟空间中，又是否能保持其活力四射、积极向上的外在形态和极富创造力、想象力与生命力的灵动内涵？因此，正是对自然、社会、人三者之间更具活力的可持续发展的无限渴望，对更富人文意蕴的技术应用与更合技术前景的人文精神的永恒追求，决定了我们应该且必须对数字城市这一技术现象及其活力挑战进行更深层次的哲学反思与追问。这种囊括了技术背景与人文底蕴的思考，不仅可以帮助我们从哲学层面透析作为人类高科技成果与文明新标志的数字城市，在挑战中寻找机遇，在危机中追求进步，在借鉴中实现超越，从而建构出信息时代这一全新历史背景下的新型活力城市与活力社会，做到与时俱进，也可以最终调和甚至避免技术应用和人文精神之间的潜在矛盾，实现其平衡发展与和谐共生。

（三）数字城市：从活力挑战透视潜在机遇

对数字城市这一虚拟城市空间所蕴含的活力挑战与潜在机遇进行透彻剖析，无疑将有利于我们深刻理解数字空间与现实空间的互动与缠绕，有利于正确把握自然、社会、人三者之间的相互影响与相互依赖，有利于全面促进信息时代中个体、城市、社会乃至整个人类文明生动且充满活力的不断进步，最终有利于实现全球背景下技术语境与人文关怀的和谐发展与相互平衡，催生并建构出新型的活力个体、活力城市与活力社会。

1. 调和虚拟现实与现实感性活动

马克思主义认为，物质生产实践决定着人类的生存与发展，正是实践主体的劳动即实践活动创造了富有生机的人类历史以及充满活力的社会关系。然而，在虚拟与现实的界限越来越模糊不清的数字城市中，虚拟实践正逐渐取代物质实践，其真实性与产生的后果也难以用传统的物质方法来测量和评价。在这个意义上，丰富而充满活力的人类活动，作为个体自由全面发展的动力源泉、作为社会蓬勃积极演进的直接表现、作为整个人类文明持续健康跃迁的关键保障，其实践基础正不可避免地动荡在虚拟与现实之间。

首先，必须澄清，所谓虚拟实践并非"不存在"的虚幻，实际上它仍是一种感性活动，其不同之处在于它是指主体与客体之间通过数字化中介系统在虚拟空间进行的双向对象化的特殊感性活动。① 数字城市是一种数字化的物质城市，它能虚拟现代城市中的各项实践活动，实现相应的城市职能和人类追求。历史地看，数字城市虚拟性的发展经历了从低级到高级、从局域到全局、从表面到深层的发展阶段。在数字城市中所进行的各项实践活动，虽然同样具有实践主体、中介和对象，但都与传统意义上物质城市中的人类活动存在明显不同，具有明显的虚拟性。主要表现在，（1）实践环境的虚拟性：数字城市中的人类实践独立于任何具体的时空场所。数字城市是城市化和信息化双重背景下，人类通过数字化方式建构出的虚拟空间，它不需要互动双方必须在某时共同在场。（2）实践主体的虚拟性：进入数字城市中的网络市民（Cyber Citizens）是虚拟实践的主体。这类特殊的群体往往以符号的方式（如登录用户名、网站 ID、邮箱地址、网银账号等）享受服务并参与到社区和城市建设中。（3）实践对象的虚拟性：数字城市的实践内容，其真实度无从测量或评价，根本原因在于其本质是数字电子流所构筑出的亦真亦幻的流动的"过程"而非"实体"。（4）实践方式的虚拟性：数字城市中的人类实践主要是以人—机—人的互动方式获取城市分类信息，体验城市虚拟生活，参与城市管理和发展，享受科技发展带来的便利。

总体看来，在前工业和工业社会中，社会活力总是生发于人类现实的感性实践活动并随实践范围的扩大而不断丰富其内涵。但数字城市无疑是一种预示着"联系性、同一性、集中性"② 的虚拟城市空间，从而使"实

---

① 欧阳康、张明仓：《在观念激荡与现实变革之间——马克思实践观的当代阐释》，中国人民大学出版社 2008 年版，第 232 页。

② 欧阳康：《社会认识论：人类社会自我认识之谜的哲学探索》，云南人民出版社 2002 年版，第 374 页。

践"这一概念在今天城市化、信息化的后工业社会中陷于困局。由此观之，如果能设法调和虚拟实践与现实感性活动的互动，促使主体适应于无限的虚拟时空与有限的社会时空，充分加强虚实的整合与多元自我的统一，我们便可能化挑战为机遇，突破现实实践的物理局限与虚拟实践的抽象藩篱，建构出虚实协调的智能活力城市，从而不断扩大人类的实践范围与思想维度，催生更丰富、更具建设性和生命力、更加积极向上的社会活力与发展动力。

2. 拓展公共空间与延伸私人空间

社会是由无数相互联系的独立个体组成的。因此，社会的存在与演化就必然与人类个体密切相关。社会的生机与活力也必然是个体活力有机、系统的整合，因此而具有深厚的人性基础。然而，在公共空间日益入侵私人空间的数字城市中，人类是否获得了真正符合人性规定的生活世界？又是否自由全面地体现了其本质力量呢？

在现代物质城市中，城市常常被市民有意识的行为分裂为不同的社会区间，其中包括民族、阶级、收入、财产、职业、宗教、种族、语言、年龄、家庭结构、文化和生活方式的差异。越来越多的人都把自己封闭起来，"使自己远离生活，并把活动集中在私化的'生存策略'上……放弃控制广泛的社会环境的希望，而退缩到对心理与身体的自我改造等纯粹的个人关切之中"[1]。这种碎片化的城市显然无益于社会活力的激发与整合，其结局只会逐渐走向衰败与死亡。数字城市的出现则能弥补这种现实的分裂。正如前文所言，空间是被人类有意图、有目的地生产出来的，也就不可避免地带有各种经济文化历史的因素和个人需要的色彩，因此数字城市实质上更接近于由信息科技所建造出的公共空间而非私人空间。

数字城市即是没有明显疆界和范围限制的公共空间，"即使只是坐在家里，人们也是对整个由图像、声音和信息流组成的世界开放，并且具有潜在的互动性"[2]。"公共"意味着向任何人的审视开放，代表着自由与民主。在这样一个公共空间里，代表熟悉和亲密的本地社区生活的礼俗社会

---

① 吉登斯：《现代性与自我认同》，生活·读书·新知三联书店1998年版，第199—200页。

② Manuel Castells, *The Informational City: Information Technology, Economic Restructuring and the Urban - regional Process*, Blackwell Publishers Ltd. , 1992, p. 1.

（Gemeinschaft）与影射陌生和疏远的大城市生活的法理社会（Gesell-schaft）之间的区别似乎已经消失。数字城市一方面以其公共空间的自由性与开放性创造出一个在哈贝马斯看来是理想的互动情境，另一方面却通过无所不在的网络信息技术竭尽所能地侵入市民的闲暇时间，占领人们的私人空间。不断扩大的公共空间似乎正持续蚕食着私人空间和个人隐私的领地，动摇着社会存在的人性根基。个体实际上处在无所不在的监控、操纵和隔离中，成为无形权力主宰下麻木雷同的复制品。真正的"内心的自由"即使个体有意识、勇气、能力无视和突破不合理的大众舆论和公共行为，激发其源源不断的生命力与创造力的自由是缺失的，因为这种自由使个体而且这种自由只能在由个体掌控并依赖个体意志而使用、代表安全感和私密感的私人空间中才能获得。Westin 曾区分过四种类型的隐私：一是独处（Solitude）；二是秘密（Intimacy），指一小部分人聚集在一起而不被打扰；三是匿名（Anonymity），即可以不被认出地与他人互动且不必为这种互动的后果负责；四是保留（Reserve），指限制自身与他人的交流或是控制物理距离，或是控制互动程度。①

　　其实，绝对的公共空间或私人空间、纯粹的开放或封闭都无益于社会的进步与个体的发展。问题的关键在于如何使数字城市在实体社会制度的规范下既拓展公共空间也延伸私人空间，从而将彼此封闭隔绝的私人空间有效连接并紧密结合，保持其在公开与私密之间的合理张力，使公共空间可以生产并包含私人活动。私人空间也默许集体性的使用，让人们在真实与虚拟空间中都能同时开辟富有想象力的精神家园，最终在保证个人自由的前提下最大限度地实现信息共享与集体协作。这并不意味着消融或合并公共空间与私人空间，而是在全新的技术情境中创建人类存在、活动与发展的新型场域，由此不断挖掘潜力、释放活力，实现自我的超越和文明的跃迁。

　　3. 集体记忆与个体想象的互动

　　文明的意义在于最大限度地解放人类理性、张扬个体个性、自由表达生命的丰富性和多样性并灵动发掘新观念、新思想、新方法。在这个意义上，文明的进步必然离不开源源不断的情感驱动力。但在数字城市这一比

---

① Matthew Carmona, *Public Places – Urban Spaces*, Architectural Press, 2003, p. 178.

现实城市更复杂、更深奥的虚拟信息空间中，作为人类情感驱动力共同来源的集体记忆与个体想象似乎正发生着反向的断裂。

记忆是这样一种认识：过去——我们所怀念和认知到的过去——是一种选择性的社会和地理建构。① 而城市则是作为人类文明成果的标志表达和传承着集体记忆，记录着历史轨迹与地方认同感。置身于当代信息社会中，人类对生存空间的可记忆性和可识别性已从物质城市转移到数字矩阵中。数字城市提供的是汇聚性、集中性、与特定城市或本地社会相关的情境。这些知识通常来自同样的信息源和传播渠道，具有一定的同质性，从而使集体记忆的基础成为可能。数字城市也建构出各色虚拟社区，唤醒了参与其中的居民深藏于他们内心的记忆，形成了身份认同感。数字城市正日益成为一张聚合异质性集体和社区意识的巨网，并在永恒的相互交换中走向同质化。数字城市这座庞大的聚合凝练系统无疑暗藏着一个悖论：它整合和塑造出集体记忆，通过共同参与和经验分享而使市民建立起认同感，同时它也因消灭了个体想象而剥夺了市民心理上的个性。

在这个意义上，数字城市具有很高的"社会密度"（Social Density）② 却只有很低的"心理密度"。虚拟社区常使获得集体记忆的个体失去在独立状态时的理性品质、精神动力、自主意识及责任观念，从而导致反效果。数字城市具有很强的"集体认同"却只有很弱的"自我认同"。并且在数字城市的虚拟社区中，空间通过集体记忆对内部个体的转变和塑造是一种无形的强迫性暗示，它以数字信息的洪流有规律、有目标地将市民冲向特定的方向，到达预设的目的地。在这一过程中，个体想象被集体记忆和强迫性的认同趋势所吞没，人失去了本真的自我，自我变成了自我的他人或他人的自我，由此所认同的"自我"不过是想象与虚构，是与真正主体相隔离的自我，或者说被集体所同化的自我。

---

① Reuben Rose - Redwood, Derek Alderman, Maoz Azaryahu, "Collective Memory and the Politics of Urban Space: An Introduction", *Geo Journal*, Vol. 73, 2008, p. 161.

② 原指一个给定空间里所拥有的人数，这里指虚拟社区中的市民往往能基于价值观念、情感、行为方式、语言等方面的相同或类似，基于互相交往而形成较强的相互认同和支持意识。参见刘森林《辩证法的社会空间》，吉林人民出版社 2006 年版，第 50 页。

由此看来，城市，无论现实或虚拟，都代表着不同集体及单个个体的需要、权利及责任。为了实现人类未来的福祉，为了保证自我最基本的内在同一性，为了应对自我断裂、隔离与碎片化的风险，为了避免主体性意义上的自我被主体间性意义上的自我所僭越，数字城市中的个体一方面应作为相互联结的社区联合体成员而存在。这些联合体构成了作为整体的城市社会，以共同的集体记忆和地方认同感保障着社会的稳定性和凝聚力。另一方面也应作为独立的个体而存在，保存有选择的具体自由，以丰富的个体想象和创造力突破保守的传统范式，开辟新的历史进程。实际上，只有充分实现共同集体记忆与独特个体想象之间的良性互动、相互促进与彼此超越，才能将认同的对象扩大到更大的范围，赋予全人类以共同的命运意识，从而脱离单一认同感的压制以实现个体选择的更多可能性，最终突破地方区域的狭隘，建立真正的"世界城市"，激发整个社会的生机与活力并汇聚为文明进步不竭的精神源泉。

三　在技术与人文融通互动中激发活力

总而言之，"日益增强的资本与投资的流动性，劳动力结构的转移，更具弹性的生产与消费系统"① 正日益导致现代物质城市的空间和文化碎片化。城市并不只是会聚大量人口的特定场所和有限空间，城市的运作依赖于市民活动所催生的社会事件，又反过来影响市民的社会意识和实践活动。它使人们在某些场所有意识地聚集，又在某些场所冷漠地离散，在某些场所友好合作，又在某些场所激烈对抗。而数字城市作为信息化、虚拟化、智能化、数字化的物质城市，也并不只是在单一时空结构中对不同物质实体静止、僵化的模拟与罗列，而是作为一种非地点性的场域而存在，其中充盈着各种无形的交互与沟通网络。它无疑已经、正在或将会以其亦真亦幻的虚拟实践、无所不在的公共空间及强化塑造的集体记忆等方式创造着信息时代的新型生活世界，解构着传统的市民生活并预示着无限的可能性。

然而，无论何种城市，只要是作为能量与人力交换的中心，都将永远处于不平衡与不安定的状态。"认为某种城市是实现了完美的均衡的，无

---

① The Ghent Urban Studies Team, *The Urban Condition: Space, Community, and Self in the Contemporary Metropolis*, 010 Publishers, 1999, p. 47.

论从生物学意义还是从社会学意义，这种说法都是不可能实现的乌托邦。"① 数字城市也是如此。它模糊了虚拟与真实的界限，它用无所不在的公共空间抹杀了市民放飞心灵的私人空间，它强化了集体记忆与地区认同却冲淡了个体想象与自我意识。它使人类越来越成为同质的群体，却预示着单调未来的危险性。它作为信息时代城市化进程的杰出成果，却在有意无意地冲击着人类活动的实践基础、社会存在的人性根基和文明进步的精神源泉。

面对此种危机，我们应该且必须从技术开发、政策制定、法律完善、舆论宣传、文化教育等各方面积极加强现实与虚拟城市的良性互动，合理建设更加开放、共享的公共空间，依法保护代表安全、隐私的私人空间，并且在虚拟社区的趋同性与独立个体的多元性之间保持正态张力。只有这样，我们才能清醒认识数字城市的深层内涵，理性对待其活力挑战，化危机为机遇，从而促进科技与人文的和谐发展，建构符合人类本质与生命价值的新型活力城市。在享受高科技成果与保留人类固有活力之间、在技术的人文关怀与人文的技术语境之间实现动态平衡，最终走向更为和谐与光明的发展前景。正如曼纽尔·卡斯特所总结的："这个新的社会组织形式以其普遍的全球性，扩散到了全世界，……它撼动了各种制度，转变了各种文化，创造了财富又引发了贫穷，激发出了贪婪、创新和希望，同时又强加了苦难，输入了绝望。不管你是否有勇气面对，它的确是一个新世界。"②

第四节　城市空间活力的伦理诉求

城市是空间性的存在，城市空间生产内在的根源在于"空间"自身的物质性与社会性的价值意义：物质性空间关乎城市疆域的开拓、形态的塑造与内部资源的整合，而社会性空间则指向城市存续的合法性和终极目的，即对人及其美好生活的向往与建构。现代城市正以有机体的样态演绎

---

① Kevin Thwaites, Sergio Porta, Ombretta Romice, *Urban Sustainability through Environmental Design*, London：Routledge, 2007, p. 22.

② Manuel Castells, *The Power of Identity*, second edition, Blackwell Publishing, 2004, p. 2.

着空间这一复杂、多维的巨系统，尤其是中国社会转型、中国城市化复杂进程的双重背景，更加凸显了多元化利益主体与复杂化社会过程在空间中的嬗变、更替与演进。伴随其中的城市内部空间分化、整合、缠绕与融合的过程，既印证了现代性视阈下城市空间的互动性、介入性及辩证性，也体现了城市空间的目的性、意识形态性及政治性。城市化大举扩张伴随着城市空间的快速生产，但传统的城市空间生产忽视伦理性因素，使城市空间排除了"人"的因素，失去了活力的根基，不利于城市化本质的实现。将伦理性因素纳入城市空间生产过程之中，对于探索符合活力要求的空间生产方式进而更好地推进我国城市化进程与提高城市现代化水平起到非常重要的作用。

一　城市空间活力

城市空间活力是城市有机体旺盛的生命力、竞争力和创造力，它既是城市进步和可持续发展的动力，也是城市创造性发展的条件。城市空间活力，表明城市活力具有明显的空间维度，它既表征着城市布局和景观的优化、城市功能和效用的协调、城市生活和消费的丰富、城市个性和风格的昂扬、城市经济和产业的勃兴、城市文化和价值的创新、城市精神和生态的和谐，又作为城市发展的动力因素和机制因素贯穿于城市演进过程的始终。城市空间活力作为城市空间演进的动力机制，是政治、经济、文化、生态及其利益团体和活动主体共同作用的结果。城市空间既是资本、权力、阶层、利益群体之间角逐的产物，也是主体日常生活、交往实践的场域，同时城市空间自身也积极参与社会建构与日常生活世界的创造过程。城市空间活力的彰显有赖于构成城市的各要素的活力共同激发，空间作为城市社会存在的场所，是承托物质实体和实践活动的空域，人类主体性实践、社会阶层和社会矛盾都存在于城市空间之中，所以空间活力的激发是促进各活力要素相互协调并保持一定张力从而形成强大合力推动城市发展的重要条件。具体而言，城市空间活力表现了空间对主体实践活动的适应能力，是城市空间作为有机体在主体实践过程中自我更新的能力与生机勃勃、努力进取的精神状态，同时也是城市主体自主性、积极性、创造性发挥程度的体现。

城市空间活力的彰显是现代化城市进行空间生产与分配的目标与内在

要求，空间生产按照城市化与现代化的要求进行，但囿于传统城市空间生产思维，在提高空间城市化与空间现代化的同时也产生了诸多背离空间活力化的问题。城市空间生产具有多面性，从自然科学角度看是建筑学与规划学等过程，从人文科学角度看又是伦理学过程。通过科学的城市规划与建筑设计进行城市空间生产的目的是为人提供功能性宜居的城市空间。而伦理学研究的对象是道德，是一种价值标准、判断与选择，是为了使人能够处理人与人、人与社会以及人与自然的关系，使人能够在城市空间中更自由、全面地发展，从而将人的活力延展为整个空间的活力。可见，二者均落脚于"人"，具有共同的目标与内在的关联性。忽视空间生产的伦理过程将会是僵死的，实质上排除人的因素的、缺乏活力的空间。通常所说的大城市病，例如交通堵塞、环境污染、住房拥挤、人口过多等产生的根源之一便是作为一种伦理过程的扭曲或缺失。从城市空间活力的伦理向度出发，分析城市空间生产与分配过程中存在的问题与原因，探讨空间活力的伦理诉求，走出传统城市空间生产思维，将伦理过程融入空间生产之中，对于激发城市空间活力进而彰显城市整体活力，顺利推进城市化进程与城市现代化进程有重要的理论与实践意义。

"有组织的空间结构本身并不具有自身独立建构和转化规律的结构，它也不是社会生产关系中阶级结构的一种简单表示。相反，它代表了对整个生产关系组成成分的辩证限定。"① 这就是说城市空间不仅是一定生产关系的产物又是一种物质力量，可以影响、引导、限制城市主体即人类在城市中的存在方式。因此空间活力对于城市主体实践活动中的个人活力的激发至关重要，而城市发展又依赖于每一个人，"城市的发展是在以每个人的发展为前提条件基础上的整体性推进，城市空间活力是人的活力社会性的扩展，或者说是活力的社会化"②。因此，城市空间活力的激发具有重要意义。

城市空间活力生成于城市发展过程中，城市发展必然伴随着空间生产、分配与消费，其所导致的空间形态多重变换与各种因素的空间交织对

---

① E. Soja, "The socio – spatial dialectic", *Annals of the Association of American Geographers*, 1980, p. 70.

② 董慧：《社会活力论》，湖北人民出版社 2008 年版，第 59 页。

空间有机体所形成的灵活的适应性与敏锐的前瞻性为空间活力的源泉之一。适应性是指城市空间对主体的实践活动作出良性反应的能力，前瞻性是指城市空间对主体实践活动进行自我调节与优化以促进主体实践活动进行的能力，而此二者的形成有赖于伦理过程在城市空间生产中的体现。具体而言，城市空间活力的生成不仅源于城市规划过程中的科学分区与合理搭配，也源于空间生产与分配过程中的伦理学关照，诸如以人为本，满足主体的多样性需求，处理好公平与效率的关系等。现实中虽常以生产活力城市空间为目标，实际却屈从于建筑规划意义上的城市空间生产，忽视作为城市空间活力得以彰显的隐性支撑的伦理性因素，使得目标难以实现。所以空间活力的激发作为一种伦理过程是值得探讨与研究的。

二　城市空间活力的伦理性关照

人不仅是生物学意义上选择与进化的结果，也是置身于多重社会关系与过程并兼具不同意义符号的空间单元。物质实践、权力关系、社会制度、文化再现使人成为各种力量彼此掣肘、交互斗争的空间存在，空间生产建构了作为特殊空间单元的个人及其所生活其中的世界。因为空间从来不是寂静、僵死的静态虚空或是单纯的容器性存在，其"从来都是政治性与战略性的"①。正是因为人与空间互动实践的历史性、辩证性，空间生产同时实现了对城市、社会关系及作为其总和的"人"的三重生产。空间生产不仅包括对人类获得生存资料能力的生产力尺度考量，也内含着对其社会形式的价值尺度评价。城市因人而存在，人因城市而美好，城市之最协调、最成功与最期望的价值契合既有赖于工具理性主导的功能空间的凸显，更离不开价值理性主导的伦理关怀。为了适应与全球化绑定的空间城市化的快速步伐，大行其道的工具理性让资本的逻辑任意主宰，本应以人为导向、为目的的空间形塑却惟妙惟肖地传达了消费主义精髓，仿佛机械复制的时代通过空间生产得以降临。被消费所奴役的"单面人"丧失了正义的追求，不仅将自身融入"千城一面"的空间形态中且浑然不觉，更为异化地加剧擂鼓助威。异化的城市空间生产将人类置于难以逃离的"铁的牢笼"，既削弱了人类自身的主体性意识与价值，也割裂了人与

---

① 亨利·勒菲弗：《空间与政治》，李春译，上海人民出版社 2008 年版，第 46 页。

城市空间生产之间所应有的伦理意义关系。

伦理学研究的对象是道德，道德是一种价值标准，价值判断以及价值选择的问题，其目的是让我们形成一种价值标准可以被人分享，以便更好处理人与人、人与社会、人与自然之间的关系。而有活力的城市空间的生产与分配正是技术理性与价值理性的结合，前者体现在政府部门通过经济手段实现城市空间资源的优化配置与功能最大发挥，设计建设一个合乎逻辑的科学空间结构；后者体现为通过城市空间资源的整合使在其中从事实践活动的主体获得人性化的生活。空间生产与分配是空间活力的实现方式，缺少价值理性即伦理关怀的空间生产与分配会抑制活力的激发，因此避免将城市空间生产与分配看作单纯的技术理性范畴，关注其技术理性与价值理性的二维同一性是激发城市空间活力的重要原则。

亚里士多德提出："人们为了活着聚居于城市，为了活得更好居留于城市。"无论是"聚居"还是"居留"，目的均为"活"，但目的本身具有历史性，随着人类生产力的发展，在城市空间中"活"的方式、水平不断提高，不仅要求城市空间满足生理与安全上的需求即所谓功能性宜居，更要满足情感、归属、尊重的需求即所谓伦理性乐居，也就是要活出一种昂扬向上、生机勃勃的状态，即活力的彰显。空间生产与分配作为人类实践活动，需以价值判断为前提，在所形成的认识指导下从事实践活动。城市空间存在的目的是不仅要"活"而且要"活"得美好，这本身就是对城市空间定位的价值判断，同时也决定了主体将如何处理城市空间中人与人、人与社会、人与自然之间的关系，如诚实友爱、爱岗敬业、走可持续发展道路、构建和谐社会等都是符合这一价值判断的实践活动。

活力空间的形成过程既是空间活力由产生到激发的过程也是伦理性因素的内化过程，即其由意识自我走向自我意识的过程。有活力的城市空间对主体的实践活动具有很强的适应性与自我更新能力。适应性表现为能够对因主体实践活动对城市因素的改变作出良性反应的同时也能在一定程度上减少因实践活动可能对城市产生的不利影响，从而使主体可对自身实践活动有反思与缓冲的余地。自我更新表现为通过促进城市主体处理人与人、人与社会、人与自然的实践活动自主性、积极性、创造性的发挥从而使空间活力得以延续。总之，活力城市空间为伦理性因素的内化提供了现实可能性。当前我国城市空间生产与分配已非单一力量所决定，而是呈现多种力量共同作用的态势。空间生产与分配的过程既是各种利益需要不断被满足从而生产新需要的过程，也是各种力量为了有限的空间资源互相竞争的过程。矛盾这两方面的同一性与斗争性辩证发展过程既是城市空间充满活力、蓬勃发展的动力，同时也可能因有限资源的争夺使矛盾激化阻碍活力的生成。而利益协调则是城市空间活而不死的根源所在。解决多元利益格局下的利益诉求与利益平衡问题则需要伦理学的引入，如注重公共利益、人本原则与社会正义等。伦理学介入有利于各方利益最佳平衡点的寻求以及和谐状态的形成。

三　城市空间活力丧失的根源

空间并非与人绝缘的物自体，而是在与人的深层互动中得以生产、表征与再现的。作为社会过程和社会关系产物的城市空间，其自身并非具有独立的结构和转化的规律，而是人的实践创造的，代表着对整个人类生产关系的限定。正如索亚所说："它塑造了经验的现实，而同时又被经验的现实所塑造，人类生存的空间秩序产生于空间的社会生产。"[①] 人类生存的空间秩序既是人类自古以来就追求的理想目标，同时也是城市生活的理想状态。秩序所预示的稳定、有序、饱满的动态平衡状态，与人的生存、认同、身份、价值等意义相关联，内蕴着基于科学性、有机性层面的公平、正义的价值追求。如果一味追求空间生产力的提高，以工具性尺度丈量人类前进的步伐而漠视空间背后的正义价值尺度，忽视确保主体"在场"的"空间正义"原则，充斥其间的将是更多空间焦虑与空间饥渴症候的空间贫困群体，众多相互重叠且彼此渗透的充满矛盾性的空间终将异化为人类永远难以跨越的藩篱。

（一）动力扭曲：空间生产中的资本僭越

"城市和城市环境代表了人类最协调的、并且在总体上是他最成功的努力，即根据他心中的期望重新塑造他所生活在其中的世界。"[②] 人类在创造城市的实践过程中也塑造了自己和自己的生活。因此如果从最基础

---

① 索亚：《后现代地理学：重申批判社会理论中的空间》，王文斌译，商务印书馆2004年版，第39页。

② Park, Robert, *On Social Control and Collective Behavior*, Chicago Press, 1976, p. 3.

性、最物质性的层面来理解城市生活的话，可以将它看作一种空间生产过程，是未来好社会、可持续性社会的基础，表征着"实践"作为空间生产根本动力的寓意。但城市的本质远非仅仅停留在物质层面，它实际上也内含着对美好生活空间的向往，对和谐、福祉、正义的追求。城市的形成与发展本应如一幅人类美好生活画卷的展开，但我们看到的是随着后工业社会的降临，以往宏大叙事般的空间生产与社会变革转向不连贯的空间重构与重组，生产要素的大规模空间聚集逐渐转向空间内部的变革与调整。此时这幅画卷的创造者不再是具有主体性与自我意识的人，而是被"空间拜物教"所控制了的被动者、无语者；浓墨重彩之处也不是空间正义彰显的伦理之善，而是资本、消费打造的失序的、断裂的、异化的空间。城市空间生产的本质就是生产和获得利润，整个城市空间的环境就是受资本利润的驱动与支配，被资本有意识地构建出来的。资本理所当然在现代城市生活中扮演着创造经济效益的角色，但最大限度的逐利本性使资本不断突破自身的限制与界限，不断冲破合法性与合理性的价值设定，导致资本的僭越：即资本对空间生产支配权的攫取，走向与社会正义、福祉及人的自由、人的全面发展的价值目标相反的逻辑。在资本的奴役下，亦步亦趋的空间生产创造了更大更精致的资本神话，抹杀了人类的空间权利意识，遮蔽了源于城市空间秩序之品质与德行的正义诉求，从而成为资本技术性、功能性地表达经济利益诉求的狭隘工具。

　　马克思在《资本论》中指出，"资本不是一种物，而是一种以物为媒介的人和人之间的社会关系"[①]，它的唯一动机和目的造就了其独特之处——增殖性的自我复制。为了实现自身的本性，资本甚至可以改变自身形态，通过对政治性、意识形态性及战略性的空间之生产权的攫取、支配与僭越，与阶级、社会性别、权利及文化的建构紧密联系在一起，生产自身的利益空间，实现具有竞争力的积累，为进一步的资本空间扩张奠定坚实的基础。所有这一切，又导致了城市消费空间的形成。正是由于资本与消费的同流合污，地域间的原有差异性被逐渐模糊乃至瓦解，取而代之的同质性空间无时无刻不在传达着单向度的利润诉求：在疯狂逐利的原始驱动下，张扬工具理性的资本跨越地域之限，不仅凭借与全球化的绑定生产

----

① 《马克思恩格斯全集》第 44 卷，人民出版社 2001 年版，第 877 页。

着全球城市空间，也通过对日常生活的渗透形塑着其中之人。

（二）主体迷失：空间生产中的伦理式微

弗洛姆关于现代人处境的论断——19世纪的问题是上帝死了，而20世纪的问题是人死了——如今愈加通过异化的空间生产得以真实呈现。主体的本质、力量及意识的式微，弱化了人的自我反省能力，模糊了通过城市空间生产实践所折射出来的主体行为及实践的伦理意蕴，这不仅进一步强化了城市空间的异化，也逐渐使人类沦为空间中松散的消费者。从"千城一面"的形塑到"千人一面"的生产，表征了人因自身异化导致的主体地位丧失。屈居于资本奴役的空间生产所构建的是受消费主义控制的世界，贪婪的资本披着发展的外衣透过一个个增长命令支配着空间，不仅将人的需要及价值置于视野之外，还将以实现自身逻辑的重要手段的消费主义，以社会关系的形式投射于日常生活之中，主导着主体对自身本质的把握。在消费主义横行的空间中，空间生产的逻辑摒弃了正义价值取向转而变为资本的附庸，无论是空间生产还是空间中的生产均沦为资本逐利的工具和手段。尚待消费的物质生活资料包括空间本身，均被赋予符号化的象征，成为构建身份与区别层次的手段。在现实性上作为各种社会关系总和的人则被单一的消费关系所支配，异化为马尔库塞意义上的丧失了否定性、批判性与超越性的"单向度"的人。

空间资源分配的不公正、不公平表明了城市空间发展中渗透着资本逻辑的痕迹，也使得作为日常生活基本内容的主体的情感、身份、认同日益隐藏与逃避。关于这一点，涂尔干、韦伯、齐美尔及汤尼斯等在对城市化和城市生活方式进行古典社会学分析的时候都有所涉及。城市的存在与道德秩序之间具有紧密的联系，在某种程度上可以说城市是生活于其中的人们所具有的类似或者一致的价值观念与行为规范的总和。现代城市的空间生产分化了空间，导致生活方式、价值观念和理想的多元与分化，威胁着城市统一秩序的存在。加上消费天生是空间性的，消费者世界充斥着符号和意象，等级、地位、身份意识在商品的流通与消费中被广泛接受。在消费过程中，人们找到了表达自我的方式。人越来越多地被消费、购买的商品所界定，甚至于依赖消费去消除焦虑感、陌生感与恐惧感。结果就是消费及其过程的深化与丰富，而城市的真实、个性遭到破坏，城市空间的等级特征也被强化。大城市的地理空间现象不断复杂化，它不仅表现了社会不平等和空间隔离的趋势，更通过空间生产将人们的日常生活、社会群体、文化进行内部的分离，同时又根据其结构的联系性进行重组。城市作为世界范围和现代社会的中心和磁场，一方面不断产生人口、资本、信息、消费的能量，产生新的社会关系与公共关系；另一方面也不断产生城市空间的分化，以及蕴含于其中的各种经济、社会和文化的矛盾。

（三）生态断裂：空间生产中的物质变换裂缝

马克思将李比希笔下的"物质变换"拓展至社会批判理论视阈，赋予它人类学和社会学含义。马克思一方面将"物质变换"作为理解社会与自然及其关系的钥匙，另一方面将其作为批判资本主义生产方式的武器，用以澄明在资本主义生产方式下"社会的以及由生活的自然规律决定的物质变换的过程中造成了一个无法弥补的裂缝"[①]。由资本逻辑引导的城市空间生产导致的大量环境污染、能源耗竭、交通拥挤、贫困犯罪等种种问题，均表征着城市空间生产在生态意义上的异化、不平衡及断裂。

自然空间的先在性与客观性既决定了它相对于人的必然性，也突显出对人类生产生活实践限制的基础性意义。人与自然空间存在着永续的物质交换。一方面，人类基于生存性、功能性需要，通过自然空间中的生产获取生命得以存在和延续的资料，在这个交换过程中，人类逐渐开辟出符合主体需要的人化空间；另一方面，自然空间则因为人类的探索改造丰富了自身的存在样态，具有了社会的含义。人与自然的物质交换，在城市化的过程中具有了更为复杂和特殊的特点。城市空间生产，既是城市生活与居住环境的生成，也指城市中各种要素（尤其是主体的人）与环境的交互及交换关系；交换的平衡与稳定，为城市社会经济、政治、文化和社会生活奠定了基本框架。生活和工作在城市中的人们，逐渐将自己的特性、需要、诉求施加给环境，并尽力改变和调整环境，使之满足他们的需要并体现自己的价值；同时人类自身又慢慢适应周围的自然环境和周围的社会关系。这种人与城市空间之间连续双向互动是物质的，也是社会的交换，体现了社会空间辩证法。交换是城市构成的不同要素不断在城市空间中相互作用、相得益彰的过程，它理应符合自然生命律与社会生命律的要求。

但随启蒙运动而来的人类中心主义，凭借其强大的生产主义伦理与强

[①]　《马克思恩格斯全集》第 25 卷，人民出版社 1995 年版，第 916 页。

势的工具主义方法，通过日常生活实践、物质消费主义重新定义空间、环境，瓦解人们探索社会生态和政治经济所必须持有的核心价值，违背了城市空间生产的自然生命律与社会生命律，产生了城市空间生产中的"物质变换裂缝"。以人类解放与自我实现为最高主旨的城市空间生产换来的不是幸福生活空间的现实塑造，而是资本关系及其意识形态的神话。日益市场化的物质变换把自然关系之维纳入为资本利益进行空间资源配置的技术话语，物质变换成为纯粹的资本交换，与自然渐行渐远之人被横亘其中的裂缝隔绝两边，潜藏其中的资本魅影消解了自然也吞噬了人类，一个生态断裂的异化空间逐渐生成。断裂时代映衬下的空间生产，对人类的"生命之网"构成了前所未有的威胁。因为全部对自然观点的批判性考察同时也就是对社会的批判性考察，所以，这种断裂不仅是"自在自然"与"人化自然"中的裂缝，更是社会生态的断裂。这种断裂也给我们创造出"一个既包含自我又包含他者的框架，两者都不处在支配地位的一个基本公正的图景"的期望。

四　城市空间活力的伦理诉求

资本主义全球化、技术的飞速变革以及后现代消费文化的力量已导致一个经济不可持续、政治不安全的风险时代。当前城市中也存在多种排斥、不平等的力量，因此对城市空间生产变革路径的探讨，营造城市空间活力，实现城市空间可持续的发展，应该成为对抗那些产生环境和社会不平等的基本过程的政治规划与解放实践的必要环节。当下城市空间中的动力扭曲、主体失语、生态断裂、风险丛生等表征，使得本应指向人类发展终极价值目标的城市异化为铁的牢笼。诸多城市问题背后，或隐或现的资本肆虐逻辑反衬出城市空间秩序及其蕴含的政治意图——正义的价值诉求。"空间正义"表达了在空间日益以新的形式——全球化、商品化、城市化出现的今天，人们企图反抗压迫、寻求最大化的公平正义的空间抗争意识，冲破资本所构建起来的意识形态神话的努力，恢复生活论意义缺场的空间生产所遮蔽的其应有的内涵及终极价值意义。因此，对空间生产路径作变革性探索，公正地组织生产、分配和环境利益，挑战资本积累和权力霸权，凸显空间生产中正义的价值归旨，使得空间生产按环境和社会的真实状况塑造当代城市及城市生活，从而追求幸福的城市生活的根本政治目标和承诺。调整不合理的空间结构，制定与塑造合理的空间制度与空间形态，并以此为基础开展美好的生活。美好生活的构成要素包括最大限度的生存、尊重与自由，也就是伦理价值的体现。

（一）伦理关照：催生主体的价值意识

马克思说过，"城市本身就代表了人口、生产工具、资本、享乐与需求的集中"①，这表明了城市的主体是人，城市因为人的存在而被赋予价值意义。同样，城市空间存在的逻辑前提和意义所在也是内嵌于其中的人。基于上述理解，我们可以将空间生产，看作是根源于内含社会关系之人将其自主性、积极性与创造性实现空间向度的延展。因而对于空间城市化合理性及正义性的探寻，需要聚焦于人类自身。对人类美好生活的追求，无论从动力、目的还是价值等不同视角来看，都是空间正义的旨趣，因为追求美好生活，就是人们空间生存生活及生产方式的最主要内容，它包含着每个公民合法、平等之基本权利的诉求。主体迷失的城市空间，终究只会沦为脱离实践和价值旨趣的自在之物。正如发展伦理学奠基人古莱所述"侵害人类价值选择的发展是反发展"②，彰显功能性宜居与伦理性乐居之双重意义的空间生产，才能体现城市发展正义维度，即从工具性与价值性的双重维度拓展人类美好生活的空间实践话语。

城市空间生产的历史，不过是人们按自己的目的不断追求、创造、构建的历史。从这个意义上来说，人的发展逻辑与空间生产的历史逻辑具有内在统一性。两种逻辑的自洽自融，取决于人类对美好生活是否包含社会、经济、文化和政治多维度的理解，并且能否将对于美好生活的追求真正内嵌于空间生产之中，将其作为一种动力之源、最终目的与价值归旨。资本的僭越传达的只能是消费符号所建构的虚幻主体，即一个仍追求美好生活但只是异化为对符号—物的情感投射的不再被伦理所关怀的主体。因此，我们需要正视人类生活的全部形式，通过伦理关怀来催生涉及权益诉求、身份认同、话语体系、社会关系、自由解放的主体性因素。

（二）日常生活：实现诗意的栖居

"诗意的栖居"可以看作是海德格尔在技术理性喧宾夺主的时代，为

---

① 《马克思恩格斯选集》第 1 卷，人民出版社 1995 年版，第 108 页。

② 古莱：《发展伦理学》，高铦等译，社会科学文献出版社 2003 年版，第 19 页。

实现人类主体地位回归、规避"家园"空间迷失所滋生的生存风险，提出的正义之途。现时代"正发生着一种世界的没落，其本质性表现为：诸神的逃遁，地球的毁灭，人类的大众化，平庸之辈的优越地位"①。"人不再是在者的主人。人是在的看护者……人是在的邻居"。② 因此，"家园"空间即"它赋予人一个处所，人唯在其中才能有'在家'之感……这一空间乃由完好无损的大地所赠予"③ 就此没落。而不论是"家园"空间的生产，还是将人之伦理需求嵌入空间生产的框架与过程，深嵌其中诸多价值研判的前提是关注与回归日常生活，积极变革与人的中心地位相关的社会关系与制度，以此实现其作为政治动物的道德与伦理主张。因为，"主体的对象化和客观化过程，个体和社会的异质化与同质化作用，以及开明的自我主义的生存活动，都是在相互依存的家庭结构中，在密集交织着的'地方世界'或社会共同体的日常生活中进行的"④。

　　日常生活是城市空间的现实组成要素，它内含着一种德行追求，即在物质生活空间之上的精神空间弥补人们价值的断裂。建构日常生活的德行，才能找回自由、平等和正义，实现真正的"诗意的栖居"。"对城市空间生产的实践逻辑进行解释性理解和因果性说明，必须转向日常生活层面的实践性本体论关怀。"⑤ 对空间生产实践进行审视，不难发现诸如空间隔离、空间贫困等表征背后潜藏的恰是"经济和国家媒体控制下的系统，借助货币和官僚政治的手段，渗透到了生活世界的象征性再生产"⑥，城市生活就似一座功能化的机器，日益消解了人的主体性，使日常生活沦为社会组织中的纯粹客体，成为社会生活的风险迷宫。充斥其间的消费意识形态消弭了正义话语，风格式微、指涉消失与零度化的空间体验则多层次、多维度地阻碍了人类对自身本质的把握。不可否认，城市空间生产了复杂的风险样态，其规避与转嫁有赖于日常生活中技术、资本等逻辑的抽

---

① 海德格尔：《形而上学导论》，熊伟等译，商务印书馆 1996 年版，第 45 页。

② 海德格尔：《人，诗意地安居——海德格尔语要》，郜元宝译，广西师范大学出版社 2002 年版，第 10 页。

③ 海德格尔：《荷尔德林诗的阐释》，孙周兴译，商务印书馆 2000 年版，第 15 页。

④ 张之沧：《让哲学回到日常生活》，《南京师范大学学报（社会科学版）》2000 年第 11 期。

⑤ 李兰芬：《论空间生产的意义问题》，《社会科学辑刊》2011 年第 11 期。

⑥ 哈贝马斯：《交往行为理论》第 2 卷，曹卫东译，重庆出版社 1996 年版，第 457 页。

离，即通过广博且最富实践性的日常生活及德行的追寻，以实现人的主体性的回归和"诗意栖居"。

（三）尊重差异：由断裂走向弥合

与西方国家渐次开启的现代化之路不同，我国社会转型时期的城市化过程更多地体现了时空交错的复杂特征。混合性格局决定了我国城市发展很大程度上是差异化空间的生产，既是利益分化主体从事的物质实践及所建构的文化样态、社会制度等的空间再现，又是相互冲突且异常复杂的差异性社会关系通过空间与主体间的表征。一方面差异空间的现实存在为破除资本同质化生产逻辑的奴役，同时实现主体本真生活状态的回归提供了现实机遇；另一方面也为建构相应的差异性正义提出了理论挑战。笔者所理解的差异性正义，是以构建"美好生活"的总体性伦理原则为指导，通过差异性共识来形成的，确保不同主体能够最大限度、平等且动态地享有空间权利。"财富的创造依赖于社会协作和合作而非仅仅依赖于某种个体化的达尔文主义的生存竞争"①，差异性正义所凸显的是"有机团结的结构性前提、社会认同的精神性基础以及社会互动的实现方式"②，它不是将城市空间视为生存的竞技场，而是将"生活世界"作为其有效性领域，在某种程度上与哈贝马斯所讲的"交往理性"的现代生存空间相类似。"差异性正义"作为一种新的正义范式，既能迎合我国城市空间生产的现实逻辑，也丰富与拓展空间正义的理论体系。其存在的根基在于"处于一定社会关系和社会制度内的陌生人之间存有正义的责任去构建并支撑集体行为的制度"③。"断裂"走向"弥合"之路的开启，需要将差异的正义这个原则与理论话语转化为物质的实践，思考如何以空间正义为价值指针引导与规范空间生产，践行"城市让生活更美好"的价值理念，实现以人为本的生活论意义，以及城市空间正义的价值诉求与归旨。

---

① David Harvey, *Justice, Nature, and the Geography of Difference*, Black well, Oxford, 1996, p. 97.

② 董慧：《社会活力论》，湖北人民出版社 2008 年版，第 211 页。

③ 马晓燕：《空间正义的另一种构想——"差异性团结"及其反思》，《哲学动态》2011 年第 9 期。

第五章　当代中国社会活力的现实境遇

伴随着世界历史进程的加速以及社会现实的深刻变化，今天中国涌现了与社会活力相关的新的理论与实践问题。科学技术和社会进化速度飞快，各种思想文化思潮复杂交错，价值观念急剧转变，人类遭遇各种危机和困境，尤其在当下随着人类的经济、政治、生态等问题越来越成为全球性的问题，这些都对社会活力的持续焕发提出挑战和更高的要求。为了中国在全球舞台上成功地取得进步，我们需要发展新的思想方法，建立新的行为方式。我们既需要对今天社会发展所存在的深层矛盾进行深入反思，又需要一种观察自然和社会的新视角。即我们既需要对今天中国所面临的活力境遇进行多维度的扫描和深入的思考，又需要在广泛涉及哲学、社会学、文化学、政治学、经济学等各个领域的基础上发展一种整合式或总体式视角，充分纳入过程哲学、生态学、建设性后现代主义、国外马克思主义的资本批判、意识形态批判、日常生活批判等新的因素，剖析和谐社会秩序中社会活力的内在根源、激发机制，并探讨建构社会活力的目标及路径选择。这对于保证在稳定的基础上勇于竞争、保持社会发展强劲的动力、激发活力，在科学发展观的指导下建构和谐社会，具有至关重要的意义。

第一节　政治活力

"政治活力是政治系统的活力，是社会发展的政治保障。政治活力主要表现为民主政治的活力，一个社会的政治制度模式与社会是否具有长久的活力有着密切关系。"[1] 民主政治的显著特征是人民按照一定的程序参

---

① 董慧：《社会活力论》，湖北人民出版社 2008 年版，第 70 页。

与和管理公共权力，实现人的各种权利，促进社会进步，最终完成人的自我实现。从价值上讲，民主政治强调人的价值和价值多元，是政治活力的价值来源和支撑；从理论内涵上讲，民主政治强调制度建设和权力运行，是权利和义务均衡的保障；从实践上讲，民主政治强调个体参与和民主组织建设，是政治主体彰显活力的表现。通过民主政治的建设和相关建设来激发政治活力是基本的，也是根本的。

一　政治活力与正义、生命政治批判

　　政治活力对社会发展起着保障性和促进性作用。激发政治活力，能够不断完善各种制度和机制，稳定社会秩序，保障社会生产生活的顺利进行；激发政治活力，能够促进我国民主化进程，提高我国政治文明水平，保障经济、文化、生态的多样、快速、健康发展；激发政治活力，能够为人的自我发展提供更多的机会和资源，推进人的自我实现。民主政治是一个多维度、多层次的政治体系，因此通过民主政治来激发政治活力的方式多种多样。如简单地归纳起来，大致可分为两个方面，一是在社会方面，通过对正义的批判性分析与利用，建构社会宏观层面民主政治活力；二是个人方面，通过对生命政治的批判性考察与吸收，建构个人微观层面的民主政治活力。

　　政治活力与正义。正义是一个复杂的概念，具有历史性和相对性，也具有基准性和稳定性。正确吸收正义的积极要素，抑制和消解其消极要素是问题的关键。在西方，正义有以"德行"为内涵的个人道德传统和以"权力—权利"为特征的法权理论发展；在中国，正义则更多侧重于个人的道德伦理修养对社会秩序的稳定作用；在马克思那里，正义则是一个被国内外学者反复争论的问题。虽然西方正义发源于"市民社会"，特别是市民社会的"劳动异化"，是私有制的集中体现，但正义的历史作用是不容忽视的，它强调自由平等的社会关系、权利义务的均衡关系、正义的制度和程序建构以及正义的实践效度等问题对促进民主政治的形成、激发政治活力起到了客观的推动作用。因此，如果说马克思没有"正义观"，"正义"是一个带有自由主义意识形态而需要被消灭的概念，那么它也是一个需要被发展的概念，它的积极性在于它的过渡性和客观历史进步性，只有充分发展到它的极限，才能在利用中被扬弃；如果说马克思有"正

义观",那么这种"正义观"也是立足于现实的人,站在"改变世界"的角度,着眼于人的自由全面发展的新"正义观",即人对自我把握的正义观。这两种"正义"都是建构政治活力的积极因素。

政治活力与生命政治。生命政治在大多数语境中是作为被批判的对象出现的。"人"作为"人口"这一对象被政治化后,人的感性身体、意识形态和身份认同都成了政治进行微控制的对象。它使人的每一个行为、每一个想法和欲望都只是从政治出发而非自身出发,自我释放和成长变成了自我的消解和政治化填充,政治变成了主体,而生命变成了政治的客体。然而,之所以有批判,只因为有价值。生命政治给生命一种微观的政治化关怀和政治化了的生活化关怀固然不可取,但是,抽取这种关怀的根本价值立足点,单从生命政治控制的技术层面来讲,它使人从多角度、多方面参与到政治活动和角色中,并在自我内部形成认同,这种把人的一切方面、一切角度都自然而然地整合到政治秩序认同中的纳入方式,极大地激发了人的活力,推动人的参与性、建构性的发展。并且,如果以人的自我价值来填充这一根本立足点,这种"生命政治"则会变成"政治生命",作为人的价值之一而存在。当然,这并不是变魔术,而是人的长期实践所得。

二　政治活力与正义、生命政治批判的价值

正义和生命政治不仅在理论上有其自身的利弊特征,而且在被应用到现实的民主政治建设中更有其复杂的关系。因此,首先既要充分分析社会层面上正义的特征,把握其内涵和价值意义,认清其历史作用和逻辑旨归,同时也要分析个人层面上的生命政治的利弊,从而找到其中具有建构性的因素,有区别有侧重地利用。并且,抑制和摒弃其中的危害残余,防止在建构政治活力的过程中误入歧途。

(一) 正义之价值意义

正义是对人的存在方式和社会关系的价值评判,正义在此种意义上表现为一种价值标准。不同的人从不同的研究视角出发得出的正义结论也不尽相同。正如上文所叙,西方自由主义者强调正义的基本内涵是自由和平等。自由是人之为人最基本的条件之一,只有拥有自由,人才能够选择自

己、发展自己和实现自己。"现代社会正义的核心要求是平等"①，平等则表现在对权利和义务的均衡分配。人的权利则包括人的自由、平等、尊严、选择、发展、实践、机会均等和自我实现等内容，突出了人对自我发展条件的把握。然而，这样一种"正义"也存在其自身的局限性，它是以市民社会的劳动异化为基础的，表现的是资本生产者的私有制法权观念，"自由主义正义视界中的人被揭示为市民社会的成员，是孤立的、封闭的、利己主义的个人；自由、平等在现实上不过是私有财产的应用"②。马克思通过《资本论》把它在经济领域的根基揭露出来，使这种"正义"的资本性、商品性、欺骗性和异化性质显露无遗。但在另一种语境和更高的层面上，马克思或许强调了另一种形式的"正义"，即这种正义是对自我关系的判定，在生产方式中发展出不是敌对的社会关系，而是"自由人的联合体"，一切人的自由发展都是彼此发展的条件，这里的正义问题就是人对自身本质力量的确认和实现问题。同时，价值多元是正义的应有之意，正义要求平等且自由地享有权利，对自我存在方式的价值确认是其中的权利之一，反映了正义开放的品性。并且，正义也包含着伦理和道德的双重特性，正义反映了人们对自我存在的道德规定和自我行为的伦理规定，融入到了人们的价值观和行为方式之中。

在利用正义的积极要素构建民主政治、激发政治活力的过程中，要准确而充分地利用其中有益成分，增强民主政治的价值生命力和价值韧性。在构建的过程中，一方面，需从"正义"的基本关注点出发，即把现实的人作为出发点和归宿。正义是对关系的价值判断，而人是一切社会关系的总和，所以正义实际上就是人把握社会的方式，或者是人本身的存在方式的一种表现。应该关注现实的人的发展问题，而不是作为政治上一种被异化的价值观念来控制人和欺骗人，只有从人的视角才能架构起具有真正活力的主体。另一方面，"正义"的基本内涵具有一定的历史进步意义，其强调的权利和义务的平等是民主政治的基本前提之一。在民主政治的发展过程中，对人的权利的保障是对民主实现前提和途径的保障。民主对价值多元化的尊重也利于民主政治的价值支撑，单纯的政治建构只能形成一

---

① 吕小波：《当代中国社会正义问题初探》，《江西社会科学》2001年第4期。

② 林进平：《正义在马克思思想历程中的遭遇》，《哲学研究》2009年第6期。

种表面强大而实质脆弱的秩序力量，且缺乏自我修复能力，对民主政治价值支撑的建构则克服了这一缺陷。同时，正义的道德和伦理特征对民主的建构可以促使民主政治在个体行为和意识中的认同，增强民主政治的支撑点。

（二）正义之实践品质

正义作为一种价值，表达了人们对个人存在和社会关系美好的期待，作为这种价值的理论形态的制度正义是建构政治活力的重要环节，并且这一环节是有效的和明显的。无论是价值意义对政治活力的支撑，还是制度正义对政治活力的表达，都最终要归于一种实践的品质，都最终要归于民主和法治。

正义是对关系的判断，目标是要建立一种适宜的关系，达到平等的权利和义务均衡的状态。而作为核心的权利则是人自由选择和自由发展的基本条件，有什么样的权利就会造就怎样的存在状态。而深入到权利的背后，我们可以发现要实现这种权利关键是要处理好权利和权力的关系，或者说要做好对公共权力的管理和运用。"如果说政治正义的根本意味在于社会公共秩序的正义规范和良序运作，那么，决定或者制约这一规范秩序及其良序运作之正义性质的根本问题，乃在于公民权利与公共（国家或政府）权力之间的政治伦理正义。"[1] 任何一种权利背后总有一种权力作为保障，对权力的分配管理决定了是权力优于权利，还是权利优于权力。权力的正义性和价值性在于平等的权利，权力只有纳入人的权利中加以理解和运用才可能有其正义性和合法性。对公共权力的管理和运用就是要解决如何将权力转化为权利，而这种转化则体现了正义的实践品质。具体而言，这种实践品质的内涵就是对公共权力的民主管理，对公共权力的分配能够建立在形成的自愿性，分配标准的接受性、开放性和和平的流通性上。从达到的目标上讲，就是要建立服务型政府。公共权力的运行应该体现公共服务的职能，而非压迫和控制的职能。在现实政治和社会生活中，要着力保障公共秩序、提供发展所需要的条件、增强各种问题的解决能力等。从实现途径上讲，则集中体现在程序正义上。程序正义为公共权力的分配和个体权利的分配提供了合理的现实途径，这种途径主要体现在对公

---

① 万俊人：《从政治正义到社会和谐》，《哲学动态》2005 年第 6 期。

共权力的参与和执行上。一方面，对公共权力的参与管理体现的是民主的真实含义。"民主作为实现政治正义的制度安排，在人类历史上第一次以法律规定的形式，将权力体系平等地向公民开放，使每个公民都有了获得权力的机会。"① 即人民的参与性、同意性和可接受性，达到这一目标的本质要求就是程序正义之中的选举正义，这是权力系统保持开放的首要条件。选举权为人民表达愿望、实现愿望提供了条件，是公共权力体现人民性的核心。同时参与的程序正义还表现在对不公的表达，从而使这种不公能够在权力结构中得到根本解决。另一方面，程序正义在执行上要求法律和制度执行应前后一致，人们在现实的政治实践中适应于一种共同的规范体系，这种共同的规范体系实际上是对自我的认同。并且，执行程序的始终如一本身就体现了实践的正义，防止了部分人利用程序不公把权力私有化，对另一些人实施控制和压迫。

（三）感性分配之身体—资格

生命政治始于 18 世纪对人的健康、出生率、卫生、寿命、种族等问题的政治和经济的合理化管理，把活生生的人群变成了人口这样一个对象，对生命进行了生物学意义上的政治架构。但始于并非形成于，生命政治的形成则与技术和文化异化以及最终导致的意识形态异化有着直接的关系。不同的学者对生命政治进行了不同的切入和讨论，但从总体上讲，它的消极意义是明显的。生命政治是一种微观的生活化的无意识的甚至是无主体自觉的"控制束"，它区别于宏大的外在的强制的传统政治、经济和意识文化上的压迫。生命政治表面上看是通过对身体的感性存在形式（比如语言形式、行为形式、生活形式、能力形式等）的鉴定，然后对身体的资格能力进行身份判断，而把身体分配到适合的社会位置和功能上，从而形成一种合理的普遍化认同的共同体秩序，这种对感性身体的资格分配把这种秩序掩饰成了自然的天然秩序。然而，从实质上看，却并不尽然，分配的正义性往往并不取决于分配的结果，而取决于对这种分配所执行的判断标准，生命政治对感性身体的身份分配与其说是一种立足于身体本身的资格分配，还不如说是立足于分配标准的资格设计（听者和说者在理性基础上的根本异质），即是基于这种标准而对感性身体进行的资格

---

① 周光辉：《民主：社会正义的生命和保障》，《文史哲》2008 年第 6 期。

设计。"在本质上，治安是在社会象征和身体化的微观层面上对可感知者进行有序划分和分配的感性体制（regimedusensible），它通过隐微的秩序界划规定了人们看到社会存在的感知模式，由此生成有资格介入社会活动的参与模式。"① 这种资格设计就体现在"治安"之中，然后根据这种设计出来的资格把身体分配到社会中去，形成一种资格设计者的霸权秩序，并把这种霸权秩序描绘成自然的身体本身的建构秩序。这种决定模式到感知模式再到参与模式的循环最终造就了这种分配方式和秩序模式的不断再生产，这种再生产的危害也是巨大的。它使人的感性身体的各种存在形式不再遵从自己，每一行为或欲望都是从政治出发，是一个异化了的政治行为或欲望，自我被重置在这样一种生存秩序中，并极力维护这种秩序的合理性，进而导致了某些人"可见"某些人"不可见"；并且，这种感性存在秩序实际上促进了某些规则设计者的利益诉求的实现，这种对规则的设计实际上就是一种温柔的强权力，是一种微观的、被认可的和合理化的权力，他们利用这种权力来实现自己的利益。

但批判的意义在于吸收利用其中的合理性，生命政治所导致的结果是宏伟的，它造就了一种政治主体（纯政治意义上的主体）。这种政治主体的自觉和对社会活动秩序的参与建构产生了巨大的异化活力，从对"歧义"的批判和改造，把强权力模式替换成人的自我价值，从人自身来释放活力或许为我们提供了一条有益的线索。

（四）主体建构之认同—缺失

随着生命政治的发展，起初阶段对可感者的社会化分配而形成的秩序共同体虽然也强调自我意识的无意识性认可，但这还只是一种由外及内的形成方式，而到拉康那里，生命政治在深度和广度上则得到了双重扩展。主体不再是由外及内建构过程，而是完全在内部进行建构，即"如果说福柯，包括刚才讲的德勒兹、阿甘本这一批左派思想家，在讨论生命政治的时候，还在讨论外部的技术，以身体和身体机制为基点对人进行控制，那么从拉康开始，他分析的问题完全转向内部"②。在具体的建构中，主体开始是以一种"镜像"形象的姿态存在，然后借助各种"表情"和

① 张一兵：《身体化隐性构序的治安逻辑》，《哲学研究》2012 年第 12 期。
② 张一兵：《关于生命政治》，《当代艺术与投资》2011 年第 8 期，第 13 页。

"游戏规则"形成本质上的"无我"的存在方式。进而以这个"无我"为基础，把外部的以语言符号为象征的各种具有潜在指令性的符号都纳入到无我的内部，当作构建自我的真正需要加以认同，把外部的象征性存在都整合到自我认同之中，形成了"大他者"对真实主体的占有，这是一种自愿的积极的非我的主体化建构和认同过程，它宣告了主体的死亡，生命是"他者"的，行为是"他者"的，思想意识也是"他者"的。这种基于"伪他者"在主体中的自我建构过程，不仅标志着主体的空壳化，而且从根本上自愿地取消了政治和生活的根本意义，"他者"逐渐发展成具备自我意识、能够自我复制和更新的政治主体。

生命政治的无我的自我认同使人在意识和潜意识中抛弃了自我，最隐秘的潜意识也成了"他者的话语"，这是一个深邃的问题。从政治活力的角度讲，如若在坚持人本价值的基础上，在推进政治民主化的道路上，使人能够找到对这种政治模式的认同，从意识形态上根本激发人的政治热情，构建符合人性要求也符合政治要求的真正主体，将极大促进政治价值、政治制度程序和政治实践的稳定和创新。并且此处的生命政治已经远远超出了纯社会政治的范畴，这就要求我们在通过民主政治的建构来激发政治活力的过程中，在个体层面上，不能只就政治而论政治，要把眼光扩展到非政治领域，在非政治领域汲取养料。

三　建构政治活力

政治活力是政治主体与政治客体、政治价值与政治实践多方建构有机统一的结果，任何一方的缺失都将对民主政治的活力形成产生深远影响。我国民主政治建设客观上要求我们多方考证，立足于历史与现实，充分发挥主体的参与作用，完善政治客体的建构，挖掘价值的融合作用，拓展现实的实践方式。在此基础上，通过整合优化，吸收到我国民主政治建设的各个环节，增强民主政治的正义性、价值性、理论性和实践性，充分激发政治活力。

（一）建构灵活多样的政治主体

重视政治主体建设。政治主体建设和政治客体建设两者不可偏废，在深入研究政治制度、政治设施、政治情势等政治客体过程中，特别是建设正义的民主政治制度时，也要关注政治主体的建设对释放政治活力的作用。政治主体大致划分为两类：人（确切地说是人的政治属性的主体性）和政治组织。

建构人的政治属性的主体活性。政治是人的政治，政治价值也是人的价值，但人的价值并非一定就只是政治的价值，所以建构人的政治属性的主体活力实际上是一个行为的两个结果，即建构人的自我主体性和从自我价值出发的人的政治参与主体。对自我的认同不是对生物学架构的政治秩序的无意识认同，而是从内部对自我非空壳化的身份认同。因此，在确立了人的价值基本前提后，就要着力提升人的政治素质，政治参与意识、政治参与能力，造就成熟的公民，这样在民主政治的建设中就会成为政治民主化的直接推动力量。同时要加强对人们的正义美德培养，公民正义美德是政治正义的软实力，它是行为自觉，并使对正义秩序的维护变得生活化，保障民主政治的活力。

政治组织建构的多样性和有机性。政治组织主要分为三类：国家组织、政党组织和利益集团。国家组织在我国主要包括作为权力机关的人民代表大会与作为协商机关的人民政协、各级政府行政机关和各级法院和检察院；政党组织主要包括中国共产党和八个民主党派；利益集团在我国主要是以阶层和职业为利益依托所结成的集团，如中华全国总工会、中国全国工商联合会、中华全国学生联合会等。既然政治活力是政治系统的活力，那么首先就要保持政治组织的多样性。这里的多样性一方面指现存形式的多样性和潜在形式的多样性，所谓潜在形式的多样性就是指政治组织的形成性，即人民在表达切身利益相关的愿望和心声的过程中形成的作为表达的组织，应该得到充分的关注。另一方面指实质的多样性，即这些政治组织能够全方位多层次地代表社会利益的阶层、领域、行业和职业的分布特点，形成各种利益团体的代表和表达主体，在政治系统中发挥各自作用，而非同质化。同时，要加强各政治组织的纵向和横向的交流和互动，在多样的差异性中形成有机的统一，优化整体政治职能和协调修复能力，保证政治活力和促进政治活力的再生成。

（二）着眼切实有效的政治实践

政治实践是政治活力在行为上的生成和表达，政治主体只有行动起来才能把社会正义和个人价值付诸现实，才能转化为现实的政治行动力，才能最终促进现实的发展。此处的政治实践在当代我国，主要指公民的政治参与和法治治理，公民的政治参与强调的是权力和政策的合法性形成视角，法治治理则强调合法的权力和政策的执行视角。

就目前我国政治实践现状而言，公民政治参与的不足主要表现在：主动性不强、渠道受阻和方式单一。主动性不强主要表现在各地区受经济发展、文化观念和现实环境的影响对政治参与热情不高，而这些原因的内在原因在于政治参与中的选举与利益脱节。部分民众或因自身参与素质较差，或因不了解代表，或因形式化的选举程序导致自我利益不能被表达，究其根源则是没有发挥或利用好人民代表大会的选举优越性，对公共权力没有进行合理的配置和运用，导致公共权力与人民权利失衡所致。所以要提升人民对选举与自我权利关系的意识，促使选举程序更加正义，使人民参与到权力的中心，把权力转化为平等的权利。渠道受阻主要表现在参与渠道、监督渠道和保障渠道受阻。要积极发挥人民代表大会的选举特性，保障人民利益，同时要促使公共权力运作机制的公开，加强程序监督，并且在权益受损时积极寻求政治庇护。除制度化的参与方式外，更应该重视非制度化的参与方式，充分利用网络微博等技术，避开其不利因素的同时，促进公民的政治参与，积极组织非政治组织，为自我利益创造合理的表达方式，实现有序参与。

法治治理则主要表现在执行法律或规则前后的一致性，而这种一致性核心体现在对正义程序的遵守。"从历史上看，中国具有伦理本位的社会传统，重人伦而轻规则，重实体而轻程序，人情与社会关系因素对人的社会行为影响深远。"① 把社会中成员的亲密关系和特定社会地位所代表的利益关系纳入到社会关系网中，并将这种关系网作为行政的资本和原则贯彻到现实政治实践中。受"官本位"思想影响，官员把职位当成一种私有权力，成为谋取利益和钳制他人的工具，严重影响社会正义，特别是程序正义，妨碍他人权利的实现和政治参与，以及市场经济和我国社会的特殊情况也造成程序化的行政方式不理想。因此，在法治治理中要践行对正义程序的遵守，用人民参与的实践方式规范权力运行的程序化，促使这种权力运行的程序化实践方式成为一种原则，并且，对跃出正义程序的行政实践要在监督中予以打击，使这种监督和打击的政治实践方式也同时成为

---

① 　麻宝斌：《社会正义何以可能》，《吉林大学社会科学学报》2006 年第 4 期。

行动的原则。

（三）巩固开拓中的价值根基与支撑

政治活力的建构不仅存在技术层面和实践层面的维度，而且也表现为价值层面的建构。价值是政治活力内在的无形的精神的动力，充分挖掘政治活力的价值根基和价值支撑，是切入政治活力的路径之一。

在我国，政治活力中以人为本的价值根基的理论表达已经相当完善，人的根本价值在政治理论中得到了充分的体现，但在个体的思想和行为中并未达到绝对的认同。究其原因，主要还是不能把这种本身属于人的价值通过政治的表达方式重新内化到人的生活中，增强人对这种以政治形式存在的人的价值的认同感和实践性。这中间由于种种原因而形成了一定的断裂，这种断裂是政治价值主体的缺失，这种缺失导致了这种价值根基在个体认同上的遮掩和弱化，进而消解了个体的政治活力和这种价值对政治活力的现实促进力量。

在价值根基上我们不断要确认人的自由全面发展的价值理想，而且要确认为了这一价值理想而确立的正义关系、平等权利等价值目标。在使这些价值内涵重新主体化的过程中，要强调在实践中的回归，并且是日常生活化的回归。价值的高度认同实际上是对价值生活化和理想化的认同，只有在现实的生活中，从这种价值的角度关心人、理解人、改变人，才能激发这种深厚而博大的力量。在价值支撑上我们则要关注价值多元对政治活力的影响，价值多元实际上是人的存在方式的多元、人把握世界方式的多元。民主政治本身就是对价值多元的肯定，而价值多元民主政治为正义提供文化资源，对于创新社会的政治思想文化活力有重要作用。"这其中，社会正义制度对公民正义美德和社会文化价值（道德）资源的充分供应的依赖性是最主要的。"[1]并且只有在这种多元价值观中提炼一种共识，用这种共识来丰富正义，才可能使正义更具有力量和承受力。因此，对价值多元的建构应该体现在整合利用和消解制约上。所谓整合利用，就是面对纷繁复杂的价值观，在促进其充分发展的同时，把具有积极意义的相似的价值理念整合分类，融合到民主政治的正义建设中。用这种重建的正义对人们的生活生产进行价值指导，则更具有合理性和说服力。同时，对消

---

[1]　万俊人：《从政治正义到社会和谐》，《哲学动态》2005 年第 6 期。

极落后的价值观则要抑制它的发展，削弱其社会影响力。另外，对于多元价值体系中的道德和伦理问题，其中积极的成分可以说是政治正义在个体身上的反映和认同，也可以说是在政治正义中的延伸和表达。总之，它们是相互交融的，对这种积极成分的运用可以促进道德个体和政治个体的融合，增强行为自觉和自我约束，保障民主政治秩序，同时也可引导其建构正义的政治秩序。

（四）正义平等下的制度设计与管理

制度体现和保障正义。正义的核心既然是对权利和义务的均衡分配，那么制度就是通过对权利和义务的合理分配来实现制度的正义，"社会正义原则的主要问题是社会的基本结构，是一种合作体系中的主要的社会制度安排"①。所以对通过制度设计来践行正义原则对于健全民主政治激发政治活力有重要作用。因此，在制度设计上应该坚持的首要原则就是正义原则，强调权利平等、机会平等，兼顾弱势群体；另外要考虑社会文化价值资源、社会生活规范及个人的正义美德对制度社会的影响；坚持制度的开放性，从而有利于制度的自我完善和更新；并且，正义社会要考虑到制度的服务特性和规范作用等等。在设计中要力求制度体系完善，即能够在多层次多方面保障权利和利益诉求，保证权力的合理运行和有效监督，等等。

第二节　经济活力

经济是实现社会进步和人类解放的根本力量，经济活力是经济发展中生机勃勃的状态和积极向上的能力。经济活力表现在经济发展过程和领域的多个方面。在现代经济社会，资本对经济活力的形成、激发和促进作用成为经济发展的时代特征。具体而言，经济活力集中体现在资本市场的发展状况、资本流动的活力以及资本积累对经济发展的驱动作用。在改革开放和世界一体化的时代潮流面前，积极认识和利用资本，对于提升我国经济活力、促使社会全面进步具有划时代的意义。

---

① 罗尔斯：《正义论》，何怀宏等译，中国社会科学出版社 2001 年版，第 50 页。

一　经济活力与资本批判

经济活力即经济系统（由相互作用、相互联系的经济要素所组成的具有一定经济结构和功能的有机整体）的活力。[①] 经济活力体现了经济发展的内在生命力，经济充满活力，能够保持经济持续、快速、健康、协调发展，为社会创造更丰富的物质财富，能够不断解决人民群众日益增长的物质文化需要同落后的社会生产力之间的矛盾，能够形成合理的体制和机制，并在改革中不断完善。而且，经济充满活力，可以增强市场的资源配置能力和竞争力，提高科技文化创新能力，培育资源要素的自我成长能力，最终把各种相关要素纳入到自身活力框架之中加以利用。我国目前仍处在社会主义初级阶段，发展是首要任务，经济活力的激发与增强，能够为社会发展提供强劲的驱动力。与此同时，资本对经济现代化、经济活力的影响愈显重要，"现代化客观上是一个资本积累、技术进步的历史过程"[②]。资本渗透在经济领域的各个方面，以其自身的方式重塑着这个世界。并且，在全球化的浪潮中，中国特色社会主义要与经济全球化相联系而非孤立地逐步实现国家现代化。因此，在经济全球化的过程中，资本对于激发我国经济活力及促使我国经济与世界经济融为一体显得格外重要。

资本虽然与经济活力的交融越来越密切，但资本也始终秉承自身的逻辑。从自然特性上说，资本必有载体，物质化的存在是其价值增值的基础，并且只有在不断运动中才能实现这一目标，自然特性体现了资本流通竞争和财富积累的特点；从社会特性上说，资本不仅是经济学上的物质关系，更是一种社会关系；不仅是一种社会关系，更是物化的人的社会关系。在资本主义的历史及当代，由于从这种劳动关系中发展出的社会关系的异化，资本实现了对人和经济社会的抽象统治。社会运行和经济发展的法则以资本的逻辑为尺度，在一定程度上，资本追逐剩余价值，并通过剩余价值在不断资本化的本性客观上推动着经济的不断发展。在这一过程中，资本的自由流通促使资源不断优化配置，各种经济结构更趋向于提升财富的积累。同时资本与科技的结合使科技创新不断涌现，市场竞争力得

---

① 董慧：《社会活力论》，湖北人民出版社 2008 年版，第 69 页。
② 《十七大以来重要文献选编》（上），中央文献出版社 2009 年版，第 80 页。

到持续释放，彰显了经济活力。然而，资本的内在逻辑所导致的矛盾必然会使异化在社会经济生活的各个领域展开，经济发展以财富积累作为本身目的，单纯为积累而积累，为价值的增值而增值，经济活力实际上异化为无止境的利益追求，所有的经济活动都必须从属于这一原则，最终丧失经济的内在生命力，这体现了资本邪恶的一面。

既然资本对经济活力来讲，有天使的一面，也存在魔鬼的一面，那么就要在对资本的批判中认清资本的两面性，分清其历史意义和逻辑归宿，在有限度、有原则的基础上，利用资本促升经济活力，发展生产力，为人类提供充足的物质文化财富，推动我国社会各方面进步，最终实现人的自由和全面发展；同时，控制和扬弃异化的一面，消除其超出限度对经济活力的抑制和消解作用。

二　经济活力与资本批判的价值

经济活力内涵丰富，影响因素众多，各个时期、不同层次的经济活力建构因具体经济和社会情况的不同而不同；同样，在资本的批判当中，涉及主题众多，每个主题都从不同的方面和层次揭示了资本的异化情况和资本的利弊得失。因此，在进行资本批判的过程中，我们要从经济活力的视角分析影响社会发展和导致社会问题的根本原因，在经济领域充满资本话语权的背景下，科学论证资本的历史意义和价值定位，为我国提升经济活力、推动现代化建设和融入世界经济浪潮中给予参考和指导。

（一）资本本体论之主体消解

资本的本体性集中表现在资本的自因性、原因性、能动性和支配性，即资本即实体，资本即主体。资本的主体性根源于资本对劳动者的支配权，而这种支配权又是通过形式上的平等交换和内在的增值追求最终占有资本而实现的。"劳动转化为资本，从自在意义上说，是资本和劳动交换的结果，因为这种交换给资本家提供了对劳动产品的所有权（以及对劳动的支配权）。"[1] 由于资本关系被表面的平等合理的劳动关系所掩盖而变得神秘，致使资本的这种支配权力成为产生异化的根源所在。物的主体性使资本原则贯穿于人的存在方式始终，人的实践活动是资本尺度的自我表

---

① 《马克思恩格斯全集》第30卷，人民出版社1995年版，第267页。

现。由于资本的本性和内在逻辑，人的自由实践原则逐渐被资本增值的自由原则所渗透和取代，人的实践本体变成资本的"实践"本体。"支架是集中，是所有安排方式的共同性，这些安排方式将人塞入尺度之中，当前人就是在这个尺度中生存的。"① 虽然资本的开放性和无限性在某种程度上确认着人的本质力量，但人的自由又是以资本的无限性为前提。资本本性的根深蒂固和形式的不断创新使资本是唯一的执法者，所有的原则都要在资本的价值理念中自我约束和规范。资本的主体性又由资本的这种原则不断地生产出来，进而实现了资本为人的主体立法，资本为社会立法，造成资本的主体性和灵动性与人的物性、受支配性的鲜明对比。

我们对资本的本体论批判性的考察最终目的是要回归人的本体性，抛弃资本对人的抽象统治，通过具体的现实的人的感性对象活动，重构人的主体能动性、创造性、主导性和意识性。经济活力归根结底是人的主体活力的基本表现形式，只有建构了积极能动的主体，才能建立起具有活力的经济。主体性的丧失，就意味着经济活力的枯竭。

（二）技术理性之创新与毁灭

科学技术是第一生产力。人类历史上的"三次科技革命"极大地解放和发展了生产力，提高了生产效率和财富的积累。同时，在现代科技发展的背后，资本越来越成为支撑力量，资本与技术的结合是当今社会发展中的一个显著特点。传统工业经济主要依赖能源材料和生产工具，而现代经济则更多地依赖技术和资本，资本对技术的影响越来越表现为技术的资本化。资本对剩余价值增值的本性要求必然会使资本结合具体时代特点不断变换更适合的资本形式，在这种不断的变革过程中，实质是资本原则的具体化过程，资本的原则替代了技术的原则，并使技术逐渐走向异化。"科学技术在为人类带来巨大的物质财富的同时，也正在悄悄地走向自律、走向异化，开始成为独立的制约人的统治力量。"② 技术的工具和手段功能变成技术操控和技术理性精神，并具有自我意识。

一方面，技术创新的迅猛发展提高了劳动者素质和能力，深化了对自然的认识，提升了主体的实践活力和能力，拓展了开发自然的广度和深

---

① F. 费迪耶：《晚期海德格尔的三天讨论班纪要》，《哲学译丛》2001 年第 3 期。
② 衣俊卿：《20 世纪的新马克思主义》，中央编译出版社 2001 年版，第 232 页。

度，提高了资源利用率和生产效率，推动着科技创新，在多方面建构经济活力，体现了对人的本质力量的多角度确认。然而，技术越是发展，越是把人整合到以技术著称的自动化和机械化中，便会越使人失去自主的创造力和实践能力，从而扼制人的主体性活力。资本以技术的外衣越是向自然和社会各个领域推进，就越多地产生效率悖论、财富悖论、文明悖论等各种社会问题和生态环境问题。另一方面，技术理性精神逐渐具有意识的特点。作为资本精神的反映，技术理性精神成为一种独立的统治力量，并按照自己的价值和意识逻辑规定人们的思想行为和事物的运动法则，技术理性精神的创新原则在一定程度上与主体的创造精神契合，客观上培育了整个社会的创新活力。然而，技术理性精神的本性是对剩余价值的追逐，逻辑归宿必然无视人的存在和社会经济活力的人文诉求，进而最终把价值增值作为技术进步和技术理性精神的唯一法则。

因此，技术理性批判一方面能够使我们深入认识和把握作为资本的技术这一资本新形态，在合理利用技术建构经济活力、推动经济发展的同时，要深入到技术背后的资本批判，防止技术异化的消极后果和技术理性精神的复活及合理化。

（三）文化批判之活力缺失

在当今时代，一方面，文化与经济的关系越来越密切，两者相互渗透，水乳交融，文化产业和企业文化是文化与经济结合的直接产物。文化的发展为经济发展提供推动力、凝聚力和保障力，为经济注入活力。另一方面，资本与文化的紧密结合，使文化的资本化倾向凸显，文化在资本的推动中走向繁荣的同时，却开始变得商品化和大众化，逐渐成为统治人、欺骗人和重塑人的异化力量。

资本对文化的侵蚀使文化越来越脱离自己独立的发展轨迹。"文化资本是资本实现自身无限性的重要条件和客观要求，一旦资本价值与文化符号相互连接，资本就自然获得知识传统和大众教育的认可，建构出平衡、调节资本与社会冲突的新途径。只要文化成为资本侵入的合法领域，文化符号的再生产必然带有越来越多的资本属性。"[①] 文化的资本属性对经济

---

① 李未子：《从资本符号看资本文明的演进逻辑及其发展趋势》，《上海交通大学学报》2010 年第 3 期。

活力产生了深远的影响。首先，文化与现实经济发展状况的脱节，成为一种独立而虚假的为某种非人的价值辩护和美化的工具，不能真实而正确地反映和反观经济，也就无法为经济发展注入凝聚力和推动力，文化的鼓舞性和导向性也就自行消失。其次，资本文化导致文化的商品化和齐一性。文化失去创造力和多样性，进而扼制作为经济发展重要组成部分的文化产业的发展，降低经济活力。并且，文化的齐一性形成稳定的、不合理的而又无变革的社会秩序，导致社会各种结构固化，经济结构生产方式固化影响经济活力。最后，文化资本化导致文化的享乐性和合理性的特质，享乐性的文化氛围培育了虚假的消费欲望。"商品与文化之间的界线已被消除，文化不再是抵制商品化的特殊领域，而是作为商品化的中介直接参与到商品化过程中，成为商品支配人的欲望和想象的工具。"① 整个文化只是一种操控的文化，受市场和利润的导向，把主体的能性降格为物性，并极力生产这种物性，人的超越维度消失，文化操控的合理性显现。且经济好坏取决于文化娱乐，娱乐具有当下性，不能考虑经济长远发展，导致社会问题和生态问题。

资本的文化视角突破了单纯文化观对经济活力的影响，资本使文化作为自己追逐财富积累的工具，并培育人对这种现象的合理性理解，能够使我们重新审视文化及文化与资本的关系，并且在科学合理的原则下，正确构建经济活力，创造人类精神家园。

（四）意识形态之虚假意识

随着资本在技术和文化领域的扩张，资本的逻辑也逐渐渗透到意识形态领域。"马克思的形而上学批判、意识形态批判又是与资本批判密切相关、融为一体的。"② 意识形态在接受资本的价值观念和思维方式的过程中，一定程度上反映和促进了经济的发展，契合建构经济活力的要义，但同时也造成了意识形态本身的异化。

在积极意义上，资产阶级的自由、平等、竞争以及对知识和真理的追求等观念本身就是资本要求的写照，这些观念根植于意识形态之中，对人

---

① 汪行福：《当代资本主义批判》，《国外理论动态》2014 年第 1 期。

② 杨耕：《形而上学批判、意识形态批判和资本批判的统一》，《光明日报》2011 年 11 月 8 日第 11 版。

的实践主体的激励和经济活力的建构都产生了积极影响。特别是这些观念在全球范围内的普及在一定程度上削弱了各种意识形态的隔阂，利于世界各种要素的交流融合。在消极意义上，意识形态的资本运动逻辑造成了意识形态的异化，意识形态抛弃了人的存在方式和经济社会生活的现实，对真实社会生活的歪曲反映，成为一种异化于人的具有美化现实、对现实辩护虚假的力量。这种虚假意识要求人们对资本的存在方式自觉地做出合理的说明和思想认同，其关注的中心问题是价值增值而非经济活力，资本借助于人的意识表达了自己的"思想"。并且，此种意识形态逐渐成为一种对自我意识有意识的否定力量，造就了一个以资本为灵魂的思想意识体系，并在一种极其正当的方式中实现自我生产。特别是作为形而上学意识形态的实质解构了作为现实人的实践主体并导致意识形态的同一性和同质化，消解了经济活力中活跃的人的本质存在，抑制了意识形态多样性对经济的影响力。

资本向人的深层次的扩张非但不能使人真实地认识资本，利用资本激发经济活力，促进经济发展，反而使人们在意识形态上接纳这种原则，并自觉而极力地否定自我意识和替资本意识辩护，资本在意识形态中的观念原则在激发经济活力的同时也绑架和抛弃了它。因此，在我国现代化建设中，这对我们在意识形态上更新观念，维持意识形态的经济活力的本源追求，正确释放资本活力，发展经济提出了研究课题。

（五）资本的空间扩张

空间生产集中表现了资本与地理空间的结合及资本在空间上的展开过程。就其实质而言，空间生产是人们建构自己的生存空间，是人的生存的空间表达，可以看作是空间的人化。而随着当今资本发展的形式创新，资本的空间化使资本逐渐发展成为对空间的僭越，以至于使空间资本化。"由于资本的历史本性，从资本空间化到空间资本化的发展是资本发展的基本逻辑，空间生产本身在当代日益成为资本生产的主导历史形态。"①

空间的资本化是一把双刃剑。一方面这是资本生存逻辑的自我创新，是把空间作为工具或者确切地说是把空间内化为资本的一部分来完成的。

---

① 庄友刚：《空间生产范式的资本批判与中国马克思哲学创新论域》，《南京政治学院学报》2011 年第 6 期。

从客观上讲，一切空间要素都以资本的尺度来组织和利用，有利于发挥这些要素的功能效度，促进了城市空间景观的快速发展和高度发达，为经济发展提供便利；空间生产技术创新和发展，促进城市建筑、产业结构优化升级和产业链纵深延伸，提升社会生产力，激发经济活力的要素，有利于财富积累。此外，空间资本化的发展是资本内在逻辑自我否定的重新肯定，摆脱了资本增长的局限性。积累的灵活性在一定程度上规避和减轻原有增长方式下日益增长的生态和环境危机，消除经济活力的抑制因素。经济全球化和世界一体化打破了各地域、文化和人群的界限，增强世界范围内的交流。但资本空间化也产生了诸多单面性和消极性，压抑和消解着经济活力。总的而言，空间的资本化最终使空间成为追逐财富积累的工具和手段。无论空间要素如何重构，人不仅失去了其作为终极价值和目的的存在，反而被资本整合到空间生产中，成为空间资本化中的一个向度，或者仅仅只是一种手段，资本实现增值是一切目的的最终目的。具体而言，空间资本化的问题主要表现在：空间两极化、商品化和格式化。所谓空间两极化，一是指城市空间的富裕区与贫困区、商业区和居住区的形成，资本总选择最优环境，造就富裕区和商业区，商业区把一切优等的环境都转化为空间的资本要素，挤压居住区；二是区域差距大，由于资本的进入度不同，城乡和区域发展存在很大差异；三是全球化背景下的国家和地区发展不平衡。所谓空间商品化，主要指空间从设计理念到现实功能上讲都是突出一种商品化的消费气息，一方面在刺激消费，另一方面又在培育消费欲望。所谓格式化，指居住条件的差异导致城市人群之间的生活生产和思维方式的不同，并且这种不同被不断地生产出来。

资本的空间扩张一方面让我们从空间的角度来审视资本的扩张，为我们合理利用资本的空间扩张构建城市经济活力和产业结构活力提供可能，并使我们在经济全球化的浪潮中勇往直前。同时，又需要我们关注空间扩展的人文情怀，始终坚持空间的人本主义价值观和资本的空间历史价值意义。

三　建构经济活力

经济活力的建构是一个集理论与实践于一体、融当下和未来于一身的复杂而庞大的任务，需要在科学分析的基础上展开论证和操作。具有活力的经济是构成经济的各要素自身能够不断提升，能够合理地结合在一起形成强劲的生产力，并且在这种生成过程中形成优化的结构，最终成为一个有机的生机勃勃、生命昂然的统一体。资本具有强劲的生命力和活力，资本主宰了现代经济的基本形态，资本把社会生活的方方面面都以要素的形式纳入到经济发展的框架中。因此需要激发各种要素的潜能，使这些要素在财富最大化的要求下以总体的方式和功能出现，推动经济进步和经济活力的建构，为我国经济的持续、快速、健康、协调发展提供强大的力量支持。

（一）观念更新

通过上述分析可以看出，我们只有对资本有了深入的理解和把握，才能破除思想的束缚，进而在利用资本提升经济活力的道路上迈开脚步。回顾历史，我们看到，"受形而上学哲学观和特定意识形态制约，不少人对资本往往采取一种非历史的态度，对资本进行抽象的肯定或抽象的否定"[1]。我们要从资本的产生和发展路径来认识资本在历史和现实中的积极意义，把在具体的促进经济发展，塑造经济活力中的利弊得失，特别是要把资本的历史客观作用和资本的逻辑必然区分开来，把资本的经济意义和资本的价值诉求区分开来。资本客观上在诸多领域促进了生产力的发展，对人类物质财富和精神财富的积累有积极意义，但资本的逻辑必然走向"非人"的一面。因此，在我国当代经济建设中，首先要在观念上对资本进行反思，并自我反思，积极引导资本开创经济社会的新发展。

与此同时，破除对资本的片面否定外，我们还应该防止另一个极端，那就是对资本无批判无原则的肯定利用，进而使人在意识形态受资本异化的控制，成为资本逻辑的辩护工具，使人的观念只是对资本的顺从，观念更新创造活力对人的主体实践活动的影响越来越小，人的观念意识形态自我表征变成了资本的自我表征，人的活力变成了物的活力——控制人的活力，从而消解了人的主体性活力。经济活力的现实基础必定是人的主体性活力的实践，回归人的主体性，回归人的意识性和能动性，在观念的不断与时俱进中激发主体实践活力，促进经济活力的生成。

因此，在改革开放不断深化和经济全球化的时代背景下，在面对西方

---

① 何建津：《马克思的资本批判与现代性批判》，《岭南学刊》2008 年第 1 期。

发展的二律背反和我国发展的具体实情，新时代新情况新问题需要与时俱进的理论思想来解决时代课题。科学发展观就是这样一种崭新的发展理念，使我们必须面对资本促进社会经济发展的现实，但同时也要在思想观念上对其弊端做充分认识，既转变对资本的传统观念，充分而又有限度地利用资本促进经济领域的健康快速发展，也防止资本对人的意识形成的异化而导致观念僵化无活力进而削弱人的实践活动，削弱经济活力中人的活力维度。

（二）结构配置

合理的资本形态形成合理的所有制结构。"我国现阶段的经济结构形态叫'三驾马车'，或者叫三个最大的市场主体：即公有制经济、民营经济和外企经济。"① 它们分属于公有资本、民营资本和外资资本。公有资本具有控制力和导向性，民营资本具有灵活性和竞争性，外资资本则具有生产管理和经营的成熟性。而我国现阶段资本结构的不合理主要表现在公有资本垄断和比例过高，民间资本发展受限，资本结构缺乏有机性。"为此，所有制结构总体上应该是混合型的，所有制结构不应该是固化的，具体结构要根据经济发展常态和经济危机状态，灵活调整，适时变化"②，资本形态的关系结构是一个动态变化的有机统一体，它需要根据经济发展的具体情况来适时调整。在经济下滑的压力状态下，需要发挥国有资本的控制力和导向性，以稳定经济活力；而在经济平稳上扬的状态下，则需要充分发挥民营资本和外资资本的竞争灵活力和成熟性，提升经济活力。

同时，就单个资本形态而言，处理好企业与政府的关系是激发经济活力的核心要义。特别是对国有企业的产权政企关系调整，对现代企业法人治理结构的建构等问题。改革公有资本的产权管理结构，扩大企业的自主权和竞争力，提升经济效益，加强对公有资本的整体性管理，实现资产组织形式多样化，防止资产流失。特别要增强国有企业经济活力、影响力和控制力。对于民营资本和外在资本，要促进它们的实现形式、融资、投资、信用、信息与保障、行会组织健康发展，着力解决"两重门"，实现法律平等和政治平等。

---

① 王正宇：《不断增强国有经济活力控制力影响力》，《经济纵横》2013 年第 6 期。

② 蒲宇飞：《完善动态混合所有制结构焕发经济活力》，《经济问题》2013 年第 11 期。

　　产业结构优化所表现出来的活力是经济活力的重要方面，产业的兴盛、结构的优化升级和产业经济创新对国民经济的发展产生着巨大的影响。调整和优化产业结构，可以提高资源优化配置和经济整体效益，推动国民经济健康、稳定、协调、可持续发展。我们要充分发挥资本的市场化作用，促进资本的合理配置特别是对技术的投入，促进产业结构的优化升级和有机协调。"产业结构的优化主要意味着产业结构的升级、技术和资本密集程度的提高。"① 产业结构从低级到高级的演进过程，需要以资本和技术为特征的高新技术产业的推动，在推动自我提升和产业链的延伸中，促进传统产业的改造和更新换代，开创新的经济增长点和经济活力。最终改变农业薄弱、工业质量低下、服务业不发达和高新技术产业相对落后的局面。

　　（三）空间协调

　　城市和区域经济活力是社会经济活力的重要组织部分。在资本的空间扩张中，我们要审时度势，利用资本对经济活力的提升作用，推动我国城市化进程和城市的高质量发展以及区域经济发展。就我国而言，改革开放以来，资本逐步融入城市化和区域经济的潮流中，推动了城市和区域的蓬勃发展，彰显了经济活力。但同时也存在诸多问题：城乡、区域差距过大；城市拥堵、生存空间挤兑、土地矛盾、发展不平衡等自身问题突出；城市人文价值缺失、人们精神心理压抑；资源利用和生态环境存在问题和危机等等。面对这些问题，首先，我们要贯彻的价值目标是，空间的扩展是人的生存方式的扩展，资本的空间扩张只是促进生产力的发展和财富积累，为人们创造更多的物质文化资料的工具而已。其次，在具体解决措施方面，我们首先要弥补城乡和区域差距，"要加大统筹城乡发展力度，增强农村发展活力，逐步缩小城乡差距，促进城乡共同繁荣"②。使各种形式的资本在流向城市和经济发达地区的同时，也可通过政府和各种经济手段使资本向乡村和不发达区域倾斜。对于城市自身问题，我们一方面要正确处理商业对居住环境的压缩，保护城市生态环境平衡，加强城市自身内

---

　　① 李红梅：《21世纪中国产业结构调整的战略选择》，《首都师范大学学报》2000年第6期。

　　② 《十八大报告》。

部流动和沟通，消除格式化。另一方面，在城市设计上，既利用资本所形成的技术高科技手段，也要防止城市设计注重单一的功能化和商业化。促进城市和谐、稳定、健康发展，聚集城市的活力能量。最后，要处理好效率和生态环境问题，既要对自然的开发利用坚持适当的资本原则，提高生产力，积累更多的物质财富，又要坚持可持续发展的价值要求，自然的可持续利用实际是人的可持续生存。

经济全球化是当今经济发展的显著特征，而金融资本的全球化则是资本在全球扩张的创新形式。资本创新形式使资本以更灵活的方式把世界的每一个地方紧紧联系在一起，资源和经济要素在世界范围内流通和组合，加强了经济协作性的同时也强化了经济方方面面的依赖性，使全球经济变得一荣俱荣、一损俱损。在这样的新形势下，我们一方面要利用和驾驭资本，深化对内改革，巩固和稳定本国经济基础，形成强大的包容力和吸收力；深化对外开放，充分利用国外各种生产要素、先进经验弥补本国不足，提高经济发展的生命力和竞争力，促进经济发展和提升经济效益。另一方面，我们也要限制资本，特别是外国资本对本国资本市场的控制，把外国资本、民间资本和国有资本纳入到社会主义主体力量的控制中，为社会主义经济建设服务。

（四）科技创新

科技创新是经济发展和经济实力的重要标志，拥有核心科学技术，能够促进产业机构优化升级，提高劳动生产力，提高利用率，提高附加值，降低成本，增强产品的市场竞争力，推动生活方式、思维方式和社会组织方式的变革，为经济活力提供软实力。同时，降低污染，提高污染处理能力，减轻自然生态压力，实现可持续发展。特别是在当今时代，利用资本对科技的促进作用，在一定程度上提高科技的资本化倾向推动科技创新显得尤为重要。

现阶段，我国科技创新存在的主要问题有两个：一是创新主体单一且关系错位。"传统经济下的科技创新行为主体一般都是纯粹的科技部门和科技人员。他们往往主宰着科技创新的全过程。在知识经济条件下，企业、大学、研究机构、中介机构和政府等，都是科技创新的主体。"① 创

---

① 　陈永明：《经济创新》，《成人高教学刊》2009 年第 2 期。

新主体单一使技术创新能力不足，企业作为科技创新的重要主体，却缺乏创新的动力和实力。二是科技创新的市场化程度不高，科技创新的经济意愿不够强烈。

正如上文所述，技术与资本的结合在客观上和一定程度上提升了科技创新的能力。因此，要加大资本对市场主体的介入度，在利用公有资本促进技术创新外，更应该激活民间资本对科技创新的投入，放宽对民间资本的融资和投资限制，使科技创新的资本运作更具灵活性。培育多元创新主体，激活科技创新的主体活力。同时，要强化科技的商品化和市场化转化能力，只有在利益的推动下科技创新才会显现强劲的生命力，但也应当谨防技术理性的复活。

第三节　文化活力

文化既是民族精神的象征，同时也是维系和谐社会的重要纽带。文化活力则是人类实践与社会总体创造力的集中体现。作为中华民族安身立命的文化根基，精神家园表征着民族的生命本性、生命活力、核心价值观、精神凝聚力及动力。在当今各种意识形态与价值观念、文化传统相互交融及激烈碰撞的今天，需要民族精神家园的复兴与重构，从而为民族的发展找到安身立命的精神支柱，维系民族的凝聚力，支撑民族的生存发展，保持中华民族发展生生不息的文化及文明活力。

一　文化活力与精神家园

在一定意义上，文化决定着一个民族的命运及生死存亡。一个民族若想立于世界之林，必须保有文化发展的活力。"文化活力是文化系统（建立在经济与政治结构之上的社会思想观念与精神方面的各种要素组成的有机整体）的活力，是人类实践与社会总体创造力的集中体现。"[1] 作为社会生活方式与精神价值体系，文化既是民族精神的象征，同时也是维系和谐社会的重要纽带。有活力的文化，是人们积极向上的精神追求和健康文明的生活方式。有活力的文化，必定是文化繁荣的大局面，即个性丰富、

---

① 董慧：《社会活力论》，湖北人民出版社 2008 年版，第 84 页。

特点多样的文化形态竞相争鸣，文化环境宽松和谐，不同文化利益的兼顾与共享。有活力的文化，也正如胡锦涛在"七一"重要讲话中指出的，"全民族文化创造活力持续迸发、社会文化生活更加丰富多彩、人民基本文化权益得到更好保障、人民思想道德素质和科学文化素质全面提高的新局面，建设中华民族共有精神家园"。精神家园反映的人民生活和生产的希望、理性和利益以及能够推动历史前进和促进生产力发展的先进文化，中华民族精神家园作为与人类生存和生活、中华民族发展振兴紧密相关的重要主题，在当今经济全球化的背景下突显出更加重要的意义。

　　精神家园是文化与心理之归属，寄托着人们对未来的希望，凝聚着社会发展的共识。作为中华民族安身立命的文化根基，它表征着民族的生命本性、生命活力、核心价值观、精神凝聚力及动力。在当今各种意识形态与价值观念、文化传统相互交融及激烈碰撞的今天，要想真正实现中华民族的自我认同，提升民族生命和意义，保持民族生机和活力，必须反思与重建时代变迁中的精神家园。这既是个文化重建的过程，也是一个价值重构的过程。只有复兴与重塑中华民族的精神家园，才能帮助中国人及中华民族彻底走出精神的困惑与危机。让精神家园能够以文化理想与精神追求的方式团结及凝聚中国人，使其获得民族认同感与自豪感，在民族发展实践中将自古以来开创的思想文化传统不断传承延续，展现其生命活力与创造活力，保持中华民族发展生生不息的活力，为社会发展提供强大的精神支撑与动力支持。

二　文化活力与人类精神家园的普世价值

　　启蒙运动以来，西方社会思潮中自由民主的政治理想、公平正义的价值追求以及人性人本的文化意识，深深嵌入到现代化发展所形成的文化模式与社会运行机制中，充分彰显着理性的力量，形塑和影响着现代人和中华民族的精神家园；西方科学技术的发展变革和资本的空间扩张，深刻地改变了人类历史进程及世界格局，带来了生态、社会及文明危机，伴随着价值假定的缺失和道德观念的狭窄，人类精神家园日益消融与荒芜；西方社会批判理论对于消费主义、虚无主义及生态危机的深刻批判，倡导自由自觉的日常生活空间以及生态和谐的生活方式，充分展现了精神家园的终极人文关怀。在复杂的时代境遇背景下，我们需要全方位地从西方经济、科技、政治、文化及生活各个方面汲取养分，重建和复兴作为民族思想文化、信仰体系、伦理道德、生活理想之载体的中华民族精神家园。这一文化重建和价值重构过程，将帮助中国人及中华民族彻底走出精神的困惑与危机，保持中华民族发展生生不息的文化及文明活力。

（一）自由民主的政治理想

精神家园的形成与发展总是与人们对政治理想的追求存在着紧密的联系，这种联系贯穿于人类社会长期的历史发展进程中。美好的政治理想的存在，会激励着人们为之拼搏、奋斗。民族精神作为一个民族赖以生存和发展的精神支柱，表征着某阶段该民族的精神状态，对美好的政治理想的追求有利于该民族的精神状态的活力的激发。20 世纪以来，中华民族在追求共产主义政治理想的过程中，所爆发出来的生机勃勃的精神状态正是对这种关系的最好的诠释。由此可见，政治理想可以给一个民族以心理上的归属感，构成一个民族精神家园的重要组成部分。自由民主的政治理想作为人类永恒的价值追求，在我们构建中华民族共有精神家园的过程中会给我们提供有益的借鉴。

产生于古希腊城邦的自由民主的政治理想，从产生之日起就寄托了人类社会关于实现社会大同的无限渴望，在与专制的抗争中不断发展、完善，逐渐形成以美国为代表的当代西方自由民主制度。从人类对理想社会的不懈追求之中，从人类政治理想历史性发展与演变之中，我们可以看到，自由民主的政治理想，已成为精神家园的不可分割的重要组成部分。自由民主的政治理想最早可追溯至古希腊城邦时期，在古希腊人自由民主的城邦生活氛围中，他们创造了光辉灿烂的以自由民主为精髓的希腊文化，并成为欧洲人精神家园中不可或缺的一部分。希腊社会因此彰显出蓬勃旺盛的生命活力，"民主制调整希腊城邦自由民内部的矛盾，激发公民的主动性与积极性，使得社会安定，生产发展，文化繁荣；从而改善并丰富了人们的生活，增强了国防力量"[1]。此外，希腊民主制及其所产生的影响更是跨越时代的局限，泽被后世，几乎整个欧洲文化都是以"轴心时代"的希腊文化为根基的。民主制对希腊社会发展所做出的巨大贡献，对于我们构建中华民族共有精神家园有很大的借鉴与启示。正如马丁·阿

---

① 王来棣：《论希腊民主制》，《政治学研究》1988 年第 5 期。

尔布劳所认为的，"全球化中，民族共同体无论走向何方，它都要保留从古典遗产中发展起来的民主、自由和宽容等价值观"①。可见，自由民主是人类永恒的价值追求。

人类关于自由民主政治理想的追求，并未随着古希腊的衰亡而放弃，而是随着文艺复兴时期的到来，以一种新的姿态登上了历史舞台，为新生的处于襁褓中的资产阶级起到了思想动员作用。经过文艺复兴时期的思想启蒙，西方世界开始了风起云涌的资产阶级民主革命，在此过程中，自由民主的政治理想深深地熔铸在各个民族的血液中，成为其民族精神的重要组成要素。在 18 世纪初到 19 世纪末这一历史时期，正是欧洲资产阶级革命和民族国家的形成时期，随着民族国家的形成，民族认同与精神家园也渐趋形成。在这一时期，发生了欧洲历史上继文艺复兴运动后的第二次思想解放运动——启蒙运动。在启蒙运动中，一些先进的思想家，高举自由、民主与平等的大旗，积极地反对封建专制主义与宗教愚昧，宣传基本的资本主义思想。通过启蒙运动的思想洗礼，自由、民主与平等的思想深入人心，民主制成为当时最佳的制度选择，自由民主的政治思想也由此变成了现实，自然而然构成了他们民族共同体的一部分。自由民主的政治理想通过诸如伏尔泰、孟德斯鸠、卢梭、托克维尔、密尔等学者的著作及政治实践得到了传播与发展，并且始终占据着主流的地位，对资本主义民族国家的建构产生了重要的影响，成为其政治制度的一部分，塑造着一种自由民主的政治文化和政治传统，日益影响着在这种制度下生活的人们，构成这些民族国家民族认同的重要组成部分。

（二）公平正义的价值追求

社会的主导价值观的建立与精神家园的形成必然是一个相统一的过程，社会的主导价值受到冲击，必然冲击着对精神家园的认同。"正义犹如支撑大厦的重要支柱，如果这根柱子松动的话，那么人类社会这个巨大而雄伟的建筑必然会在顷刻之间土崩瓦解。"② 这句话振聋发聩地诠释了公平正义作为一种价值理念对维系社会有机体有序良性运行的重要意义。

---

① 戴晓东：《当代民族认同危机之反思——以加拿大为例》，《世界经济与政治》2005 年第 5 期。

② 亚当·斯密：《道德情操论》，胡企林、蒋自强等译，商务印书馆 2009 年版，第 106 页。

公平正义的价值追求已深深嵌入到现代化发展所形成的文化模式与社会运行机制中，深深地影响着现代人及其民族的精神家园。尤其是中国正处于现代化建设的关键时期，特殊的时代境遇使中华民族在重塑民族精神家园的过程中理应高度重视公平正义的价值理念。

西方有着悠久的追求公平正义的传统，如在古希腊柏拉图与亚里士多德的思想中，就有了公平正义的文化基因。在所有西方学者的关于正义的论述中，《正义论》的作者罗尔斯是一个最具有代表性的人物，他的"正义理论可以说是当代西方正义理论的最高成就，'代表迄今为止现代西方思想界有关正义的最系统的论述'"①，其本质上强调，"所有的社会价值——自由与机会，收入与财富以及自尊的基础——都应该是平等分配的，除非是其中某种或者所有价值的不平等分配符合每个人的利益"②。这种"正义"，内蕴道德原则，强调人的尊严、责任及相应的权益，这对精神家园的建构及其创造性活力会产生十分深刻的影响。公平正义的价值追求不仅仅体现在理论论证上，而且体现在西方制度设计与制度实践中。如西方以瑞典为代表的福利国家就是典型的体现公平正义的价值的制度。2004 年 2 月 17 日，美国卡内基—梅隆大学的研究机构公布了"全球最有创造力的国家"排行榜，瑞典取代美国高居榜首。正是这种公平的社会保障制度的实施，满足了其社会成员的物质需求与精神需求，使瑞典人在生活上没有后顾之忧，在这样的社会中具有良好的心理归属感，能够以饱满的精神状态投入到工作当中，从而成为世界上最具创造力的国家之一。此外，社会主义国家，比如处于资本主义世界包围中的古巴也为我们提供了一个好例子。古巴十分重视并积极践行公平正义的价值理念，古巴自社会主义革命胜利以后就"始终坚持公平、公正、民主的社会主义理念，主张国家就是最大限度地为人民谋福利，服务于人民"③。公平正义的追求，现实化在其关于民生的制度与政策中，如对教育公平的重视，改善民生的措施都体现了社会主义的优越性，形成了良好的民族与政治认同。生存在西方资本主义包围圈中的古巴，西方的经济封锁与和平演变之所以没

①　何建华：《马克思与罗尔斯的公正正义观：比较及启示》，《伦理学研究》2011 年第 5 期。

②　罗尔斯：《正义论》，何怀宏等译，中国社会科学出版社 1998 年版，第 62 页。

③　梁英：《古巴共产党改善民生的措施及启示》，《当代世界》2008 年第 7 期。

有奏效，很大一部分原因可归结为其整个社会中弥漫的公平气息，在满足古巴人物质需求的基础上，公平、正义的价值观也给了他们心灵的归属感与精神的寄托。这给同为社会主义国家的中国以非常重要的启示，建设中华民族精神家园，公平正义的价值追求是不可或缺的重要价值源泉。我们在走向现代化的过程中，面对着现代性与全球化的冲击，理应顺应时代的要求，秉持一种开放的心态，理性地审视当代世界各国关于公平正义的社会实践与理论探索，积极地借鉴与汲取它们的优秀思想成果，融合中国本土关于公平正义的传统，塑造富有民族特色的精神家园，为文化活力建构新的元素。

（三）人性人本的文化意识

民族精神家园是一个民族精神的皈依之所，是组成该民族的成员共有的精神支撑、情感依托与心灵归宿。精神家园必然有其存在的深厚的人性基础。一个民族只有当它的所有成员"都充分享有做人的基本权利和义务，能够在获得真正人性规定的条件下生活与实践，人的本质力量才会体现，人们才会积极主动、奋发向上地参与到社会生活实践中"[1]，要使上述问题由理想变成现实，在人性问题上必须坚持人文主义的价值原则和拥有人文主义的文化意识，将人性人本看作精神家园的根基。否则，我们离开人文主义的人性论谈论精神家园，精神家园只能成为毫无现实意义与吸引力的空洞的学术概念。"在西方的崛起或者文明的精神史上，它在传统的价值被冲击完了之后，它有很迅速的东西填补，就是另外一个它的宗教改革，同时有人性的复苏，这是15世纪开始的文艺复兴，一直到后来的启蒙运动。所以启蒙运动就是讲人要有人性的关怀，要有人性的启蒙。"[2]西方世界在社会转型时期，人性关怀及人性启蒙，对于我们建构精神家园可以提供有益启示。

西方人性论的人文主义传统发端于古希腊的宇宙观，盛行于文艺复兴时期，直到近代依然长盛不衰，深深渗透在西方文明中，熔铸在他们的精神家园中。古希腊的宇宙论中蕴含着人文主义思想的萌芽，如"人是万

---

① 董慧：《社会活力论》，湖北人民出版社2008年版，第159—160页。

② 邱震海：《中国社会需要自下而上的人性启蒙》，2011年10月25日（http://news. ifeng. com/society/special/nianyanvtong/content—2/detail_ 2011_ 10/25/10122456_ 0. shtml? _ from_ralated）。

物的尺度","认识你自己","追求知识为人之本性"等。文艺复兴为人性的启蒙奠定了基础，揭示了饱满的、鲜活的人性，人的精神世界受到关注。体现在哲学中主要是通过高扬人的主体性与理性来表现对人性的关注。如笛卡儿的"我思故我在"，康德关于人的"自由意志"的观点，费希特提出的"自在的人"，都是在强调人的"主体性的"的意义。这些哲学家对人的"主体性"的论证都是为了确立人的"自我意识"的重要地位，这与文艺复兴以来，甚至古希腊以来对人的关注的思想是一脉相承的。启蒙运动时期关于人性的人本主义论述不但丰富了人性的思想，而且为西方在现代化转型过程中起到了思想启蒙的作用。对自由、民主与平等思想的宣传与提倡为资本主义的发展扫清了思想障碍，尤其是运动过程中对人性的启蒙更是启蒙运动的巨大贡献，使人道原则和价值标准成为人类公认的普遍规范，为近代西方欧洲国家能够成功地实现从封建主义社会向资本主义社会的顺利转型奠定了很好的实现基础。此外，启蒙运动支持一种乐观的人本主义和历史主义，这种观点认为人性永远进步，历史永远向前。可见，重视人性和人道的问题，已经深深熔铸、渗透在西方人的文化血脉之中，作为一种文化基因不断地传承下去和流传开来，构成了欧洲乃至整个西方诸民族精神家园的不可分割的一个组成部分，构成了精神家园的坚实人性根基。

我国现在正面临着全球化的时代转型，转型之一是从计划经济体制转向市场经济体制。转型后的社会与西方具有某种程度的相似性，同为市场经济社会，但是本质还是一样的，由人性与人道构成的精神家园能够与西方社会经济基础和谐而有序地协调整合在一起，对于我们建构社会主义市场经济具有十分重要的借鉴意义。西方人文主义的核心是人性与人道，并且是"抽象的、一般的、人性人道"①。无疑，这样的人性与人道的适应范围是很广泛的。马克思主义也体现人性与人道，这是西方人文主义与马克思主义相契合的地方，主要体现在"他们都追求人性、人道，都为实现真正的人性、人道而奋斗"②。马克思主义作为我国的主流意识形态，西方人文主义人性论与马克思主义的人性论的融合为我们重塑中华民族精

---

① 毛建儒：《马克思主义与西方人文主义在当代的融合》，《晋阳学刊》2011 年第 2 期。
② 同上。

神家园找到了坚实的人性基础。

（四）革命创新的科技能力

在人类文明发展演化的进程中，科学技术是不可或缺的革命性力量。但是科技的重要作用不仅仅体现在它作为第一生产力对人类社会发展的推动作用，更体现在其对生活方式、思维方式、社会组织方式的变革作用，尤其是对人类精神状态的影响。历史性地审视人类文明史上的科技革命，主要有三次，第一次是以瓦特的蒸汽机的发明为标志的工业革命，这意味着人类进入了蒸汽时代。第二次是以电力的发明和应用为主要特征，标志着人类进入了电气化时代。第三次就是我们正在经历着的以互联网的应用为主要特征的信息化时代。历次工业革命都促进了人类生产力的提高，在此基础上促进了人类物质财富的极大丰富。正如马克思在《共产党宣言》中所论述的，人类在不到一百年的时间里，创造的物质财富比以往任何社会任何时代创造的总和都要多、都要大。科技的发展对人类社会的贡献在于创造了高度的物质文明，满足了人们的物质需求，进而使人们有时间去创造精神文明，建构人类自己的精神家园。同时，工业革命的发展过程，也几乎与民族国家的形成是同步发展的，促进了这些国家民族意识的觉醒。

曾任卡特总统安全顾问的布热津斯基在其著作《失去控制的全球：21 世纪前夕的全球性混乱》中说：“工业革命促使人类挑战自然界统治生命的能力有了量的飞跃。现世主义越来越把注意力集中到尘世生存的中心地位，提高人类的凡胎肉身，贬低人类的精神领域。最终甚至认为，只要忠实地遵从所揭示的新的真理，人间天堂也是可以达成的目标。”① 在这样的语境下，人类高扬理性与自己的主体性，认为自己无所不能，将整个中世纪以来对上帝的信仰扔到了历史的垃圾堆，人类中心主义占据了主导地位。随着社会的发展，人的信仰日益世俗化，理性主义与民族主义抬头，导致了两次世界大战的惨剧，这既是极端民族主义的一个结果，也是精神家园荒芜的极端表现。

第三次科技革命标志着人类进入了信息化的时代，是人类科技史上重大的变革。新的科技革命在给人类带来巨大物质变革，促进社会生产力重

---

① 尹国均：《后现代城市：重组建筑》，西南大学出版社 2007 年版，第 60 页。

大发展的同时，也带来了一些社会问题，影响着人类的精神生活。随着网络技术的发展，给人类寻找信息带来了巨大的便利，但是网络的无边界性也在瓦解着人类的民族认同，充斥着网络的来自多个国家、多个民族的价值观与文化更是肢解着人类的民族认同，在这样的境遇中，人们很容易发生迷失在价值观的汪洋大海中。此外，网络的发展也促进了全球化的发展，以经济全球化的发展为动力，进而促进了文化全球化等各个领域全球化的发展，在这样的社会境遇中，人们可能具有多重文化身份，容易使人的身份认同产生错觉。文化认同作为民族认同的核心要素，文化认同偏差的存在必然影响民族认同。当然，全球化时代的民族认同问题不仅仅是我们发展中国家在走向现代化的过程中必然要面对的问题，同样是西方发达国家在信息化语境之下所遭遇的民族认同困境，应该引起我们的高度重视。

高科技的高风险性与不确定性将人类带入了风险社会，"自'切尔诺贝利'事故以来，风险几乎穿透一切社会领域并成长为社会生活的关键词，从核风险到'9·11'恐怖袭击、从生态危机到能源紧张、从'非典'肆虐到基因安全……在一定意义上而言我们已经进入风险社会中"①。在风险社会境遇下生活的人们面临着安全感的困惑，心理处于焦虑状态，精神家园感受到冲撞与肢解。面对风险社会带来的精神困惑，如何走出困境，摆脱高科技带来的社会后果的异化，重塑精神家园，是时代摆在我们面前的难题。其必然选择是反思传统科技伦理，重构风险社会观念语境下的科技伦理，"面对'近代人类智力的急速发展给我们造成的重重难题'，也只有靠发展符合人类道德需要的科学技术'来解决这些难题……才能帮助我们明智地应付和适应未知的危险的未来'"②。只有重构科技伦理规约，使风险社会语境下的人们不再遭受风险社会的不确定性困惑，人们的精神状态才能彰显活力，也才能成功地重塑中华民族共有的精神家园。

（五）生态和谐的生活方式

精神家园的形成及兴衰的发展逻辑总是与人们的生活方式杂糅在一起，与人们的生活体验、生命历程紧密交织在一起。生活方式既是人类在

① 潘斌：《社会风险论》，中国社会科学出版社2007年版，第2页。
② 崔伟奇：《科技伦理：在风险观念的语境中》，《江海学刊》2008年第3期。

社会生活空间衣、食、住、行的生活事实，也是精神空间的确证与认同，代表着人类文化习俗、价值观念、情感信仰、理想诉求。这种身份与价值认同可以构成一种根本且普遍的社会力量，在人类不断追问生命和生活意义，回归本真自我，重返精神家园中起着精神导向作用。从一个民族的生活方式中可以窥见人类社会的生活价值内蕴和民族的精神文明状况，生活方式同时也影响着整个人类对生活意义的把握、幸福境界的理解以及人生理想的追求。一个民族的生活方式不可避免地会打上社会、文化甚至是政治的烙印，从与生活方式相关的生活习俗、生活经验、生活态度、生活品质、生活境界等核心元素中，我们可以解读到精神家园的经验具象。从这个意义上可以说，在源于日常生活实践的生活方式背后，隐匿着关乎人的终极价值追求问题。而反观精神家园，它在本质上也是关乎人的生存发展、审美愉悦的生活空间，因此对精神家园重建和回归的渴求，可以看作是对于生活意义缺失的反思。无论是海德格尔的"诗意栖居"，还是列菲伏尔的"日常生活"，高兹的"更少地生产、更好地生活"，莱易斯的"易于生存的交往社会"，福斯特拯救人类及所有物种生存家园的"自然与社会新陈代谢的理性重组"这一"生态革命"，既在批判作为人类精神寄生的同时也是根植于人类文明历史的寓所，涵盖了人类生活经验的日常生活空间与实践，以此来引导、规范及约束人类的生活方式；同时也是对通过人类生活方式如何实现尊严确证、文化认同、价值觉知的精神归一、精神维系，不断建构生活德行，走向充盈的精神家园及其对意义的追问。

　　生活方式的选择及实践表现了一种文化及文明的追求，其核心是具有自主性、创造性和责任感的健全主体自由选择与自然关系、社会关系相和谐的生活方式，尊重自然极限，实现真正的幸福与满足。社会的发展会从人们的生活方式及日常生活的基本图景去改变整个社会的物质与精神面貌，并且为整个社会营造进步或退步的历史环境。从某种意义上说，整个人类文明演进的历史就是人不断追寻生命意义、选择合适的生活方式、实现生命价值的历史，同时也是精神家园的寻求、形成、发展、没落相互交替的历史。人应该理性地选择一种能够超越单纯经济发展、有利于人的能力与心灵发展的生活方式，自由自觉、开心愉悦地过自己想过的生活，用自己的生命去奋斗，为社会整体创造财富，并且在这个过程中获得自我与他人的认同。生态和谐的生活方式，是民族精神家园走向饱满所追求的一个崭新目标。这种生活方式，旨在帮助人们实现和平环境中的生存权利，充分保持人们消费生活中的自由，但同时赋予消费主体自律性，力图使人类生活保持与自然生态系统动态平衡。要挽救精神家园，使人从单纯追求感官的愉悦走向精神的追求及终极价值的探寻，必须认识到日常生活和生活方式对于人而言是"必要的历史环境"①，这个必要的历史环境能够孕育人在家庭生活、家庭共同体中与其他成员建立持久的情感与人际联系，尊重感、真诚感与认同感，鼓励人类勇敢地、快乐地面对生活，不断建构其生活德行，走向精神家园的充盈。日常生活批判则是试图将焦点拉回人类精神所寄生的同时也是植根于人类文明历史的寓所，通过对涵盖社会的人生经验与全部意义的日常生活批判来恢复日常生活的本来意义与本真状态，整合个性自由与社会责任、家庭共同体与社会共同体、私人空间与公共空间、崇高的社会理想与普通的生活伦理、宏观的历史生活动力与日常生活领域个人的发展动力之间的矛盾与冲突，消除异化，最终实现自在的日常生活模式的超越，走向和谐的民族精神家园。对于一个民族来说，要实现文化的转型和精神家园的充盈，日常生活批判不应该被忽略与轻视。这种批判旨在克服人性内部的矛盾及分裂，脑力劳动与体力劳动的分裂，城市与乡村的分裂，恢复人的独立性及创造性，帮助人在整个社会生活的迷宫中找到方向，甄别生活中有意义的和阻碍他生活的东西，实现安顿精神与灵魂之地的净化。

三　建构文化活力

文化活力的建构，是一个复杂的理论课题，又是一项艰巨的实践任务。需要有科学的理论依据，又要有切实可行的实践路径。具有活力的文化是多样性的文化，它们相互包容、并存，既能够为精神家园提供丰厚而又坚实的存在与发展的基础，又能够通过它们自身的相互吸收和融合更进一步健康地丰富和发展自身。精神家园能够不断地产生和强化民族认同感、归属感与自信心，凝聚与团结民族，增强民族的向心力，为社会的发展、文明的演进和时代的辉煌创造巨大的合力。更重要的是，精神家园在

---

① 卡尔·雅斯贝斯：《时代的精神状况》，王德峰译，上海译文出版社 2003 年版，第 48 页。

给我们改革和发展强大动力的同时，更能给我们思想和精神的启迪、烛照、支撑与抚慰，使现代人找到"家"的感觉，缓解我们对精神危机的焦虑感，使人的精神、社会的理性的发展更加协调健康、生机勃勃。

（一）在文化交流与对话中提升文化活力

全球化引起世界各种思想文化展开了相互激荡，有吸纳又有排斥和融合。文化的发展繁荣离不开同世界各种文明的对话，中国文化只有走出去，才能更好地保存自己。构建精神家园，开展文明多元对话，既是提升国家综合实力的迫切需要，同时也能化解物质文明与精神文明发展失衡之矛盾，提升民族整体素质。需要处理好经济全球化和文化多样性、全球价值趋同和民族身份自我认同、传统与现代、继承与创新、中国文化与西方文化的关系。整合各种文化资源，保持开放的心态和博大的胸怀，善于吸收世界各国优秀的文化成果，在世界文化多样性发展的进程中不断增强文化的生命力和创造力。

（二）在充分强调马克思主义意识形态指导地位和作用基础上激发文化活力

马克思主义必须成为指导思想，确保精神家园的建设方向，确保先进文化的建设方向。马克思主义作为人类文化高度发展的结晶和中华民族精神家园的灵魂与核心，在今天全球化带来的文化冲突时代背景下，对构建文化活力以及中华民族精神家园的建设具有重大的战略指导意义。它为我们坚持先进文化的价值提供了理论依据，为展现人类文化的美好前景奠定了坚实的基础，为激发文化活力指明了正确路径。

（三）在终极关怀与当下关切的辩证统一中促进文化活力

构建文化活力，实现文化强国，既要有弘扬中华文化、维护中华文化核心价值理念、增强民族活力及凝聚力的终极关怀，又要有解决当代中国人面临的心灵冲突、信仰迷失、道德失落的当下关切。要正视全球化时代的困惑与挑战，价值的多元与共生，唤醒和确证生命意识，构筑精神家园意义的德行关怀，提升精神家园的终极追求。

（四）以多样化的方式构建文化活力

如加强对文化遗产的保护和利用，充分挖掘传统文化价值，提供更多的文化产品和服务，满足人民群众的精神文化需求，这即是建设精神家园的重要途径。文化成果若能由人民共享，则能够增强人民主人翁意识，保障人民基本文化权益，由此开创文化创造活力的生动局面；搞活文化产业，创造先进文化生产力，体现文化给人们带来财富，实现社会富裕发展的活力，同时要用社会主义核心价值理念引导，塑造高尚的灵魂；开展中华文化宣传教育，丰富传播方式和载体，开展面向大众的民族文化宣传普及教育，通过出版读物、媒体宣传等各种形式，阐释民族文化精神，促进民族文化认同，增强文化影响力和辐射力。

第四节　生态活力

生态系统是社会活力的客观基石。生态系统不仅仅作为人类社会生产资源与生活资源的来源而存在，而且还作为人类社会精神的源头而存在。生态具备活力，社会活力方有物质基础。当前，我国社会活力生成机制乏力，其中原因之一就在于生态失衡、生态系统丧失了一定的活力。人们因生态状况的恶劣而陷于物质贫困与精神贫困的双重危机之中。修复生态、与自然和解、构建人与自然相和谐的关系以重建生态活力，是我国社会活力激发机制的重要组成部分。

一　生态活力与生态批判

生态活力是指生态系统的可持续发展能力，主要表现为能源资源科学合理利用的能力、生态修复能力、应对气候变化的能力，总之是生态文明彰显的活力，它代表着人与自然和谐相处。[①] 人类社会进入近现代以来，随着人类活动对自然的影响日益加剧，区域性的生态问题逐渐出现，乃至发展到当前，生态危机全球化，如气候变化等，人类社会陷入到空前的危机之中。与严峻的生态危机相伴随，人类社会因此而从经济、政治、文化与社会的各个层面进行不同程度的批判与反思，并采取了各种不同的应对措施。

通过生态批判，人们能够重新认识到自然对人类社会的意义，特别是领悟人类社会对自然的依赖以及人类活动对自然的影响。尽管这种影响可能是有利于生态维系平衡的良好状态，但在更多的情形下，由于人类的短

---

① 董慧：《社会活力论》，湖北人民出版社 2008 年版，第 42 页。

视，为了获取短期利益，一些人不惜破坏人类长期利益的基础，即破坏自然本身。

二　生态活力与生态批判的价值

当前，对影响生态活力的人类行为进行的生态批判涉及社会的各个方面，理由在于不同领域中的人类活动对自然都产生了程度不一的影响，或者直接地，或者间接地。因此，在理论形态上也出现了生态政治、生态经济、生态伦理与生态社会等学说、思潮，内容相当庞杂。整体而言，对人类活动的生态批判的理论集中于生态系统的价值、生态危机的根源与生态危机的克服三个方面。

（一）人类对生态系统的依赖与生态失衡的破坏性

1. 人类对生态系统的依赖，社会活力并非天然生成的

生态系统是社会活力的客观基石。生态系统为社会活力提供物质条件，首先表现在生态系统为社会成员的生存提供物质资源。社会充满活力，就是社会成员充满活力。这就需要社会成员——自然人本身必须是活着的。一个由死亡者填塞的空间没有任何活力可言。人活着就意味着他（她）需要空气、水与养分等物质。在漫长的自然进程中，人的自然之躯并不具备制造空气、水和养分的能力。只有借助各种工具，进行劳动，人才能从自然中获取维系生存所必需的物质。在这一意义上，"劳动创造人本身"。也在此意义上，"人是自然之子"。没有生态系统，就没有人本身。生态系统为人类社会准备了空气、水和各种自然资源。通过劳动，人们改变这些资源的物质形态与性能，维系自身的生存与延续。

生态系统为社会活力提供物质条件，其次表现在生态系统为人类社会生产提供对象。社会是否具有活力，表现之一就是看其生产是否发达。与其他社会相比，某社会的生产工具先进、生产范围广阔、生产效率高，则该社会生产就较发达。但是，人类社会的生产仍然依赖生态系统，没有生态系统中相应的资源做支撑，人类社会无法组织相应的生产活动。人类自起源始，就须臾不得离开环绕其周围的生态系统。人们可以改变物质的性态，以铀为原料开发核能，从铜矿石中提炼纯铜。但是，无论如何，人们开发核能不可以离开铀、提炼纯铜可以离开铜矿石。即使有一天，人们可以到月球上开采资源，但也一定需要一个物质条件，即月球上有资源。

如果月球上没有资源，人们就无从开采。马克思在《资本论》（第1卷）中说："蜜蜂建造蜂房的本领使人间的许多建筑师感到惭愧，但是最蹩脚的建筑师从一开始就比最灵巧的蜜蜂高明的地方，是他在用蜂蜡建筑蜂房以前，已经在自己的头脑中把它建成了。"① 的确，相比于蜜蜂，最蹩脚的建筑师展现了他的高明。但是，如果没有相应的物质，如树木、岩石等，最高明的建筑师也只能在头脑中构想最宏伟、美轮美奂的建筑，而不能把这些构想付诸实施，落地化为真实的建筑物。迄今为止，人类社会的生产力发展史、经济发展史、科学技术史都一再证明了这一简单的道理：生态系统为社会生产活动提供了相应的对象。没有这些对象的存在，即如果没有生态系统的存在，就没有生产的存在，也就没有社会活力的存在。

生态系统还为社会活力的生成准备精神条件。我国古代经典《中庸》中记有这样的话："不诚无物"，说的是如果一个人缺乏良好的精神态度，在其眼中，就没有相关事物的存在。这是说明对物的认识依赖于人的精神。但是，人的精神也依赖于物，依赖于人之外的世界。

人的高尚精神的养育除了依靠社会中的人际关系外，还依靠自然所提供的人文价值。美国环境伦理学家罗尔斯顿曾经总结了生态系统所具有的各种价值。其中，他对于生态系统的消遣价值，即生态系统所具有的人文情调是这样描述的："人们喜欢在户外消遣，因为在那里，他们被某些比在室内找到的更伟大的东西包围着。他们找到了城区公园的棒球场所没有的某些更为真实的东西。在大自然中获得的那些惬意的、休闲的、具有创造性的娱悦，可以说是以敏感的心灵对大自然的客观特征加以感受而结出的果实。当人们在观赏野生生物和自然景观（尽管这需要较高的欣赏技巧）时，他们主要是把大自然理解为一片充满奇妙事件的惊奇之地和一个无奇不有的仓库，一个在其中真理比虚构更令人不可思议的、丰富的、进化的生态系统。"② 人们"观看堆积在耶路撒冷锡安山大白塔周围的层层白云，倾听雄麋的鸣叫，赞叹在薄荷上飞舞的蜜蜂的精湛技艺，为鸵鸟那种用头点沙的滑稽动作而开怀大笑"③。在自然之中，人可以感受到自

---

① 《资本论》（第1卷），马克思恩格斯列宁斯大林著作编译局，人民出版社1975年版。
② 罗尔斯顿：《环境伦理学》，杨通进译，中国社会科学出版社2000年版，第9页。
③ 同上。

然的伟大与壮观，并在此基础上培育自身的高贵品性。荒野之地给人提供了一个辛勤耕耘的场所，使他加倍努力，也许还让他的肾上腺素得到发育。"荒野之地还给人提供了一个场所，在其中，他能够有计划地进行冒险，学会根据气候的变化行事，能够迷途然后知返，回味成功的喜悦和失败的痛苦。荒野之地教会人们如何去关心他或她周围的自然环境。荒野之地给人提供了一个使他学会谦卑并懂得分寸感的地方。"①

我国古代有大量的山水诗歌，给我们留下了宝贵的文化遗产，浸染了一代又一代的中国人。这些山水诗歌之所以能够感动我们，就在于这些诗歌中有着美丽的山水风光。借助于优美的山水，作者抒发自己的情感，千百年后，我们同样可以感同身受，赞叹不已。但是，如果生态系统遭受破坏，优美的山水不再风光，我们就再也没有那样的感受了。山水的破碎带来了精神世界的破碎。无论如何，当今的我们站在缓缓流淌的长江岸边时，不再有"夔门天下雄、巫峡天下秀、西陵天下险"的感慨。

总之，良好的生态系统为社会活力准备了相应的物质与精神条件，为人的创造力的培育与发挥奠定了坚固的客观基础。

2. 生态失衡的破坏性

生态失衡严重地侵蚀了社会活力的客观基石，致使人类社会丧失赖以生存与延续的基础。生态失衡首先破坏人类社会的生产能力，致使生产活动无法正常进行。《2011 年国家环境公报》显示我国现有水土流失面积356.92 万平方千米，占国土总面积的 37.2%。其中水力侵蚀面积 161.22万平方千米，占国土总面积的 16.8%；风力侵蚀面积 195.70 万平方千米，占国土总面积的 20.4%。随着农村经济社会的快速发展，农业产业化、城乡一体化进程的不断加快，农村和农业污染物排放量增大，农村环境状况形势严峻。突出表现为部分地区农村生活污染加剧，畜禽养殖污染严重，工业和城市污染向农村转移。

生态的失衡还严重地损害人的精神，摧毁正常的人际交往纽带。20世纪 70 年代，加拿大一个印第安部落发生水银中毒事件，日本著名社会学家饭岛伸子对该地区进行过考察。其后，他讲述了该地区因环境污染带来的社区精神困境："进入现场考察，遇到了一个又一个不能只用水银事

---

① 罗尔斯顿：《环境伦理学》，杨通进译，中国社会科学出版社 2000 年版，第 21 页。

件的影响来解释的现象。我们看到的是，整个村落的极度贫困、极不完备的公共设施、同样尺寸的服装和相同布局的简陋房屋、村中唯一的一家白人所经营的商店中的高价商品和白人商人的暴利销售、过多的孩子和没有笑容的大人和老人、经常性的伤害或杀人事件以及酒精中毒等。整个村落无论在物质上，还是在精神上都呈现出惨不忍睹的荒废景象。"[1]　由于发生水银污染事件，该社区的民众被禁止进行河流捕鱼，也没有游客到该地区游览，丧失了导游的工作，因而该地区的许多家庭沦为"生活保障家庭"，必须依靠政府的救济金。"碌碌无为的生活使他们精神上颓废和动摇。在这种消极状况下，社会上的杀人和伤害事件频繁发生。水银污染对于濒临崩溃边缘的土著居民的生活来说，是一次致命的打击。"[2]　可想而知，一个精神颓废、消极的人是没有活力的，由这些人组成的社区也是缺乏活力的。饭岛伸子所访问的社区之所以陷于如此困顿的境地，根源于该社区赖以生存的生态系统遭受到毁灭性的破坏，致使该地区的民众丧失了维生的手段。他们的心智被破坏，只得依靠酒精来麻醉自己，在环境污染—丧失维生手段—精神损害之间构建了一个损害传递链条。

　　生态的失衡在社会成员之间可能种植仇恨。日本20世纪50年代出现水俣病。水俣地区的渔民为了维护自身权益，要求水俣氮肥公司停止生产、阻止该公司向水俣湾排放含有水银的废水。但是，这种要求遭到该公司及其工人的拒绝。该公司的工人担心工厂停产影响到自身利益，而该公司也利用了工人的担心，在工人中散布水俣病和自身无关的言论，激起工人对渔民的仇恨。[3]　同时，一些受害者也觉得在其他人面前难以抬起头，只能"在压抑和歧视的状态下苟且偷生，因为人们仍然把疾病原因归之于遗传或者贫困"[4]。在歧视、压抑和仇恨中生活的人们是没有活力的。

　　世界卫生组织公布的《2010年全球疾病负担评估》数据显示，中国由于PM2.5污染导致的中风、心脏病死亡率有所上升，1990—2010年，由室外空气污染导致的疾病负担增长了33%，2010年，中国20%的肺癌

---

①　饭岛伸子：《环境社会学》，包智明译，社会科学文献出版社1999年版，第124页。

②　同上书，第125页。

③　原田正纯：《水俣病——史无前例的公害病》，包茂红、郭瑞雪译，北京大学出版社2012年版，第84—85页。

④　同上书，第111页。

由 PM2.5 引起。相关研究还显示，PM2.5 浓度每升高 $100\mu g/m^3$，总死亡率、呼吸系统疾病、心血管疾病、冠心病、中风、慢性阻塞性肺病（COPD）的死亡率将分别增加 4.08%、8.32%、6.18%、8.32%、5.13%、7.25%。此外，环境内分泌干扰物（EEDs）、持久性有机污染物（POPs）以及新材料和新化学污染物等新型污染物导致的健康损害使问题更加复杂化。[1]

（二）生态危机的根源

早在资本主义处于盛期之时，马克思与恩格斯就已经指出了自然遭受破坏的原因在于人类活动，准确地讲，根源于资本主义制度本身。马克思在《资本论》第 1 卷讨论"大规模的工业和农业"时对资本主义农业展开了批评："资本主义生产使它汇集在各大中心的城市人口越来越占优势，这样一来，它一方面聚集着社会的历史动力，另一方面又破坏着人和土地之间的物质变换，也就是使人以衣食形式消费掉的土地的组成部分不能回到土地，从而破坏土地持久肥力的永恒的自然条件。这样，它同时就破坏城市工人的身体健康和农村工人的精神生活。但是资本主义生产通过破坏这种物质变换……的状况，同时强制地把这种物质变换作为调节社会生产的规律，并在一种同人的充分发展相适合的形式上系统地建立起来……资本主义农业的任何进步，都不仅是掠夺劳动者的技巧的进步，而且是掠夺土地的技巧的进步，在一定时期内提高土地肥力的任何进步，同时也是破坏土地肥力持久源泉的进步……因此，资本主义生产发展了社会生产过程的技术和结合，只是由于它同时破坏了一切财富的源泉——土地和工人。"[2] 当代西方生态学马克思主义的代表人物约翰·福斯特在吸收了马克思的物质"新陈代谢"理论的基础上更为明确地分析了当前生态危机的根源。他指出，在资本主义制度下，通过制造稀缺性以追求利润是其本性的表现。他还以公共资源私有化为例分析了资本主义企业破坏生态环境使得一些自然资源日渐稀缺，同时它又利用自然资源的稀缺性获取利润。因此，"淡水的干涸和污染

---

① 中国环境与发展国际合作委员会课题研究：《中国环境保护与社会发展（摘要报告）》，中国环境与发展国际合作委员会 2013 年年会（2013.11.13），第 9 页。

② 《马克思恩格斯全集》第 44 卷，人民出版社 2001 年版，第 578 页。

减少了公共财富，为资本创造了投资机会，而靠销售日益稀缺的水资源获取的利润则被当成是对收入和私人财富的贡献"，"在我们这个发生全球生态危机的时代，价值衡量的主导形式真实地反映了资本主义社会堕落和环境恶化的模式——使资本主义靠毁灭地球获取利润"①。在他看来，"资本主义经济把追求利润增长作为首要目的，所以要不惜任何代价追求经济增长，包括剥削和牺牲世界上绝大多数人的利益。这种迅猛增长通常意味着迅速消耗能源和材料，同时向环境倾倒越来越多的废物，导致环境急剧恶化"②。资本主义是环境问题的根源。

戴维·佩珀接受马克思对资本主义制度的分析结论，即在资本主义制度下劳动的异化、人的异化以及自然的异化之间具有一种同构的关系，因而推动资本主义的动力组合，"使资本主义内在地对环境不友好，尽管它在一个特定时间的表现会有所不同：一种有利可图的交易可以比无利可图的交易更能唤起人们的环境意识"③。同时，由于资本在全球范围的流动，在资本的逻辑下，第三世界的民众也被迫卷入到资本主义制度之中，沦为资本的牺牲品。④ 与资本全球流动相伴随的就是环境问题的全球扩散，因此，"或者更准确地说，正是资本主义制度下人类'干预'自然的方式使大量土地退化和由此让人吃惊的人类后果的原因。而且贫穷是大量环境退化根本原因，它是'诱使人们进行持续竞争斗争'的资本主义的一个必需特征"⑤。奥康纳列举了许多环境破坏的例子："大气变暖无疑会对人类构成破坏作用，它摧毁人们的住所，破坏业已获得的利益，更不要说对其他物种所构成的破坏作用了。酸雨对森林、湖泊及建筑物构成破坏，由此对人们的利益也带来很大的负面影响。地下水的盐化、有毒的废弃物以及土壤的蚀失对自然界构成了破坏，从而也降低了自然界的可利用性。农药的生产在破坏自然界的同时，也损害了人们的利益。城市资本对"城市

---

① 约翰·贝拉米·福斯特、布莱特·克拉克：《财富的悖论：资本主义与生态破坏》，张永红编译，《马克思主义与现实》2011 年第 2 期。

② 约翰·贝拉米·福斯特：《生态危机与资本主义》，耿建新、宋兴无译，上海译文出版社 2006 年版，第 3 页。

③ 戴维·佩珀：《生态社会主义：从深生态学到社会正义》，刘颖译，山东大学出版社 2005 年版，第 106 页。

④ 同上书，第 112 页。

⑤ 同上书，第 105—106 页。

改造工程"的操纵，损害了城市自身的条件，从而也破坏了人们的利益，譬如，人们将不得不承受拥挤的交通和高价的地租等"。之所以会有不胜枚举的环境污染、破坏的事例，原因在于"资本主义的积累损害或破坏了资本本身的条件，并由此而威胁到其自身利润的获得及其生产和积累更多的资本的能力"①。

（三）生态危机的克服

为了克服当代的生态危机，西方生态学马克思主义者们不约而同地提出建立生态社会主义制度以取代当前的资本主义制度，因为资本主义制度是造成生态危机的根源。资本主义制度不可避免地造成生态危机，其动力机制就是为了个体的私欲而进行没有任何制约的竞争，将生态系统视为一个"索取资源的水龙头和倾倒废料（经常是有毒废料）的下水道"②。就克服人的异化与自然的异化，马克思提出了相应的社会制度革命的方案：以共产主义取代资本主义。在共产主义社会里，实现财产的共有，生产力的极度发展，社会能够满足人的需要，因而人对精神愉悦的追求超越对物质的占有与消费，人们也不再需要通过对物质的占有与消费来满足对精神愉悦的追求，从而使得共产主义社会中不再存有将生态系统视为垃圾场的动力。按照戴维·佩珀的说法，"一个建立在共同所有制和民主控制基础上的社会，生产完全是为了使用而不是为了销售与获利，旨在提供一个人类在其中能以生态可接受的方式满足他们需要的框架"。"这种社会主义的发展可以是绿色的，它建立在对每个人的物质需要的自然限制这一准则基础上。因此它是在自然能力的宽泛限制范围内可以满足的需要。"③ 福斯特在吸收马克思的"物质新陈代谢"思想的基础上指出：由于"资本主义破坏性的难以控制性，导致它要毁掉整个地球来取得阶级/帝国主义战争的胜利"，因此，为了实现人的自由，社会化的人和相关联的生产者

---

① 詹姆斯·奥康纳：《自然的理由——生态学马克思主义研究》，唐正东、藏佩洪译，南京大学出版社 2003 年版，第 266 页。

② 约翰·贝拉米·福斯特：《生态危机与资本主义》，耿建新、宋兴无译，上海译文出版社 2006 年版，第 74 页。

③ 戴维·佩珀：《生态社会主义：从深生态学到社会正义》，刘颖译，山东大学出版社 2005 年版，第 268 页。

需要以最少的能量集中地、理性地控制人与自然之间的新陈代谢。① 更确切地讲，"解决资本主义生态破坏的唯一办法就是改变我们的生产关系，以达到新陈代谢的恢复。但是这要求与资本主义的利润逻辑彻底决裂"②。但是，与资本主义的利润逻辑彻底决裂、改变社会生产关系无异于一场社会制度的革命。只有以生态社会主义取代资本主义，才能彻底地缝合人与自然之间物质新陈代谢循环的断裂，维护人类赖以生存与延续的生态系统。

三　重建生态活力

失衡的生态危及人类社会的活力，侵蚀了社会活力的基石，形成了所谓的"生态问题"或者"环境问题"。但是，我们需要注意的是，"生态"亦或"环境"从来就不是问题的根源，也不是问题本身。人类社会的活动改变人类所处的生态系统，改变人类周遭的环境，是人类活动酿成的生态悲剧，造成环境问题。因此，"无论身体问题、健康问题或是环境问题，都是社会问题的一部分"，环境污染酿成的悲剧"同样也是一个社会悲剧，一个由本书读者已经熟悉的因素导致的悲剧：我们的经济模式、我们的技术模式、我们的政治模式，包括我们的环境益处和环境弊处（环境正义）的分配模式，甚至包括或许不那么明显的我们的观念模式与物质条件相互作用的模式"③。既然是人类自己造成了生态危机，当然，也只有人类自己才能解除生态危机。具体而言，是人类社会中的政治、经济、技术与文化等方面出现问题，造成当前人类社会所面临的生态危机，那么解除生态危机的路径也就在人类社会的政治、经济、技术与文化方面。

在政治上要建构环境正义制度，合理分配环境收益与损害。生态系统作为一个整体，其某一局部遭受的损害迟早会影响到其他部分，因而生态环境问题具有全球性的溢出效应。这正是世界各国能够进行环境合

---

① 约翰·贝拉米·福斯特：《资本主义与生态环境的破坏》，董金玉译，《国外理论动态》2008 年第 6 期。

② 同上。

③ 迈克尔·贝尔：《环境社会学的邀请》，昌敦虎译，北京大学出版社 2010 年版，第 148页。

作的基础。但是，由于环境本身具有一定的净化能力、修复能力，因而生态破坏、环境污染所带来的损害有可能仅仅被局限在一定的区域内。环境问题又体现出局部性的特点。正是如此，环境污染又可能被转移、被转嫁，因此，环境风险产生的收益与风险本身并非如同德国社会学家乌尔里希·贝克所言那样形成"飞去来器效应"，被平等地分配；而是相反，被不公正地分配。对于资本而言，转移、转嫁污染是有利可图的事情。并非是每个资本家不知道环境污染的严重后果、不知道科学技术不合理利用所带来的结果。但是，在"资本的逻辑"面前，这些道德都无法抵御诱惑，不得不遵循利润的逻辑。环境问题的根本原因就是"资本主义"。"一种历史唯物主义的对资本主义的社会经济分析表明，应该责备的不仅仅是个性贪婪的垄断者和消费者，而是这种生产方式本身：处在生产力金字塔上的构成资本主义的生产关系。""正是资本主义制度下人类干预自然的方式是大量土地退化和由此造成的让人吃惊的人类后果的原因。"[1]

　　资本主义制度的政治表现就是不公正环境收益与损害分配的合法化。在合法的自由贸易名义下，"经济强大的国家将努力加强对资源的控制。它们将运用所有的手段与方法，包括像世界银行这样的国际组织，以捍卫它们开始时所处的有利位置，并代表它们的利益。在这一过程中，第三世界国家一直被工具化"[2]。在资本主义国家的强力控制下，广大的第三世界国家成为它们的殖民地，只不过这种新形势下的殖民地不再像旧殖民地那样，政治、经济上被直接控制，而是改变了控制的形式，通过经济上的以自由贸易的形式形成更为隐蔽的间接控制与统治。"殖民地履行的最有用的功能……是向宗主国的贸易提供一个使工业得以运转和维持的现成市场，同时，向宗主国的居民——工业家、工人或消费者——提供增长的利润、工资或商品。"[3] 但是，在世界环境政治格局中，"一个被一直忽略的事实是，它们

---

　　① 戴维·佩珀：《生态社会主义：从深生态学到社会正义》，刘颖译，山东大学出版社2005年版，第133页。

　　② 萨拉·萨卡：《生态社会主义还是生态资本主义》，张淑兰译，山东大学出版社2008年版，第159页。

　　③ 戴维·佩珀：《生态社会主义：从深生态学到社会正义》，刘颖译，山东大学出版社2005年版，第150页。

（第三世界国家）也有权利追求它们自己的发展"①。因此，真正重要的问题是土地、空气、水、食品和其他资源等环境收益与损害的分配。

要实现环境正义，必须改变现有的不平等的政治格局。"过去盛行的社会关系和社会经济目标必须扭转……阶级和性别关系必须是平等的而不是不平等的，生产资料必须服务于当地人们而不是远离他们的需要，决策必须是民主地做出而不是精英的特权。"② 通过建立各个层面的政治共同体，激发民众参与生态政治的活力，动员他们深度参与到生态政治决策过程中，保障每一阶层的民众的生态利益都能得到合理、均衡的考量，从而合理地分配环境收益与损害。

在经济上要计算生态成本，实行绿色经济。破坏生态环境的最大因素是人类社会的经济活动，即生产活动。在资本主义体制下，被投入到生产之中的资本为了追逐巨额利润而不得不建立一种大量生产—大量消费—大量废弃的生产模式，甚至到人们并没有消费欲望时制造出消费欲望，并且采取各种经济手段如允许透支、借贷消费等支持民众的消费。为了维系生产的正常进行，资本家不惜污染一个地区后再重新寻找一个新的可被污染的地区。随着资本的全球性流动，污染也在全球范围内流动、扩散，从而导致全球性的生态危机。正是这种生产模式是破坏生态环境的罪魁祸首。当前，资本的逻辑被隐藏在为了消费者的利益的口号下，资本家假借为了满足民众的消费需求而安排生产。其实，基于生态系统承载力的有限性，任何生产方式都无法满足人们的需要，因为消费的满足是没有底线的。"在一个试图只通过物质生产来满足需要的体制里，将总是存在某一层次的物质幸福中有一些新的、未能被满足的基本物质需求，因为这一体制必然会刺激新的奢侈品的生产，而这些奢侈品不久就会变成新的基本物质需求的组成部分。这种体制总是太穷了……前天是收音机，昨天是黑白电视机，今天是彩色电视机，明天将会是三维的图片放映机。"③ 在消费的跑步机上，

---

① 萨拉·萨卡：《生态社会主义还是生态资本主义》，张淑兰译，山东大学出版社 2008 年版，第 159 页。

② 戴维·佩珀：《生态社会主义：从深生态学到社会正义》，刘颖译，山东大学出版社 2005 年版，第 344 页。

③ 萨拉·萨卡：《生态社会主义还是生态资本主义》，张淑兰译，山东大学出版社 2008 年版，第 254 页。

没有任何人的消费可以被设定为最高标准，从而以满足消费为口号、实质上追求赤裸裸的利润而组织起来的生产一定会带来生态问题。

显然，要保护生态环境、维持生态活力，就必须改变这种为了利润而组织生产的模式，取而代之的是为了满足民众生存必需品而进行相应的生产。戴维·佩珀认为，解除生态危机的生产必须是"一个建立在共同所有制和民主控制基础上的社会，生产完全为了使用而不是为了销售和获利，旨在提供一个人类在其中能以生态可接受的方式满足他们需要的框架"①。实际上，为了使用而组织生产以满足民众的需要，也必须进行一定的限定；否则，这种生产也不会实现生态可接受的目的。因为正如萨拉·萨卡所指出的那样，人的需要是随着技术的发展、社会中产品的增加而改变的，因而无法得到完全的满足。② 如果不对民众的需要进行必要的限定，以满足民众全部的需要为目的的生产必定超越生态的承载力，也就必定会带来毁损生态系统的恶果。维系人的生存所需要的养分、空气和水等必需品是有限的且数量很少，生产这些生存必需品的技术也不复杂。如果我们将自身对物质的欲望限制在生存必需品的范围内，我们就能够在生态承载力的限度内"享有无与伦比的物质富足——尽管处于一个较低的生活水平"③。

现阶段，即使共同所有制必定是人类社会发展的方向，但在全球层面建立这种共同所有制还不具备可行性，因而保护生态系统最为可行的办法则是将生态成本内部化。不过，实施生态成本内部化的政策需要解决一个前提问题：生态系统价值的评估。长期以来，正是源于将生态系统视为公共物品因而其无价值的错误观念，再加上缺乏有效的评估生态系统价值的方法，人们忽视了生态系统的根本性价值。为了保护生态系统，改进对生态系统价值评估的方法，联合国在 2001 年 6 月 5 日由时任秘书长安南宣布将进行一个由联合国有关机构及其他组织资助，为期 4 年的国际合作项目——千年生态系统评估（Millennium Ecosystem Assessment，缩写为

---

① 戴维·佩珀：《生态社会主义：从深生态学到社会正义》，刘颖译，山东大学出版社 2005 年版，第 336 页。

② 萨拉·萨卡：《生态社会主义还是生态资本主义》，张淑兰译，山东大学出版社 2008 年版，第 251—254 页。

③ 同上书，第 250 页。

MA）。这是一个由联合国有关机构及其他组织资助，为期 4 年的国际合作项目。它是世界上第一个针对全球陆地和水生生态系统开展的多尺度、综合性评估项目，其宗旨是针对生态系统变化与人类福祉间的关系，通过整合现有的生态学和其他学科的数据、资料和知识，为决策者、学者和广大公众提供有关信息，改进生态系统管理水平，以保证社会经济的可持续发展。在该项目理事会和评估委员会的领导和指导下，经过来自 95 个国家的 1360 位知名学者的共同努力，目前该项目已经圆满结束。作为 MA 主要成果的技术报告、综合报告、理事会声明、评估框架和若干个数据库，已于 2005 年内完成并公开发布。① 根据该项目研究的结论，对生态系统价值的评估可以采取价值评估法，即在人类可以（直接地或者间接地）从各种生态系统服务当中（不管是当前的，或者是未来的）获得一定的效用这一事实的基础之上对这些效用进行评估。尽管"对某一既定生态系统提供的各种服务进行更好的价值评估，并不能保证该生态系统将会得到保护，这是因为实施保护所需要的成本可能会超过它所产生的效益，但是几乎可以确信的是和不开展价值评估相比，开展价值评估的结果会导致生态系统服务的丧失水平降低"②。

第五节　日常生活的活力

日常生活活力是社会活力个体意义的表征，它既是现代人对自身生存境遇的批判性反思，同时也是现代社会及其主体的生存与发展机制在微观层面的实践表达。个体每天平凡、琐碎、程式化的日常生活所包含的内容、呈现的意义比我们想象的要丰富得多。就像齐美尔所指出的，"即便是最为普通、不起眼的生活形态，也是对更为普遍的社会和文化秩序的表达"③。日常生活为全世界所有人共同享有，但不同人的日常生活却可能

---

① 参见《生态系统与人类福祉：综合报告》译者序，赵士洞译，中国环境科学出版社 2007 年版。

② 千年生态系统评估项目概念框架工作组的报告：《生态系统与人类福祉：评估框架》，张永民译，赵士洞校，中国环境科学出版社 2006 年版，第 134 页。

③ Simmel G., "The Metropolis and Mental Life", In K. H. Wolff（ed.）*The Sociology of Georg Simmel*, New York: St Martin's Press, 1950, p. 413.

有着天壤之别。人是社会中的人，日常生活与社会有着紧密关联，社会的
形塑与组织，社会秩序、社会结构、社会的政治经济运行机制会影响和渗
透到人们的日常生活中，所以如果要理解日常生活更深层次的意义，需要
对日常经验以及其产生的社会环境进行理解。而日常生活也可以告诉我们
很多关于社会的事情，日常生活本身也可以被看作是一种文化，它与社会
结构、社会机制相互交织，反观其翔实的细节、具体的特征，我们可以洞
察和感知社会。日常生活的活力在于，人们在日常生活中，会时刻审视自
己的行为，生活改变孕育着自由，在自由中逐渐摆脱束缚实现个性的充分
彰显。

一　日常生活活力与日常生活批判

日常生活是人类社会生活的历史基础和实践场域，它是现代性的重要
维度。日常生活批判则代表着对近代认识论与历史观哲学局限性的总体性
反思与超越。在日常生活批判的思想家们看来，现代化催生了科学技术和
经济的长足发展，带来了前所未有的文明和进步。但伴随着现代性，日常
生活凸显出某种现代性的病征，它逐渐被一些破坏性因素所占据，渐渐变
得支离破碎，成为异化主体生成的支援性背景。作为日常生活主体的人，
其创造性已被淹没在重复性、常规性、单一性的日常生活图式和结构之
中。在这样一种熟悉得不能再熟悉的感知及体验实践中，对生活的反射性
思考被掏空。日常生活不再是与社会历史总体性进程共同发展相互交织、
个体关系和价值自觉构建的对象化领域，而成为窒息人类创造激情与活
力，缺乏精神和道德内容的背景世界。

但实际上，人类基本实践图式的历史嬗变从未掩盖住其日常生活的底
蕴，日常生活对社会历史演进具有很重要的影响。一方面，日常生活是人
类实现自身再生产的手段与途径，甚至它本身可以看作是个体的再生产。
早在马克思那儿，就可以看出日常生活在唯物史观中的地位和意义。在
《德意志意识形态》中马克思表达了这样的思想：人类要想创造历史必须
先要生活，而生活则是人自身进行再生产的创造性产物，从这个意义上可
以说，人类历史其实也是生活之生产的历史。恩格斯在《家庭、私有制
和国家的起源》中明确把人自身的再生产与物质资料的再生产作为两种
基本的生产之一，"根据唯物主义观点，历史中的决定性因素，归根结底

是直接生活的生产和再生产。但是，生产本身又有两种，一方面是生活资料即食物、衣服、住房以及为此所必需的工具的生产；另一方面是人自身的生产，即种的蕃衍"①。赫勒则明确将日常生活界定为"那些同时使社会再生产成为可能的个体再生产要素的集合"②，自我生产是个体生存的基础性条件，也是社会存在和发展的前提性基础，所以日常生活是存在于我们可见可感的社会之中，是与个体生存的生命活力直接相关的领域。个体在再生产过程中形塑日常生活的内涵和结构，日常生活的内涵和意义也影响着个体的再生产。另一方面，日常生活与非日常生活交互作用、关联影响共同组成人类社会结构，社会历史的发展可以从两者交互碰撞的演进历程以及各自关系比重的变化中得到说明。非日常生活是伴随着人类实践活动复杂化程度的不断提高，日益从日常生活领域中分化出来的领域。在该领域中，居于最高层次的是人类自由自觉的类本质活动所生成的关于类存在物的意识，如科学、艺术、哲学等，此外还包括被赫勒称之为制度化领域的政治、经济等关乎人类社会运行的诸领域。在现代社会中，该领域主要外化为涵盖众多社会领域的法律与制度。在原始社会，日常生活实践涵盖了人类实践活动的全部领域，无论是人们获取物质生活资料的生产采集活动，还是家庭、氏族之间的交往，以及社会组织活动和观念活动，都是围绕着生命的维持和种族的延续而展开的，体现了日常生活的质朴的、自在的、未分化的特性；传统社会逐步发展了哲学、艺术、科学等精神文化领域，但它们受到一些旧的文化因素的束缚而表现出一定的局限性、贫乏性和相对封闭性，整个社会仍旧受制于强大的日常生活结构，沉沦于日常生活的主体表现出重复性、自在性的思维，无法进入创造性的生存状态；工业社会打破了人身依附关系，田园牧歌式的生活方式被现代化的生产方式所洗礼，昔日的日常生活主体不得不在非日常生活中寻找生活方向，主体被抛出原有的天然共同体和纯朴坦诚的日常关联，日常生活世界由此被肢解和切碎，与发达的非日常生活世界并存于现代社会之中。可见，日常生活的强势逻辑在原始社会与传统社会一直保持着优势地位，工业社会的降临则产生了一种断裂。契约关系代替了人身依附，市场经济浪

----

① 《马克思恩格斯选集》第4卷，人民出版社1995年版，第2页。

② 阿格尼丝·赫勒：《日常生活》，衣俊卿译，黑龙江大学出版社2010年版，第3页。

潮席卷，机会均等，先赋性因素影响减弱，为主体性的觉醒勾勒背景，从日常生活走进非日常生活不再是少数人的特权，而是大众化的普遍行为。非日常生活与日常生活也不再截然对立，而是相互融合，构建了全新意义的日常生活。

可以说人的自由自觉活动，创造性的实践是一个社会是否具有活力的重要标志。只有发挥日常生活的积极内涵和正面效应，才能为个体创造性和主体性的弘扬奠定坚实的基础。而日常生活的结构图式带有"压抑或抑制人的主体意识和创造性的倾向，它往往阻碍人的个体化进程，使人处于一种未区分和无名分的存在状态，处于自然的和自在的存在状态"①，它的封闭性和保守性会成为抑制主体活力的破坏性因素，导致"在我们过去几十年的计划经济体制下，生产劳动中往往缺乏生产者积极的和自觉的参与意识和首创精神，政治管理和经营活动中盛行经济主义、教条主义和例行公事的官僚主义。甚至科学、艺术和哲学这些最需要自由和创造性的活动也变成按给定图式或框架进行归类或复制的机械性、重复性的活动"②。所以需要对涵盖社会的人生经验与全部意义的日常生活进行批判，对现代化以及人类的物质生活和精神生活世界进行反思，来超越日常生活的保守性、程规性，整合个性自由与社会责任、家庭共同体与社会共同体、私人空间与公共空间、崇高的社会理想与普通的生活伦理、宏观的历史生活动力与日常生活领域个人的发展动力之间的矛盾和冲突，消除异化，最终实现对自在的日常生活图式的超越。

对于一个民族和社会来说，若想保持发展的强大动力，需要从日常生活的对象化实践中汲取主体之自主性、积极性与创造性，而这需要通过日常生活批判来实现。作为20世纪西方哲学的重要转向，日常生活批判是综合了现代人本主义哲学、文学批评理论还有微观社会学理论的批判精神和内涵所形成的汇流产物。日常生活批判的理论家们，不再执着于对自然、社会以及思维的运动规律或认识论、方法论以及真理观的讨论，而是将理性的目光聚焦在日常生活这一最广博、实用且富有实践意义的存在论领域之上。日常生活是一个具有二重性、创造潜能和活力的异质性世界。

---

① 衣俊卿：《现代性化与日常生活批判》，人民出版社 2005 年版，第 297 页。
② 同上书，第 299 页。

尽管日常生活已被异化，并逐步走向沉沦、单调，包含着被压迫的因素，但它也有解放的特质，蕴含着帮助我们更好理解生活于其中变化世界的无限潜力。实际上对日常生活的关注，可以看作是全球现代化进程中对于人本质理解的折射与反思，这一问题关系到如何看透人在日常生活中被异化的本质，进而找到人类自我实现及解放的根本道路，从而在各种千差万别的可能性中充分发展自己的个体与活力。

二 日常生活批判的价值

在日常生活批判者看来，日常生活因为符号与图像的渗透、金钱无孔不入的侵蚀、琳琅满目商品的充斥、传统价值的消解而变得支离破碎，人的创造活力的生发由此受到阻碍，社会也因此失去前进的动力，日常生活异化成为社会充满生机向前发展的羁绊。要想挽救这种状况，需要用全新的视角来审视和批判日常生活，"直接的批判既包括对日常生活的恢复，也包括着用一种全新的目光来肯定其内涵"[①]。这种批判的旨趣，一方面，能够避免以往西方马克思主义者如卢卡奇基于认识论与历史观的解读，从而单纯在历史辩证中强调日常生活批判的理论突兀，也克服了列斐伏尔基于将青年马克思的哲学人本主义的隐性话语具体化与现实化的理论努力，从而以生存现象学为理论敞口所打开的摒弃了历史辩证法的自由的生存诉求。另一方面，在于对生活的普遍和宽泛的思考，对于琐碎、细节的观察与反思，找出日常生活中具有潜力和创造力的因素，为提升社会整体实践的创造性提供建设性的视野。

（一）生活世界的殖民化

赋予生活世界最基础和最重要意义的思想家是胡塞尔，他看到科学世界与生活世界的分裂导致人的存在危机，认为"生活世界是自然科学的被遗忘了的基础"[②]。生活世界就是自在的日常生活世界，它具有前科学的、直观性的特点，是可以被经验到的领域。但不幸的是人们的日常生活世界被现代社会的理性所规制，成为被嵌入、被规定的存在。列斐伏尔与

---

① Henri Lefebvre, *Critique of everyday life*, Introduction Translated by John Moore, Preface by Michel Trebtish, Verso, London, New York, 1991, volume I, p. 87.

② 胡塞尔：《欧洲科学危机和超验现象学》，张庆熊译，上海译文出版社 1988 年版，第 58 页。

海德格尔都认识到工业文明条件下日常生活的全面异化，生活就像一座功能化的机器，迫使一切人一切事物为之服务。这种异化类似于哈贝马斯对现代社会种种弊端进行诊断所得出的结论，"生活世界的殖民化"。这一论断证明了生活世界的危机会导致整个文明丧失活力。"经济和国家媒体控制下的系统，借助货币和官僚政治的手段，渗透到了生活世界的象征性再生产"①，支配日常生活的是工具理性和资本的逻辑，根本考虑不到人的需求和价值。资本主义经济的发展，增强了经济理性的特质，明确的功利行为主导人们的日常生活实践，社会生活完全服从于技术的控制、资本的主导。问题的关键在于通过交往行动理论来重建日常生活世界，恢复根植于生活世界结构的真实、自由与正义。交往行为既是生活世界的资源，也构成了整个生活再生产的中介，交往理性对于生活世界的去殖民化起着决定性的作用。交往主体的共同参与、相互理解能够产生创造性活动，理性就表现在这样的交往行动之中，并且与"各种自成部体性的传统、社会实践以及切身的复杂经验都保持着紧密的联系，其中介包括文化的自我理解、通过直觉而呈现出来的集体团结以及社会化个体的认知潜能等"②。

（二）意识形态的物像化

日常生活在德波看来，就是"景观的庞大堆聚"③，日常生活中所有的存在都只是表象。他继续着马克思商品拜物教批判的路径，透视当代资本主义社会的本质。景观成为当代资本主义社会主导人与人之间相互关系的主导模式，维持资本主义社会秩序的牢固支座。景观是一种物化了的世界观的表达，这一资本主义社会的决定性力量，生产出在欲望驱动之下的生产，所以造就了片段的、颠倒的、虚假的、异化的日常生活，日常生活的统一性被割裂。生活失去其真实存在的本质，变成虚幻的、景观的。景观具有无形的控制力量，体现着意识形态的本质，它消解了人的主体性与创造性，个体沉迷于景观的虚幻体验，单向度的服从与沉默，因为"原则上它所要求的态度是被动的接受"④，经济已实现对人们的全面控制，或者说生活的本质就是景观化。现代景观在本质上是"一种继承了无责

---

① 哈贝马斯：《交往行为理论》第 2 卷，曹卫东译，重庆出版社 1994 年版，第 457 页。
② 哈贝马斯：《现代性的哲学话语》，曹卫东等译，译林出版社 2008 年版，第 338 页。
③ 德波：《景观社会》，王昭风译，南京大学出版社 2006 年版，第 3 页。
④ 同上书，第 5 页。

任感之君权的市场经济的独裁统治及与这一独裁统治相伴随的政治新方法的总体"①，生活就是意识形态的物像化。在经济与资本完全占据的日常生活中，个体受经济与消费力量的完全支配，无法表达对真实生活的需求与渴望，它不允许表现自身，人与人之间的社会关系也被掩盖，日常交往也因此变得分离与表象。景观的无处不在使得人找不到自己的存在。

（三）文化的惯例化

文化作为日常生活的重要现象和核心组成部分，深刻地影响着我们的日常活动。文化代表着我们对世界理解、想象和反思的观念和态度，体现着生活价值的真谛，精华的文化能够"为我们陈腐的观念和习惯带来清新和自由的思潮"②，可以充实和拓展我们的日常存在。如果我们主动培养自己的品味，主动接受和发现具有新奇性和挑战性的事物，而不是被动接受一成不变、程式化的文化，是会激发我们的想象力和自觉创造力的。但今天我们所处的文化境况令人堪忧。没有实质内涵和思想内容的通俗文化，大量在生产线上被复制出来，充斥着我们的日常生活，在削弱和降低我们的思想和才能。日常生活全面彻底地受到文化工业的影响，"文化工业的全部实践就在于把赤裸裸的赢利动机投放到各种文化形式上"③。现代社会最主要的特点就是文化日益惯例化，即文化成为一种被大众生产的、没有思想性的、没有新意和挑战性的标准化的产品。文化受到利益驱动的渗透，它操控着我们的欲求，文化的惯例化制造出来的是满足市场需求的标准化的产品，标准化不可避免地带上强制性色彩，意味着对人们全新体验能力、选择自由的压制，束缚着日常生活主体的个性选择范围。文化情境对于我们形成开放的观点和价值观至关重要，而这个文化情境又是我们成长的社会化过程及日常生活创造的。文化会通过日常生活传达给我们大量信息和资源，我们需要从中获取有启发性的、具有激励和鼓舞意义的东西。

---

① 德波：《景观社会》，王昭风译，南京大学出版社 2006 年版，第 107 页。

② Arnold, M., "Culture and Anarchy", in Stefan Collin (ed.) *Culture and Anarchy and Other Writings*, Cambridge: Cambridge University Press, 1995 [1869], p. 199.

③ 阿多诺：《文化工业再思考》，载《文化研究》第 1 辑，高炳中译，天津社会科学院出版社 2000 年版，第 199 页。

（四）情感的冷漠化

情感非常微妙，是对日常生活的丰富性、多样性而言最重要的建构性因素。现代化的规则和精神已渗透到我们内在的机能形式之中，在很大程度上影响并塑造着我们的情感。情感受到理性化、规则化、官僚化的影响，社会生活已经缺少人情味。人与人之间的交往，更多的是计较和理智，日常生活的情感受理性力量的形塑。货币就是非常典型的例子，货币经济高度发达，货币的特征影响人们的日常生活方式，塑造在日常基础上使用货币的人们的思考及感受方式。齐美尔对现代性与经济发展的关系，及其带来的城市精神的异化做了详细的论述。社会秩序更多的是建立在个体的货币需求基础之上，日常生活中人与人的关系，通过货币交换实现，并且打上货币的非人格化、理性计算特征。交往是在一定目的驱动下进行，邻里关系由此被切碎。日常生活的价值被简化为可以用货币来衡量的价值，日常生活不是为了自己，而是为了陌生人、为了市场。人与人之间失去了情感的维系，而只能用理智来维护。这样一种冷漠、冷酷而又缺乏精神和价值的日常生活对于生活于其中的人们来说是没有意义的。人们容易变得缺乏激情和创造力，形成理智、单子化的个性。这也是社会个体化和单子化产生的重要机制。这种心理状态的形成，对个体活力以及社会活力的提升造成极大障碍。个人对集体的依赖不断加强，集体对个人的控制不断加深，个体意识被消融在专业化、单子化的社会化的趋势之中。这种不在场的感觉，会导致日常生活个体及社会发展的不健全。

（五）空间的理性化

空间是日常生活活动的存在方式，也是个人日常生活实践与社会实践之间相互作用持续不断的成形过程。日常生活具有空间性的特点，在最宽泛层面上是制度上的空间实践，它可以看作是空间的社会建构的集合层面，中间层面则是地方。它是一种反映了社会的建构方式，并且与人类知觉和社会意义相关的空间，最基础的层面则是个人的空间实践，即个人和团体的日常活动与空间的相互作用。现代性及其文化塑造了我们在日常基础上运行于其中的环境，也塑造了我们的日常生活体验。全球化、现代化正在生产出与当地的文化精神和地理环境脱节的均质性的空间，理性、非人格及效率这些现代性的核心原则正在将地方的精神和特色消弭，人们的日常生活实践及经验无不与高度理性化紧密相关。日常生活空间的理性化特征随处可见，比如汽车，如此普遍存在于我们生活之中，以致我们忽视它们对生活方式以及日常生活体验产生的影响。汽车正在以一种前所未有的方式，改变着社会的结构，日常生活方式以及其中的文化价值。列斐伏尔就看到汽车文化对城市生活的影响，认为汽车以及随之而来的结果正在以一种非常严峻的理性方式重新塑造城市空间。空间的人性、审美意义已被效率和秩序取代，整个城市空间受到汽车空间文化的殖民，变成受机械化和技术化控制和被理性规范的存在，导致我们对日常生活空间的体验能力降低，人们感受的只是平凡的事物、平面化的景观、单一乏味的经历体验。人们习惯于将自己封闭在各自分离的狭小单元之中，"助长了自私并且经常使进攻性行为的日常经验私人化"①。这种情况不仅仅使人们孤立，减弱集体感和团体意识，而且会促成城市生活的瓦解。我们要认识到，空间理性化的方式，最终会将生活的意义与价值掏空，因此人类的日常生活空间及实践，需要激励个体的创造性、竞争性，以及与集体的关联互动，以保持个体日常行为的生命力。

三　建构日常生活活力

日常生活世界表征着其在人类对象性实践的全部中所占有的以及对主体自觉的类本质活动的开放程度。从日常生活层面反思激发社会活力的路径，需要以日常生活批判为基本内涵和视角，将日常生活主体的自我意识、自觉意识激发出来，将主体对象化的意识与实践拓展到最高的限度，将主体与整个世界的关联进一步深化与紧密化，在日常生活中使自身的所有技能、情感、观念、态度、方法对象化。这一路径也是对社会活力的个体、日常维度最高形式的对象化。人在日常生活中需要维持自己，证实自己，提升自己，日常生活是使个体再生产和生命活力成为可能的因素。日常生活与社会处在持续的变化关联之中，这对个体适应社会框架的一系列变化的创造力、应变力提出要求，而对个体而言，日常生活实践以帮助其获得与社会相融合的能力是不可或缺的，日常生活实践必须保持持续的活力。另外，从宏观层面看，这一路径需要打破非日常的精英化区分，打破

---

① 英格利斯：《文化与日常生活》，张秋月、周雷亚译，中央编译出版社 2010 年版，第 68 页。

庞大的日常生活领域与沉重的日常生活结构，实现精英化与市民化的有机融合，最终实现现代化的活力型社会生产。在中国这种农业文明嵌入文化肌理的古老国度，不论是精英还是大众文化都无力撑起一个现代性的活力化社会的形成。自觉的类活动日常生活不是简单的超越，而是一种扬弃与回归。虽然日常生活世界提供了"在家"之感，但是这正体现个体活力、类本质的是日常与非日常的有机融合，跨越直接的天然共同体的阈限。

（一）文化根基的深层启蒙

中国现代化进程中的文化启蒙运动并没有满足主体实现自身现代化以成为社会再生产的推进动力的理想，而日常生活对于主体自我实现的精神意义也被悄然剥蚀。具有自由理想、自觉意识的现代主体是我们这个时代需要的，只有这样的主体才能运用创造性思维去进行创造性的日常生活实践。而传统的日常生活深深受到世代继承下来的具有自在特点的文化因素的渗透和影响，使得日常生活打上传统文化保守性的烙印，愈加强化了自身的重复性和自在性，并且又反过来为传统文化的稳定性提供了坚实的根基。而真正将主体的自立自足性彰显出来，使人能够从容面对复杂易变的世界、多元繁复的价值观，能够克服各种困难，积极参与竞争，找到自身认同的安全感与存在感，则需要"从文化的根基入手的深层文化启蒙"①。这种深层的文化启蒙，就是对人们熟悉的、每天生活于其中的日常生活世界的批判与变革，它能够作为一种新的精神力量起作用。因为日常生活变革所带来的传统文化的转型，以及个性解放、主体性的恢复，是社会活力激发与建构的重要内涵与品质。它能够使个体获得敏锐的洞察力，使个体摆脱受顽固僵硬的日常生活仪式束缚、压制、受约束的状态。对于中国来说，则需要在自在的文化与自觉的文化之间形成一种辩证的张力，从而获得社会发展的内在活力与动力机制。

（二）主体性的大力弘扬

以人本的伦理关怀开化闭锁的日常生活世界，人类实践活动成为面向未来的开放性进程，将传统的日常生活主体培育为兼具自主性、积极性与创造性的自觉的现代个体。我国现代化进程中的历史性错位导致了主体性在这一进程中的式微，文化保守主义与文化激进主义并存。我们认为，这

---

① 衣俊卿：《现代化与日常生活批判》，人民出版社 2005 年版，第 338 页。

一主体性式微的根本原因在于启蒙的局限性，即在现代性勾勒的话语背景之中，只有少数人走出了日常生活世界，绝大部分主体似乎仍留恋于所熟知的实践生境。主体性既是个体自身个性的确证，也是其依据与类本质的关系而建立起来具有最高价值的东西。它是"个体以相对自由的方式，同自在的类本质对象化"，能够自由地"与他在日常生活中作为事实而接受的要求和规范的习惯体系总体打交道"①的一种能力，表现为主体能够自觉地根据社会价值体系的要求来自由、自觉地安排自己的日常生活。异化日常生活的全面克服，能够为主体性的弘扬奠定根基。异化日常生活的根源是社会关系的异化，这种异化会阻碍个体进步和社会发展，抑制人的创造性，使人只能在有限的日常生活领域过着表面上相一致的生活。对异化的日常生活框架进行扬弃，恢复人的主体性，使主体真正同日常生活建立创造性联系，能够在工作和生活中体现并拓展他的潜能，成为真正具有主体性的个体，是获得自由，并且造就以自己的方式进行自由的、统一的生活，按照社会发展的价值旨趣塑造自我的，使个性展现丰富强烈光辉的重要内涵。

（三）生活德行的创建

日常生活批判，可以成为建构个体活力从而使之整合为社会活力的重要路径。我们要在理解马克思"全面生活理论"的基础上去理解日常生活世界，即日常生活是立足于实践基础之上，以感性物质生活为基础的世界。生活世界的本性在于实践性，它随着人类实践活动的展开、深化，不断显示出其意义，形成并且丰富人的生活德行。生活德行体现了日常生活的文化自觉，表现为日常生活的道德品质，生活的道德意义。它既根植于日常生活，更超越日常生活。生活德行承载着日常生活的精神意义，既能够给人带来幸福，也能够促进整个人类共同体的福祉。社会文明的演进历史，既是在生活世界中共同建筑生活世界意义、实践并丰富生活德行的历史，也是实现人自身的现代化，使人性臻于完善的历史。琐碎繁杂的日常生活中蕴含着价值理念与精神指向，日常生活中包含着人们的道德选择与伦理归约，这正是中国传统哲学诸如儒家道家思想中所强调的。生活德行的培育，对于引发其他人的道德品质和情感，激活人性中美好的东西，实

---

① 阿格尼丝·赫勒：《日常生活》，衣俊卿译，黑龙江大学出版社 2010 年版，第 250 页。

现人的生活价值的提高至关重要。重要的是，生活德行会促进主体更好地
履行自身的社会责任，一方面获得社会的尊重并且成就自身，另一方面建
立起与他人之间良好的诚信关系。社会则会在信任关系基础上，获得凝聚
力和向心力，从而推进社会的和谐与发展。对于中国而言，需要在日常生
活的随意性与生活德行的规范性之间保持适度张力，既保留本民族传统的
价值观念，同时也借助文化精神日常批判模式实现日常生活的转型。

第六章　充满活力的社会新发展模式构想

本书的主要目的是探讨促进人类社会生机蓬勃发展，以达到和谐的、有秩序的一种途径和机制。我们对社会发展领域进行了全面的考察，已经阐述了社会活力框架内所涉及的种种问题，追溯了社会活力、社会秩序、社会和谐的流动互变，描述了社会活力的运行机制，审视了当代中国社会活力的现实境遇，并针对社会活力的不同表现领域和维度提出了构想路径。虽然本书的意图在于对社会活力问题进行广泛的考察，但不只是局限于对这一主题的审视，而是试图将各种内容加以融合，提出社会活力建构的战略观。我们认为，建构充满活力的社会发展新模式，具有理论和实践上的可行性。这一模式旨在从社会结构转型的宏观背景出发，以核心价值理念为引领，立足于制度变革与社会管理体制建设促进社会充满活力的发展，以达到和谐的社会秩序这一目标。虽然这一模式构想的努力不一定会得到普遍接受，但这种发展途径能够为促进社会发展目标提供可借鉴的办法。

第一节　社会结构转型

"社会结构转型是一种整体性发展"、"社会转型是一种特殊性的变动"、"社会结构转型是一个数量关系的分析概念"①，此处表明社会结构转型不仅是整体有机的状态的转变和领域性、阶段性的转变，而且是一种带有数量关系的现实实践。同样，"社会和国家经常是从一定个人的生活过程中产生的。""是在一定的物质的、不受他们任意支配的界限、前提

---

① 李培林：《另一只看不见的手：社会结构转型》，《中国社会科学》1992 年第 5 期。

和条件下能动地表现自己的"个人。① 社会结构转型是从人的感性实践中产生，最终目的也要实现人的价值——人的自由全面发展。一方面，社会结构转型表现为社会活力的具体实现方式，通过对社会结构的整体性转变来建构社会活力；另一方面社会活力的激发和提升加速社会结构转型，也使社会结构在转型的过程中更趋合理化。并且社会结构转型与社会活力的价值意义是同构的，都是为了人的自由而全面发展的远大理想。

一　社会结构转型与社会活力的关系

社会结构转型表现了社会由传统向现代和后现代过渡的状况，在转型的过程中和转型的影响上，存在着正反两方面的效果。正确分析社会结构转型中存在的问题和带来的负面影响，及对建构社会活力产生的消极后果是问题的关键。总的而言，在社会结构转型中存在两类问题，一是社会结构转型自身的问题，二是社会结构转型所带来的负面影响问题。

（一）社会结构转型自身问题与社会活力关系

社会结构转型突出的问题就是因分化造成的多元冲突和发展的不平衡问题。社会从传统简单静止中解放出来，逐渐形成了多元动态的特征。随着市场化的不断推进，多元利益主体之间竞相逐利，社会的异质化倾向明显，各自从自身所把握到的存在方式出发，难免会引起摩擦。加之各种主体处于初发和未成熟阶段，自我调节能力弱，因而无法避免因超出各自原则而带来的矛盾和冲突。矛盾和冲突虽然存在活力的一面，但作为一种负能量，不是社会活力的建构要素，而是一种相反的抵消能力，这种抵消能力的原则就是不和谐、破坏和毁灭，因而也是建构社会活力时要极力避免的。关于社会发展不平衡，"中国发展的不平衡，（1）表现在地域上。（2）表现在城乡之间。（3）表现在产业方面。（4）表现在经济发展与社会发展的不平衡方面"②。这种转型的不平衡突出特点就是它不是一种有机互动的关系，而是一种依存束缚的关系，并且是一种代价关系。结构的一边的发展总是以另一边的滞后为代价，这种不平衡、不对等的关系实际上是社会的畸形发展，虽然这可以说只是一种阶段性表现，但如果这种畸

---

① 《马克思恩格斯选集》第 1 卷，人民出版社 1995 年版，第 29—30 页。

② 李培林：《社会结构转型理论研究》，《哲学动态》1995 年第 2 期。

形得不到转变，就会造成社会整体的畸形配置和畸形成长，表现为某些领域发展得快而另一些领域则相当滞后，发展快也未必充满活力，因为其是以不合理的发展为基础的，发展滞后更无从谈活力问题，因此不平衡发展总的来说是制约了社会活力的生成和发展。

（二）转型中的负面影响与社会活力关系

除转型自身的问题外，因转型而触发的影响也尤为重要。这些负面影响主要表现在因经济、就业和分配不平衡而导致的利益占有问题和公平正义问题，导致社会个体积极性和实践活力的丧失。因利益占有格局而形成的社会群体问题，即中产阶级的发展和功能问题。同时表现在物质和精神的失衡上，社会结构转型过于注重经济的转变和发展，而忽视人的精神文明方面的现代化转变，特别是社会道德的沦丧问题。"道德价值的实现既是社会活力的合目的性与合规律性的道德支撑，同时也是社会活力的最高道德境界。"① 这种沦丧使社会活力丧失了生成的道德价值支撑。也表现在因社会结构转型的信息化要求，使得在把信息化融入到社会结构转型中的时候，不可避免地造成了信息化异化和相关信息化问题。比如虚拟空间对人的统治，使人以网络化的方式存在，削弱了人的主体性，并且网络犯罪及网络公共安全等问题使网络秩序陷入混乱状态，社会活力借助网络形式建构自身的途径受到限制。这种精神方面的负面影响简单地概括起来，就是社会结构转型的价值向度问题，价值模糊是其主要缺陷，从而不能和社会活力的价值形成同构关系。

二　社会结构转型与社会活力建构

社会结构转型是社会进步过程中的一种"无形的力量"，它能促进社会结构的升级和合理化，进而使社会表现出一种强劲的发展状态。这种发展状态是社会积极向上的主体性力量的体现，同时也表征了社会活力的内在生命能量。然而，不合理的转型和影响则会阻碍社会的发展，消解社会的进步性，因此在分析了社会结构转型对社会活力的各种影响之后，要着力转变社会的不合理转型，抑制社会转变中的负面影响，为社会活力提供基本的存在环境和发展条件。同时，从各方面为社会的合理转型提供动力

---

① 董慧：《社会活力论》，湖北人民出版社 2008 年版，第 159 页。

支撑，优化结构是建构社会活力的动力形式。

（一）向度定位——社会活力的价值方向

向度定位是社会结构转型的价值前提和依据，向度定位要保证社会结构转型的整体最优化和这种整体最优化效果的人本价值追求。人的价值定位体现社会结构转型实际是人的存在方式的转型，"总之，人是一定社会中的人，社会是人们的相互联系构成的社会。人和社会、内和外交互作用，辩证统一"①。人总是在运用一定的方式来把握世界和改变世界的过程，确认和实现自己的本质力量，结构的合理化是人追求一种更好存在方式的具体表现，人的自由全面发展的价值始终贯穿其中。而对这种价值的确认实际是对社会发展的价值方向的规定，社会的价值、社会的生命力、社会的活力只要沿着这一价值要求才能真正推动社会的发展。所以说，人的价值的维度实际上是对社会活力的价值建构，社会本身可以充满活力，但这种活力必然有所导向，这种导向就是向度定位的人文价值对其的完善和促进，这是其一。其二，向度定位还表现在对社会具体转型方向的定位，即由传统农业社会向现代工业社会转变最后进入信息社会，即"中国现代所要完成的任务不仅要实现从农业社会向工业社会的转变，而且也要实现从工业社会向信息社会的转变，即社会结构转型所包含的过程由传统的"二分范式"转换为"农业—工业—信息业"的三分范式②，并且，确立计划经济体制向市场经济体制转变，在这一过程中，又要以中国特色社会主义为建设目标。这是一种现实的实践定位，这种发展方向的定位的目的就是要促使社会结构转型的积极效果最大化，对这种效果最大化的反思和方向设计体现了社会结构转型的实践价值追求。实践价值是理念价值的具体和展开，是与现实的行为相连，为社会活力的现实性建构提供了可供操作的方向。社会活力只有在实践价值的指引下，才会体现为一种改变现实的最大化推动力，一种整体上的效果，所以，实践定位在效度价值的层面上为社会活力建构提供了现实的发展方向。

（二）发展生产——社会活力的物质基础

社会结构转型的直接目的就是为了促进社会生产力的高度发达，提供

---

① 李淑梅：《关于人的发展和社会结构转型关系的哲学思考》，《南开学报》1997 年第 5 期。

② 王雅林：《"社会结构转型"理论的再构与创新发展》，《江苏社会科学》2000 年第 2 期。

丰富的物质文化资料，进而满足人们日益增长的各方面需求。发展中产生的问题最终还是要在发展中解决，为了促进生产力的高度发达，社会需要转型，但在转型中遇到的问题根本上还是要通过发展生产力来解决。"在社会的体系中，由于经济构成了其中最具决定性影响的一个层面，从而也就决定了由生产力与生产关系的矛盾关系所形成的经济的变动，必然带来社会整体的变动。"① 以促进生产力的发展来带动社会的转型发展，创造财富资料，解决人口问题、利益问题、不平衡问题等，在本质上，这些问题反映的是物质和精神文化的匮乏，不能把资源转化成有效的满足。从总体上看，社会生产力的水平还只能满足部分人的需要和大多数人的部分需要，因此解决转型中的诸多问题，发展生产力是重要的一环。同时，社会活力总体上表现为一种社会发展的"生命力"，这种"生命力"表现为社会的成长发展，社会系统内活力的释放不是形而上的、自满独立的存在着，而是始终在一定的物质基础上成长起来的。这种现实的能量来源，脱离这样物质基础，可能存在一种社会活力，但那肯定是一种没有力量、无法寻觅、神秘的心灵跳动，仅此而已。并且，社会活力总要通过一定的物质形态才能在现实的行动中表达出来，匮乏的物质资料必然使社会活力的物质释放方式变得单一，影响社会活力的多角度实践表达，进而不能建构社会活力的多元主体，实现对社会发展的促进刺激。因此，大力发展生产力，在生产力与社会结构转型的双向建构中，为社会活力的生成、表达和发挥作用奠定物质基础。

（三）社会控制——社会活力的基本保障

"从哲学层面理解，社会控制是人类实践活动的体现，是人类为了保障人类社会系统有机、活力、健康发展，实现人类自由所采取的具有主动性、积极性、建设性的规范、控制活动。"② 社会控制设定了人类实践的规模和范围，为社会发展的自我制约和创造提供了秩序条件，保证了社会有机体发展的健康有序。在社会结构转型的过程中，由于各种形式分化明显，加之社会控制不到位，使得社会摩擦和冲突增多，社会某些领域呈现失控的特征，影响了个人实践的正常展开和社会发展的顺利进行，使社会

---

① 冯鹏志：《论知识经济背景中社会结构转型的新趋向》，《桂海论丛》2003 年第 1 期。

② 董慧：《社会活力论》，湖北人民出版社 2008 年版，第 127 页。

活力无法得到保障。因此在社会结构转型的过程中，要着重做好两个方面的控制稳定工作，一是加强国家各级政府的控制引导和各类社会组织的对转型中的控制力，二是充分发挥中产阶层的控制稳定作用。国家各级政府在适应社会结构转型中，对社会权力进行了充分的下放，保证了社会结构转型过程中的自主权，有利于调动积极性和主动性。但在放权的同时更应该注重引导控制力特性的发挥，加强对社会变化的引导，在把握控制"度"的基础上，使其在各自的轨道上和谐相处。并且，社会各组织的自控能力也有待加强，自我约束与控制是社会各组织形成活力的内在要求之一。同时，中产阶级由于其自身的资源占有方式、消费方式、思维方式等特点，构成了他们的稳定性特征。稳定是社会秩序的首要特征之一，只有稳定的秩序才能容纳更强大的活力能量，然而在我国的阶层中，中产阶层还只是很少一部分，他们所起到的稳定社会的力量远远不够，因此要通过教育、就业、经济调整、利益分配格局调整等方式提高中产阶层的比率。

（四）结构优化——社会活力的整合重建

结构问题是社会结构转型中的突出问题，对社会活力的影响主要表现在特征的两个方面，一是多元异质，二是非平衡发展。转型使分化日趋突出，社会多元化和异质化。结构的多样性或许是社会活力的前提之一，但多样性并不必然使社会在整体上充满活力，纯粹的多样性和异质性只能是纯粹的杂多性，甚至是普遍的冲突性。冲突是一种活力形式，但也是一种破坏力量。只有对这种异质的多元进行有效的整合，使要素与要素之间形成有机的结构，使结构与结构之间形成有机的体系，使各自的优势以资源的形式配置到彼此的劣势中，在这种有机统一的关系中，既存在个体活力，也抑制个体负面冲突，既存在相互促进，也存在相互拓展，形成一种优化的互补与整合。在这种整合中形成一种发展进步的合力，这种合力远远大于各部分功能之和，这种活力在推动社会发展的过程中就表现为社会发展的活力。结构的非平衡是优化的另一个要点，在我国社会结构转型中，结构的非平衡普遍表现为二元性，城乡、区域、生态环境、物质精神、利益格局等等。这种不平衡实质上是社会活力强劲发展的表现，结构的一方由于发展过快而使另一方无法协调前进所致，但这种社会活力实际上也是一种畸形的活力。一方面，它没有关注另一级的发展，甚至在各种资源投入上面也过于偏少，致使这一级发展缓慢、滞后和病态，大大降低了它的社会活力；另一方面，另一级由于发展过快，难免陷入孤立发展的模式中，无法从另一级得到对等的协助，影响其发展的动力后劲。因此，平衡的实质就是协调，协调的实质就是疏通两级的活力沟通关系，使强劲的一级激活弱化的一级，弱化的一级支持强劲的一级，消解社会活力的病态发展方式，铸就健康优化的社会活力模式。

第二节　社会管理体制变革

"广义的社会管理，是指政府及非政府公共组织对各类社会公共事务（包括政治的、经济的、文化的和社会的）所实施的管理活动。""狭义上的社会管理，一般是和政治管理、经济管理相对，指的是对社会公共事务中排除掉政治统治事务和经济管理事务的那部分事务的管理与治理。"[①] 上述定义表明了社会管理的主体、对象和连接两者的管理活动。社会活力是社会整体力量和状态的生命体现，对社会的管理实际上是对社会活力的管理，通过管理来促进社会各要素的整体有机发展和进步，让社会发展充满进取力量。同时，社会充满活力实质是社会发展合规律合目的性的体现，这本身就是有序发展的表象，促进社会管理效果的实现。

一　社会管理体制变革与社会活力的关系

随着我国社会转型和经济体制转变，原有的社会管理机制滞后于社会发展，社会管理理念不够准确等问题对社会活力的生成、发展和作用发挥产生了负面影响。从社会活力的影响角度看，主要有政府问题和社会问题两大类。

（一）政府问题与社会活力的关系

政府问题主要存在两个方面，一是政府自我定位不准，造成政府管理缺位、越位和错位现象频发。政府管理缺位使社会管理出现真空地带，造成社会事件频发，比如网络问题、食品问题、治安问题等，这些都是社会活力的"腐烂区"，消融着正常的社会秩序。并且，政府管理缺失导致公

---

① 李程伟：《社会管理体制创新：公共管理学视角的解读》，《当代中国政治研究报告》2005 年第 5 期。

共服务领域延伸不足，无法为社会提供更多有效需要，抑制了社会活力在这些领域的生成。政府管理越位主要问题之一就是公共权力利益化，造成权力腐败，"权钱交易"，使社会活力缺乏保障；问题之二就是企事业单位和基层组织单位行政化倾向严重，造成企业效率低下，市场化生成能力弱，不能为社会活力提供物质基础。事业单位不能面向社会提供有效的公益服务，基层组织单位在解决基层民生矛盾时不能灵活运转，使社会活力的灵活性大大降低。政府管理错位使政府管理政企、政资、政事不分，把企业和公司的事情、资本和人事管理的事情纳为自己的事情，致使公司企业在市场经济环境下难以灵活管理，管理体制缺乏机动性，运转中的活力无法凸显。二是政府治理理念跟不上经济社会发展需要，市场化理念不成熟，服务型政府理念缺失。重政府行政轻社会治理；重权力控制轻民权服务；重命令强制轻协商引导；重强势群体话语权轻弱势人群表达心。并且未能从城乡二元管理理念中完全解放出来等等。这种管理理念本身就与激发社会活力的精神意志不符，社会活力要求在处理社会要素关系时遵循差异有机的理念原则，而不是从属依附的处理方式。并且，这种二元管理的思维模式在本质上有种对抗冲突的倾向，把这种冲突矛盾管理理念渗透到普遍性的管理中，必然无法为社会活力提供有效保障。

（二）社会问题与社会活力的关系

社会问题突出表现在社会治理力量薄弱和社会的"断裂"、"碎片化"导致的管理难度增大，管理机制不健全。社会治理力量薄弱方面，由于公民参与意识和参与能力不强、参与渠道不畅，社会组织特别是基层组织建设不成熟，以及专业化的社会管理人才缺乏和社区载体地位不突出等原因，整个社会层面从主体到组织到管理机制和参与渠道都不能有效发展和有机结合，形成强大的社会管理和自控力量，无法使资源和服务得到最大化的配置，不能满足人们多样化的需求。社会管理力量薄弱使社会活力在单纯社会这个层面上无法释放出来，这种活力只是一种潜伏状态，资源和服务配置有限使社会要素不能强势互补，影响社会力量整合和个体活力的激发。社会的"断裂"和"碎片化"使社会呈现分化的多元的趋势。随着社会的全方位转型，特别是"单位人"的解体和城市化的发展，使人口流动更加自由便捷，这就加速了社会分化。多样化的存在要素因各自的利益分殊、生活方式不同和价值观多元，必然会产生出各种矛盾，在滞后的社会管理机制下，这种多元矛盾冲突又无法得到及时有效的解决，冲突无法避免。虽然社会活力的发展本身需要多样化差异存在，但多样化的差异不等于多样化的冲突，冲突是力量的消耗而不是成长，并且冲突必然带来社会秩序的不稳定，不稳定的环境难以为社会活力的生成发展提供有利的外在环境。因此，总的来说，社会管理方式上的问题无法使社会潜在的活力得到释放，不恰当的管理反而会使社会成为一种负能量。

二　社会管理体制变革与社会活力建构

在现阶段我国社会的发展背景下，社会管理体制中存在着诸多显性和隐性的问题，它们以不同的方式贯穿在社会管理的方方面面，对社会活力的生成、建构和保障等产生了很多负面影响，阻碍社会有机体的健康成长。在建构充满活力的发展道路上，需要我们转变、完善和创新社会管理体制，消除社会管理活动中的落后和不适当的因素，从社会活力的建构角度出发，优化社会管理，建构充满活力的社会管理模式。

（一）理念更新——社会活力的深度激发

要想深度激发社会活力，必须对社会管理体制变革进行反思和重新认识，"理念与目标对于创新中国社会管理体制当然是重要的"[①]。在时代发展和社会转型过程中，从根上解决社会管理在思想上的认识误区，为优化和拓展管理方式、扩充管理领域和管理力量做好思想准备。只有这样，全新的管理理念才能引导我们管理活动延伸到未曾到达的领域，发现那里的活力源泉。

理念更新主要是政府理念更新和公众理念更新。首先，政府理念更新对自己要有准确定位，要坚持政府主导社会中心的服务型政府理念，在社会管理中永远铭记政府的功能在于服务、在于引导，在于通过法制化民主化的方式培育社会的管理、自控能力和自我修复能力。只有充分地认识到社会自我治理力量在社会管理中的巨大作用，才能更深入地关注这一股沉睡的力量，唤醒这股力量的生命力，让它本身成为社会之外的管理力量的同时，也为政府管理注入新的活力和能量。其次，政府管理要秉持"以

[①]　郎友兴：《社会管理体制创新研究论纲》，《浙江社会科学》2011 年第 4 期。

人为本、为民增权"的管理理念。管理的最终目的是为人的自由而全面发展的生命本质活力创造一个条件充分的社会，人的自由实践的本质力量只有在社会中才能展现出来，社会是否具备活力实际上折射出人的活力大小。因此，"以人为本、为民增权"的理念就是要坚持在社会管理中还政于民，注重权力型社会的建设，注重公平正义，调动人的积极性和主动性。公众理念更新主要是个人理念更新，个人要把自己放在社会管理的大环境中来认识自己在社会管理中的作用，摒弃传统小农经济中的那种"依附"、"被统治"的思想，自我主体意识和参与意识要凸显出来，要对自我社会管理能力和地位进行确认。

（二）主体多元——社会活力的动力基础

在社会管理中，社会管理主体单一一直是一个比较突出的问题。长期以来，我国社会管理的主导角色也是唯一的主体就是政府，政府成了整个社会的"大管家"，无所不包，无所不管。在新中国成立初期和计划经济时代曾起到了一定的积极作用，维护了社会的稳定。但随着市场经济的发展和社会的转型，这种管理主体单一的问题暴露出来。社会管理只有一个活力激发点，只有政府的管理保障了社会的稳定和发展，而其他社会管理力量不仅没有激活，反而使政府这个唯一的活力激发力量变成了抑制其他社会管理活力的工具，实际是一种以活力来抑制活力的做法，远不能为整个社会活力提供充足的动力。因此要建构多元主体的驱动机制。也就是"从单一主体到多元主体。政府从社会管理的唯一主体转变为主导主体。社会组织从被管理客体转变为协同管理主体。公众应成为社会管理的新生力量"[①]。

多元主体主要包括：执政党、政府或国家、社会组织、公民及社区建设。具体而言，作为执政党要完善基层党组织和党员的凝聚力，发挥基层表率作用；作为政府，则要转变政府职能，建设责任政府、有限政府、法治政府和服务政府，突出政府的引导和服务角色，执政党和政府的主体建设可以在社会管理中起到引领作用，疏导和扩展社会活力的能量渠道，使这种能量能够流到更为广阔的领域，像身体的血流一样延伸到社会管理的

---

① 何增科：《社会管理体制改革的总体思路：走向新的社会管理模式》，《毛泽东邓小平理论研究》2007 年第 9 期。

各方面。对社会组织的建构要突出社会组织在社会管理中不可替代的强大力量，社会组织能够使资源和服务在政府管理之外的另一种方式上获得最大化、最优化分配，在另一个层面上讲，也是在培育潜在的活力力量，为它们的壮大提供条件。那么在建构社会组织的过程中，要放低准入门槛、独立化运动、公开透明管理，并在法律上给予承认保护，加强其融资能力。对于公民个人则要培养公民意识，参与社会管理，提高社会管理能力，这些同时也构成了作为活力载体的公民的活力要素，社会活力在个体上得到了成长。最后就要大力发展社区建设，社区作为社会管理主体的载体，促进了社会管理的有序化，维护了社会稳定，并在一定程度上促进了社区内主体的建构。

（三）方式多样——社会活力的路径生成

在管理的层面建构社会活力，管理理念的更新和管理主体的建构是必须的，但并不是充分的，社会活力的生成只有通过多样的管理方式在实践中生成，在社会发展中显现。所以，在建构社会活力的社会管理方式上要坚持放权引导方式、综合立体化方式和市场化方式。

所谓放权引导方式，就是要坚持"中央向地方，地方向企业放权，政府减少一般事物管理"，这实际上是在小事上放权，在大事上引导。在小事上放权利于减少管理成本，实现最优管理，减轻社会活力的激发代价。并且，在小事上放权更利于事情因地制宜，灵活解决，解决了社会活力产生的地域性条件。在大事上引导可以坚持方向但又不影响效果，把效果和价值联系起来，既坚持了正确的事物活力方向，又提供了保证活力方向所需要的条件和基础。所谓综合立体化管理方式，最主要的特点就是网络化的多样管理，也就是通过协商决策、行政手段、法律手段、教育学习、民主程序等方式对不同领域、不同层次和不同情况实行有效差别管理。这样可以全方位、多角度地提升管理效果，实现社会各部分的和谐有机，保证社会活力载体既存在边界，实现差异共存，在秩序中稳定独立，为社会活力提供环境保障，同时又能够在互动中相互促进，发展壮大自身。所谓市场化管理方式，就是把市场原则引入到社会管理当中，在兼顾公平和效率的原则下，充分提升社会管理效率，实现管理效率最大化。市场化管理方式促进了社会管理的灵活性和效率性，最终能为公平管理提供物质和经验基础。保证公平正义则对于激发

个体活力，推动个体积极实践，促进个体活力生成具有重要意义。并且
市场化管理方式能够创造出富于弹性和韧劲的管理秩序，为活力的开拓
和修复创造了条件。

（四）模式合理——社会活力的有机保障

社会管理最终要突出的是社会管理的有效性，社会管理体制变革也
是以社会管理的有效性为基本前提和目标。而在达到有效性管理这一目
标中，单纯依靠对某一方面的变革和创新很难达到目的。在这里我们要
突出整体性思维和有机性理念。社会发展是一个整体，影响社会发展的
状态是千丝万缕地联系在一起，对个别的管理要以整体的健康有序和充
满活力为努力方向。合理的管理模式为社会活力的发展设计了一个既定
的和可能的空间，它是一个开放发展的空间，是基本保障中的拓展建
构，是积极的保障。并且设计了这个空间内要素的相互作用机制，这种
机制在模式的行为化过程中表现为一种秩序，有序体现为保障，但这种
保障是积极的促进合理因素的活力生成和积极的对抗不合理外来力量破
坏的有机统一。

"平衡机制的探索是社会管理体制创新的基本方向，就目前实践而
言，在于寻求公共利益与私人利益、各利益集团之间、城乡之间、行业之
间、区域之间等的平衡机制。"① 那么在建构合理模式的过程中，我们要
形成"党委领导、政府负责、社会协同、公众参与的社会管理格局"，突
出主体的合作共治，多元参与，灵活治理。同时，要形成有机协调、全面
覆盖的管理模式。整体性同时也表现为全面性，积极形成完整的社会保
障、社会治安、社会应急等管理体系。并且要强调平衡的管理模式，特别
是统筹城乡、区域，合理分配利益，建立完整的利益诉求和表达机制，等
等。只有在整体中有机结合，实现整体功能的最大化才能克服社会管理中
因注重单个管理要素而带来的缺陷。这种整体的管理模式、管理观念是切
合社会有机体整体发展理念的，是社会有机体的健康发展的社会活力整体
上的基本表现。

---

① 王印红：《社会管理体制创新中的几个基本问题》，《中国行政管理》2012 年第 5 期。

第三节　社会制度建设

无论我们对社会采取何种认知，是否承认社会本身作为一个实体而存在①，构成社会的基础总是每一社会成员，即单个的自然人。这些单个的人是在千差万别的欲望、梦想、目的的激励下进行社会交往的。诚如恩格斯所言，"在社会历史领域内进行活动的，是具有意识的，经过思虑或凭激情行动的，追求某种目的的人；任何事情的发生都不是没有自觉的意图，没有预期的目的的"②。由于每个人从事各种社会活动、彼此之间缔结各样的社会关系时都怀揣了不同的预期目的，因此，人类势必考虑一个极其重要的问题，即如果这些预期目的相互干扰、彼此冲突，那该如何是好？尽管这些冲突并不总是发生，"或者是这些目的本身一开始就是实现不了的，或者是缺乏实现的手段的"③。但是，如果发生了目的冲突，或者目的的不能够实现不是因为缺乏相应的技术而是社会因素的影响，那么如何协调这些目的呢？美国著名的生态学家、社会哲学家哈丁曾经通过"公地的悲剧"④ 揭示了人类不能协调彼此相互冲突的目的而毫无限制地进入与利用公地所带来的惨局：公地被毁坏、人类奔向灭亡。因此，他针对"公地悲剧"的结局所提出的治理之道就是结束进入与利用公地的自由状态，明晰公地上的权利，确定每个人进入到公地的权利的边界——私有权利制度。哈丁为避免公地悲剧的发生而开出的"药方"引起了极大的争议。因为私有化从来就不是解决社会问题的万能良方。西方社会中的有识之士对将私有化作为灵丹妙药的做法给予过猛烈的批判。⑤ 不过，哈丁的思想却道出了一个社会真相：制度极其重要。为了避免灭亡，即使人类社会没有制度的制约，人类也会制造出一个制度以制约自己和他人。说

---

　　① 　西方社会理论史中，长期存在两种观念之争，一派认为社会是一个独立的实体，另一派则认为社会并不是一个独立的实体。

　　② 　《马克思恩格斯选集》第4卷，人民出版社1995年版，第247页。

　　③ 　同上。

　　④ 　哈丁最早在1968年《科学》杂志上发表《公地悲剧》一文，形成公地悲剧的理论。

　　⑤ 　[德] 魏伯乐、[美] 奥兰·扬、[瑞士] 马赛厄斯·芬格主编：《私有化的局限》，王小卫、周缨译，上海三联书店2006年版；《公共事务治理之道》，上海三联书店2006年版。

到底，是因为制度具有定分止争的功能，在分配利益的同时也划定了人的行动的边界，阻止社会成员之间相互争夺利益。

一　社会制度与社会活力

制度的分配与保护作用是当前的人们强调制度建设的价值的根源。但是，制度的历史也告诉我们，不是人类社会所曾经施行过的任何制度都起到过相同的作用。仅以中国晚近 30 年的制度变迁史为例，只有那些契合社会实际、保障公民自由和推进生产力发展的制度才能接受时间的洗礼，存活下来。或者换句话说，只有公正的制度才能公正地活下来。何以如此？原因就在于公正的制度本身。罗尔斯曾经使用了一个类比来论证公正对于制度的重要性。他说："公正是社会制度的首要德性，正像真理是思想体系的首要德性一样。一种理论，无论它多么精致和简洁，如果它不真，就必须予以拒绝或修正；同样，各种法律和制度，无论它们如何有效率和有条理，如果它们不公正，就必须加以改变或废除。"① 当然，人们可以直觉地认可真理是思想体系的首要德行，因为千百年来的思想与知识的历史告诉了人们。不过，人们不一定能够认识到公正对于制度的重要性。因为千百年来的历史告诉人们，许多制度并不公正。基于此，公正对于制度的重要性，从来就不是自明之理，而是需要阐释的、论证且证实的。公正的制度对于保障社会活力激发机制有序运转十分重要。

公正的制度凝聚社会成员之间关于行动自由的共识。社会有活力，一定意味着社会中的成员有行动的自由。无自由，就无活力。但是，人的自由行动也会带来相应的社会溢出效应，即一个人的自由行动可能会产生使得他人不得自由的效果。为了避免相互冲突的行动自由带来全体社会成员的不自由，社会成员之间必须就彼此的行动自由进行协商、妥协，达成一种共识：关于彼此行动自由的共识。公正的制度既能帮助社会成员就共识的达成进行协商、妥协，也是这种协商与妥协的结果——制度本身是公正的。如果成员之间不能形成共识，只能说明彼此之间就关于行动自由的制度的公正性没有达成一致认知，需要继续磋商、争辩。

公正的制度划定社会成员之间行动的合理边界，减少社会纠纷与矛

---

① 　J. Rawls, *A Theory of Justice* (Rev. Ed), Harvard University, 1999, p. 3.

盾。如果制度是公正的，一定是征得社会成员相互同意的。由于人们就自由行动的边界取得一致的认识，彼此在进行社会活动时，能够预期他人的行动的范围并进而采取相应的行动，从而减少彼此行为发生冲突的可能性。

公正的制度确定国家干预民众社会生活的界限，保障民众行动的自由。对于社会成员而言，为了实现自己的预期目的，可能会采取一些不利于他人与社会整体利益的行为，因而国家为了防止社会成员的这些有害行为，需要对之采取各种干预措施。从维护社会安全、和平与稳定的角度讲，这些措施也是必要的。但问题的另一面就是，国家可能会在维护社会安全的名义下过度地干预民众生活，限制民众的社会自由，使得民众行为动辄得咎，从而影响社会活力。因此，设置相应的制度以限制国家干预行为，把权力关进笼子也是一种必然的、必要的选择。公正的制度就是既能发挥国家权力的作用、实现国家的职责，又能限制国家权力、防止国家权力的过度干预，以免妨害社会活力。

公正的制度奖励对社会有利的各种社会活动，激发社会活力。高度发达的科学技术、文化与艺术，既是社会充满活力的表现，也是社会活力的结果。如果缺乏享有的社会激励制度以奖励、保护民众从事科学技术活动、文化活动与艺术活动，社会将没有活力，也没有科学技术、文化艺术的发展。通过公证制度的奖励，民众将激发起从事科学技术活动的热情，积极参与到科技创新、文化与艺术的创造之中，使得社会本身充满活力。我国实施专利制度以来，申请专利的各项科学技术创新活动层出不穷。这就是公正的专利保护与激励制度所导致的必然结果。

我国现阶段社会不公正引发诸多群体性事件、危及社会活力，说到底就是因为利益表达机制不健全所致。由于缺乏有效的利益表达机制，部分社会弱势群体处于政治失声状态，他们的利益需求无法被传递到政治决策过程中并得到认真的对待，只能被动接受强势群体所设置的政治议程和利益分配方案。也就是说，他们的利益无法在体制内部被有效地表达。但是，为了保护自身利益，他们又不可能放弃利益表达，因此，他们选择在体制外表达自身利益，如通过堵塞马路、围攻执法人员等方式来表达对某些利益的追求。不过，这种体制外的利益表达机制注定低效率。同时，由于弱势群体的利益遭受严重的损害却无法得到有效的救济，因而他们对社会丧失认同感，丧失社会活力。

首先，体制外的利益表达方式天然地不合法，利益被"污名化"，难以获得社会同情。由于采取体制外的利益表达方式，影响到其他社会群体的利益，如堵塞马路影响到普通上班族的出行，因此难以获得同情。

其次，体制外方式所表达的利益容易被制度性漠视。由于在政治场合缺乏利益代表，因而弱势群体所欲表达的利益难以在政治场合被表达，得到公正的考量；相反，这些利益被政治场合中的代表视而不见，遭到制度性的漠视。西方社会早就发现在政治场合缺乏正式代表的群体的利益容易被忽视的现象，最为典型者就是环境利益被忽视。我国现阶段也已经出现污染下乡的现象。究其实质，也是农民环境利益被制度性漠视的结果。由于农民无法参与到环境决策过程中，只有等到垃圾被填埋在自己家门口时才发现自己的利益被侵害了，但为时已晚。因此他们只有通过围堵拖运垃圾的车辆来维护自己的权利，而这样做却又容易造成拖运垃圾的人员遭受伤害。在维护自身利益的同时造成他人利益遭受伤害，自己成为违背法律的人，从而陷入"维权—违法"的困境中。

最后，体制外方式表达利益诉求缺乏严密的组织性，易于分化与失控。"由于受到生活水平、教育水平等因素的限制，部分弱势群体生活在一种无组织的状态之中。弱势群体虽然规模庞大、人数众多，但大多没有能够表达和整合自身利益的有效组织，已有的组织很不完善，其利益表达存在着分散化与个体化现象，形不成政策压力，不能把分散的利益要求凝聚成具体的政策要求输入政策议程。"① 这只是缺乏组织性所带来的结果中一个方面。另一方面是容易失控，利益的表达者沦为"刁民"、"暴民"。由于缺乏组织性，难免鱼龙混杂。在进行利益抗争过程中，超出法律的限度、伤及无辜，导致局势失去控制。

二　社会制度创新与社会活力建构

社会活力激发机制仰赖公正的制度，但是，制度的公正状态从来就不是自然形成、自我实现的；相反，为了形成公正的制度，社会成员之间进

---

① 殷冬水、周光辉：《利益表达平衡：社会正义的内在要求——我国社会不公发生逻辑与社会正义实现方式的政治学分析》，《江汉论坛》2013 年第 2 期。

行着无休止的抗争与博弈。这是因为任何人类社会与自然界无法同时满足所有社会成员的所有需求，为了防止这些相互冲突的利益追求毁灭社会的安全与稳定，社会成员之间不得不设置一些制度来确认某些社会成员的某些需求的优先性并且予以优先满足。但是，正是如此，这种制度安排必然会激起其他社会成员的反对、抗争，希望通过合适的制度把自己所追求的需求也纳入到社会整体需求之中并予以一定的满足；当然，能够获得完全的满足更好。社会充满活力无外乎每个社会成员能够自由地获取自身利益。囿于自然界承载力的有限性与社会生产力的有限性，追求需求的自由不得不被强行纳入到社会制度的轨道中，被强制区分为"合法需求"与"非法需求"。社会仅仅满足"合法需求"，而摒弃"非法需求"。不过，"非法需求"并不因被社会制度评价为"非法"而自动地消失。相反，渴望满足的"非法需求"的需求者以制度的不公正的名义而抨击之，并进而希冀改造之，于是作为需求评价标准的制度陷于到"不公正—公正—不公正"的循环之中。这种制度循环的困境的最为宏观的表现形式就是中国古代王朝的更替，微观的、影响小的表现形式就是政党的更替。为了防止人们对制度的公正性的质疑超出必要的限度、损害社会稳定，需要建立健全均衡的利益表达机制。因为社会制度中政治制度是核心、基础，而政治制度的关键就是利益表达机制。

激发社会活力，就要健全保障创新的机制。首先，应当在社会观念上允许民众出错，改变"以成败论英雄"的社会心理。社会创新并不总是代表成功，毋宁说，创新总是与失败同行。如果一个社会只承认成功的创新，而鄙视、漠视失败的创新行动，这样的社会是不会有创新的位置的，也就不会有活力可言。因此，健全创新机制，首要之事就是在社会文化心态上要允许失败，在欢呼成功的英雄时，更不能忘记那些为了社会创新而付出心血的失败英雄。其次，承认人力资本的作用。我们总是讲，当今的竞争是人的竞争。只有争夺到优秀人才，才能赢得竞争。一个竞争的社会是有活力的社会。其中所蕴含的前提就是承认人的价值、人的作用。吸引优秀人才的方式就是尊重人才，用丰厚的科研经费、社会福利留住人才。

其实，我国《宪法》、《城市居民委员会组织法》、《村民委员会组织法》等法律中对于人民群众利益表达的途径、渠道都有明确的规定，只要把这些规定落到实处，人民群众的利益就能够得到良好的表达。现在的问题恰好是这些规定落实得不够好，使得人民群众的利益没有被有效地代表与表达。具体的原因主要有：（1）代表与选区民众之间联系链条过长，代表性不强；（2）人民代表代表意识不强，不能很好地维护选区群众利益；（3）人民代表能力不足，无法有效维护选区群众利益；（4）司法公信力不足，无法对群众利益予以合法、及时的救济；（5）弱势群体社会参与能力不足，不能有效表达利益诉求。

针对以上影响群众利益表达机制、损及社会活力的原因，我国要采取有效措施健全利益表达机制、建构公正的社会制度，应该做到如下几点：

切实落实各级人民代表制度，确保人大代表能够代表选区人民。现阶段，我国还难以实现全国人大代表实行直选，但是，对于县级、乡镇的人民代表则完全可以实行直选——一种竞争性选举，这对于保护选区人民利益更有效。因为人民群众的许多利益和省级、全国性的政治无关，而且与省级、全国性的利益相比，过于微小，肯定不会进入到省级政治议程中，遑论全国性的政治议程。但是，这些微小的利益又实实在在地影响到人民群众的生产、生活，如果不能得到有效的维护、保护，就破坏了群众的幸福。因此，群众的这些利益需要在政治上获得有效的表达，被认真地对待。切实落实县级、乡镇人民代表直选，可以让群众的利益在政治上有代表者。如果代表人不能很好地代表人民群众、维护人民群众的利益，人民群众可以通过合法途径予以撤换。人民群众还可以随时监督代表人的行为，督促人民代表履行代表职责。

培训人大代表，提高代表履行职责的能力。人大代表履行代表职责，需要有相应的能力支持，如进行社会调查的能力、法律知识掌握能力、表达能力等。如果人大代表缺乏这些必备的能力，将无法有效地履行代表职责。当前我国群体事件多发的一个重要原因就是一些人大代表没有很好地履行代表职责，而他们之所以不能履行代表职责，又和他们缺乏必备的能力有关。以一些地方发生的因土地征收引发的群体性事件为例，一些人大代表根本不知道可以通过本级人大审查征地的正当性或者向上级人大反映本地区土地征收过程中的征地程序与土地补偿存在的合法性争议，任由群众利益遭受损害；在群众进行体制外维权时，任由事态发展，不主动行使代表职责，不知道我国现行法律早已经确定了群众维权的相应的渠道，将群众的维权行动纳入到体制内的轨道上，酿成群体性事件。因此，保障社会制度公正、保护群众合法权益，需要提高人大代表的履行职责的能力。

确保司法权威、维护司法公信力。当前，我国社会中出现一种"信访不信法"、"信闹不信法"的现象。一方面是人民群众的合法权益遭受侵害后，求告无门；另一方面是国家设立的正式的、专门化的司法救济机构——法院却常常不被信任，被冠以"头戴大盖帽，吃了原告吃被告"的污名。这种局面的形成和我国长期以来法院的独立性不够、法官素质不高、司法公信力不足，法院沦为政府行为的背书者有关。法院本应是维护社会稳定的最后防线，但是，由于公信力的缺失，致使作为最后防线的法院也成为社会稳定问题之源。因此，为了挽救司法公信力，就需要重塑司法权威，一方面要维护法院裁判案件的独立性；另一方面要确保司法裁判的质量。

第四节 社会核心价值理念

社会核心价值理念的科学性、群众性、民族性与开放性的基本特征反映出其自身是集系统性、逻辑性与开放性于一身的科学理念。核心理念对实践的引领不仅是社会活力生发的源泉，其自身的内涵也随着实践活动的不断展开而日益丰富。核心价值理念、实践、社会活力三者相辅相成，构筑起社会活力彰显的动力体系。社会核心价值理念在政治方向的稳定、科学理念的指导、民族精神的弘扬、时代精神的彰显、日常实践的积累以及共同理想的追求几个方面，与活力的本质意蕴及实践要求深度契合，能够从文化引领、资源整合、矛盾协调以及社会激励等方面对社会活力和活力社会的建构产生积极的作用。

一 社会主义核心价值理念的双重表征

党的十六届四中全会明确提出构建社会主义和谐社会的伟大目标，这既是对中国特色社会主义发展的新认识和新思考，也是对和谐理性思考的深化与拓展。和谐是生成于诸多矛盾运动中的特殊状态，其功能在于协调差异，化解冲突，创造条件，推动发展。如果说"和谐"是社会矛盾辩证运动的结果，活力则是在矛盾运动过程中形成的，促成和谐状态形成的不竭动力。党的一系列报告和政策中，诸如对我国改革开放以来社会所呈现的活力景观的描述、对构建和谐社会的展望等，都表明了对"活力"在社会发展动力论与价值论等层面的理论意义和实践品质的高度重视和深刻理解。不可否认，活力已凸显为时代的主题和社会发展的关键词。面对社会发展的活力转向，全党与全国各族人民应在核心价值理念的指导下，以积极应对新时代赋予的挑战与任务，将社会的发展与变迁过程看作是社会活力的萌芽与展开、沿革与彰显的过程，充分发挥核心价值理念的文化引领、资源整合、矛盾协调与社会激励等功能，进而构建活力彰显的和谐社会。

任何一个社会都有自己的意识形态，作为建立在社会存在之上的社会意识，是一个社会或阶级的思想体系，它既受一定政治法律制度的影响，又反过来对其产生巨大的能动作用。按照马克思的观点，意识形态是"社会上占统治地位的阶级、阶层或社会集团基于自身根本利益对社会关系的自觉反映而形成的思想体系"①。它既是当前社会存在的反映，又渗透于所囊括的诸多部分之中，包括阶级属性、利益指向、指导思想以及方向道路等。社会主义核心价值理念作为系统的价值理念，涵盖指导思想、共同理想、民族精神、时代精神及社会主义荣辱观等多重维度，是指引中国特色社会主义建设的精神旗帜，从这个意义上说，它是社会主义意识形态的本质体现。

社会主义核心价值理念根植于中国传统文化与当代现实之中。核心价值理念的萌芽、展开、沿革均体现了党对理论发展规律的把握，社会主义核心价值理念的形成发展过程同时也是党的理论水平日益提高的过程，是党的执政能力不断增强的过程。它体现了党对执政规律、社会主义建设规律以及人类社会发展规律的深刻认识，体现了一个马克思主义政党保持生命力的核心所在。核心价值理念经历了初步形成与发展丰富时期，前者由党的成立到改革开放前，后者则延续至今。核心价值理念既是社会价值理念的最高理论抽象，也是时代精华的缩影，不论是早期民族独立与人民解放的共同理想，还是新中国成立初期的社会主义价值观与公德观，或是改革开放以后随变化的世情、国情、党情不断发展的社会建设理念，均构成核心价值理念深厚的理论渊源与外延拓展的坚实基础。社会主义核心价值

---

① 《马克思恩格斯选集》第 1 卷，人民出版社 1995 年版，第 98 页。

理念所内含的科学性、群众性、民族性与开放性，将为充满活力的和谐社会提供坚实的理论支撑。

社会主义核心价值理念的形成与发展既是理论活力的彰显也是内蕴的实践诉求的显现。一方面，核心价值理念之科学性、群众性、民族性与开放性的基本特征表明了其自身是结构完整、逻辑严密且具开放性的价值理念；另一方面，核心价值理念强烈的实践指向性，既印证了活力社会的应然状态的应有外化，也时刻构建着活力社会的时代语境。

首先，核心价值理念具有鲜明的科学性。马克思主义理论的科学性与革命性的统一是活力理念的理论源头，立足于我国基本国情的具有中国特色的社会主义核心价值理念，理应以马克思主义为理论指引，因此，科学性成为活力理念的精神特质。其次，核心价值理念具有广泛的群众性。马克思关于"全部人类历史的第一个前提无疑是有生命的个人存在"[①]的论断，既赋予现实的人以本体地位从而凸显出人在社会历史发展过程中的存在意义，同时也彰显出贯穿于各项治国方针，如"为人民服务"的以人为本的执政理念的始终，核心价值理念作为新时期社会主义意识形态的本质体现，也必将秉承鲜明的群众性理念，"始终坚持把人民群众满意不满意，高兴不高兴，答应不答应作为工作的出发点与落脚点"[②]。再次，核心价值理念具有深厚的民族性。从古老的农业文明到现代化的工业文明，中华民族千百年来共同的文化积淀与民族认同，奠定了核心价值理念的理论渊源以及"中国特色"的合法性基础。最后，核心价值理念具有兼容并包的开放性。一部核心价值理念的发展史，既是理论传承与创新的历史，同时也是其内在活力外化的历史。"要使得党和国家的事业不停顿，首先理论上不能停顿。"[③] 这既是党执政理念的升华，也是核心价值理念自身活力的显现，兼容并包的开放性避免了一个闭合体系内部的自说自话，使其能在日新月异的现实语境与多元社会思潮中始终坚持马克思主义一元指导地位，引领中国特色社会主义事业建设的蓬勃发展。

[①]　《马克思恩格斯选集》第 1 卷，人民出版社 1995 年版，第 68 页。

[②]　胡锦涛：《纪念十一届三中全会召开三十周年大会上的讲话》，2008 年 12 月 28 日新华网（http：//news. xinhuanet. com/newscenter/2008—12/18/content_ 10524481. html）。

[③]　《江泽民同志在"5·31"重要讲话》，2002 年 7 月 2 日，人民网。

二　核心价值理念与活力理念的双重建构

（一）政治方向的稳定

亨廷顿曾指出："现代性产生稳定性，而现代化却产生不稳定性。"①
与西方发达国家相比，后发外生的现代化注定是一条成就与坎坷并存之
路：工业化、城市化浪潮的席卷涤荡着旧有的陈腐，社会转型、价值变迁
等现代化的伴生物重构着主体的日常生活。但中国特色社会主义道路的坚
持，不仅营造了相对稳定的环境，实现了跨越式发展，也为社会活力的外
化和提升建构了恰当的语境。政治方向的稳定是改革开放 30 多年来，我
们在社会发展上取得的丰功伟绩的基础性前提，"发展和改革必须有稳定
的政治和社会环境，这是我们付出代价才取得的共识"②。方向上的稳定
是政治稳定的一种前瞻性体现，这种发展主线的廓清，解决了在发展过程
中举什么旗、走什么路的基础性问题。当前，我们坚持中国特色社会主义
的前进方向不动摇，在为党在社会主义初级阶段的奋斗目标、国家的强
盛、民族的振兴与个人的幸福紧密连接寻找到了最佳契合点的同时，也极
大地延展了主体活力的彰显空间，从而为社会主体的活力整合提供了理论
保障与现实依托。

首先，政治方向的稳定是制定科学社会发展目标的前提。社会发展内
含于现存样态自我超越的动态演进过程中，活力也孕育于各社会要素的新
陈代谢过程中。社会发展既是社会现存样态的动态的自我超越，同时也是
孕育活力的吐故纳新之过程。活力彰显于社会发展过程之中，发展的实现
靠目标引领，科学的目标是全方位、多层次、宽领域的统一。但过分追求
大而全的目标，反而会对发展起阻碍作用。所以，作为制定前提的稳定性
尤其是政治方向的稳定性至关重要。政治方向稳定性即宏观指导上的稳定
性，主要表现为与国家根本制度相适应的政治、经济、文化等各领域的制
度上的稳定性。制度作为一种现实力量，在对社会主体、社会资源等关系
做出规约的同时，也对各领域的发展趋势作出了限制。一个相对稳定的制

---

① 亨廷顿：《变化社会中的政治秩序》，王冠华等译，上海人民出版社 2006 年版，第 45
页。

② 江泽民：《正确处理社会主义现代化建设中的若干重大关系》，2006 年 8 月 14 日人民网
（http：//theory. people. com. cn/GB/40557/69447/69450/4701717. html）。

度环境有利于提高主体对于事物发展趋势的预见性，从而在微观操作上对不同时期的具体目标进行动态调整，进而确保目标之科学性与价值性的统一。

其次，政治方向的稳定是国家、民族走向振兴与辉煌的精神源泉。政治方向的稳定在核心价值理念中突出体现为坚持中国特色社会主义的共同理想。共同理想既是美好社会的愿景，也是引领广大群众基于美好前景形成价值认同的精神源泉。人类的主体性实践是社会活力的源泉，人类由自我意识走向意识自我也完成于主体性实践的过程。正是在这种超越性的往复过程中，人类的主体性与创造性不断显现，现实语境与未来憧憬之双向互动的格局逐渐形成。然而，现实与未来的时间差同样会带来某种现代性焦虑，人们开始对未来安身立命之所展开思考、反省与追求。从认识论层面来说，共同理想是植根于现实的前瞻性观念形态，它为人类把握社会和自己的未来提供了认知性把握，为激发主体对现实和未来进行改造的创造性活力奠定了一定基础；从价值论层面来看，共同理想给人以基于现实又高于现实的憧憬和价值追求，是主体创造力、凝聚力和向心力形成的强劲的动力源泉；从实践论层面看，凸显了人类对理想世界的主动创造与锐意追求，也指明了理想的实现途径，培植了活力激发的土壤。尤其是"中国特色社会主义这一共同理想，具有令人信服的必然性、广泛性与包容性，具有强大的感召力、亲和力和凝聚力，是保证全体人民在政治、思想层面团结一致，共同创造美好未来的重要纽带"①。将最大限度地促进主体活力在社会范围内的延展，实现社会活力的彰显。

最后，政治方向的稳定尤其在当代中国的语境中具有重要的现实意义。和谐稳定的政治局面作为社会发展的前提，不仅为社会经济发展输出动力，为主体利益诉求搭建渠道，为执政理念创新提供保证，同时也能有效地制约与社会发展相悖的"方向作用力"发挥作用。当前国际国内双重语境构成了机遇与问题共存的问题域：经济全球化趋势明显，但分工不合理、贸易壁垒、生态污染等问题也频频发生；国际政治局势总体平缓，但也避免不了域冲突问题；此外，国内所面临的社会转型、价值移位等宏

---

① 中共中央宣传部：《社会主义核心价值体系学习读本》，学习出版社 2010 年版，第 65 页。

微观问题也使社会发展的压力陡增。问题与机遇并存的现实语境，需要一种辩证的、灵活的思维方式来应对。从动力论层面来说，矛盾双方之辩证运动既是事物发展的动力之源也是活力产生之基础。坚定中国特色社会主义的政治发展方向，坚定中国特色社会主义政治、经济、文化等方针制度，对于认清社会主义初级阶段这一战略机遇期与矛盾凸显期的实质，从而在价值观层面消除隔阂、化解矛盾，进而促成广泛而深刻的价值认同有着积极的作用。

（二）科学理论的指导

马克思关于"整个人类的全部历史的第一个前提无疑是有生命的人的存在"① 的论断，深刻指明了人类实践对社会历史的决定性作用，而活力也正是社会主体在"通过有机团结的结构性前提、社会认同的精神性基础以及社会互动的实现方式"② 的基础上得以彰显。以鲜明的科学性为特征的核心价值理念是社会认同形成的重要依托，它不仅能在社会结构变迁的宏观语境中实现多元价值观念的协调，也能通过价值认同的形成在微观语境中对主体实践给予正向指导。其科学性表现在，它是党和全国各族人民在社会主义建设过程中提出的具有深厚历史基础，反映和谐社会共同追求的最核心、最本质的观念，是对中国社会发展伟大实践的有机、系统的理性认识成果。核心价值理念包括以马克思主义指导思想为灵魂，建设中国特色社会主义共同理想为主题，以爱国主义为核心的民族精神与以改革开放为核心的时代精神为精髓以及以八荣八耻为主要内容的社会主义荣辱观为基础，具有坚实的科学性、鲜明的群众性、广泛的民族性以及活跃的开放性。可以说"科学性"是以理论形态存在的核心价值理念的首要特征。

首先，核心价值理念的科学指导体现为导向作用。一方面，其价值论的意义不仅体现在微观上能够规范个人实践，如以八荣八耻为主要内容的社会主义荣辱观，能够在日常生活和道德实践中内化为个人的道德要求，对个人产生"软"约束，能有效防止消极的、破坏性因素滋生；另一方面，在宏观上也可以对社会发展起到方向指引的作用。核心价值理念本质

---

① 《马克思恩格斯选集》第 1 卷，人民出版社 1995 年版，第 67 页。

② 董慧：《社会活力论》，湖北人民出版社 2008 年版，第 211 页。

上是社会主义国家意识形态的体现，如社会发展和进步的历史和实践，证明了中国特色社会主义共同理想的科学性，让我们坚定了坚持科学理论的引导，不仅能在社会转型的语境转换时期积极发挥社会自组织、自创生、自演化功能，更能开辟与更新可利用的有效资源，在创新性的基础上实现自身的更新与演进这一信念。其次，核心价值理念的科学指导体现为凝聚作用。核心价值理念的生成机制，可以看作对文化系统中某种归属感与认同感进行抽象和概括基础上的价值提炼，能够有效实现社会政治的整合功能，实现最广大人民群众的普遍认同。最后，核心价值理念的科学指导体现为强烈的实践指向性。核心价值理念不仅是对中国特色社会主义实践的理论概括，而且具有极强的实践诉求，即其不能只是停留在现实和观念的层面，而是要为不断发展的实践活动开启个人追求自由、创造价值，实现人和社会全面自由发展的意义。

（三）民族精神的弘扬

人类发展历史源远流长，一个民族的兴衰存亡往往有着多元化的历史因素，但是否拥有符合时代特征的民族精神却始终占据着重要地位。"民族精神是一个民族在长期的共同生活和共同的社会实践基础上形成和发展的，为民族大多数成员所认同和接受的思想品格、价值取向和道德规范，是一个民族的心理特征、文化传统、思想情感等的综合反映。"① 一方面，民族精神作为一种思想品格、价值取向与道德规范是"情感与道德，理性与非理性的结合形成的具有辩证张力的精神体系"②，在个体与民族两重维度上彰显着活力的特质。个体活力的激发源于实践过程中自主性、积极性与创造性的彰显，内化于主体认识层面的民族精神能够通过整合主体的欲望、需要与意志等因素给予实践以正向指导，有效激发主体的自主性、积极性与创造性。此外，民族精神被民族大多数成员所认同，因而自然能够在宏观层面上整合组成民族精神各方面的要素，从而支撑一个民族的发展，塑造民族的风貌，引领民族的繁荣昌盛。另一方面，民族精神的弘扬能够有效解决现代性造成的差异化社会中的社会整合、融入与团结问

① 中共中央宣传部：《社会主义核心价值体系学习读本》，学习出版社 2010 年版，第 137 页。

② 董慧：《社会活力论》，湖北人民出版社 2008 年版，第 211 页。

题。伴随现代性而来的不断细化与个性化的社会分工，导致个人之间的差异性不断扩大，这在一定程度上弱化了社会的"整体意识"。在这种差异性突出的现实社会中，民族精神的纽带作用尤为重要。除去涂尔干意义上源于主体间依赖性的社会关系之外，以一种民族特有的共享性意识形态实现并巩固民族成员间的有机团结、差异性团结，对于构建具有生机活力社会具有重要的前提性和基础性意义。

中华民族在长期的实践过程中形成了"以爱国主义为核心的团结统一、爱好和平、勤劳勇敢、自强不息为主流的民族精神"，民族情感的驱动能够对个体活力的激发、社会向度的整合，从而培植整个社会的活力起到关键性作用。正如马克思所说："在社会历史领域内进行活动的，全是具有意识的，经过思虑或凭激情行动追求某种目的的人。"①民族精神凭借主体从事对象性活动中的情感渗透，能给予主体正向的激励与调控作用，实现个体活力的持久彰显。我们需要注意的是，"情感在更大程度上是作为一种突破个体的关系性存在，没有孤立的情感，情感同样深深地根植于社会政治、经济、文化的背景网络中"②。只有被绝大多数人所共享的情感才能真正构建社会的感召力与凝聚力，也就是说，民族情感需要通过普遍的认同实现其社会化的延展，这样才能激发个体的活力，也才能在广泛的社会范围内能实现个体活力的延展，彰显社会活力。

（四）时代精神的彰显

时代精神是我国在长期发展的创造性实践过程中形成的思想观念与价值取向，它不仅反映了社会进步的发展方向，更引领了时代进步的潮流。中共中央发出的《公民道德建设实施纲要》把当前的时代精神概括为"解放思想，实事求是，与时俱进，勇于创新，知难而进，一往无前，艰苦奋斗，务求实效，淡泊名利与无私奉献"，其中改革创新是时代精神的核心。时代精神以其根植于传统文化的历史继承性，紧跟社会现实的时代性以及强大的创新性指导着充满活力的和谐社会的构建。

首先，民族性是其历史继承性的集中体现。"时代精神必须具有民族

---

① 《马克思恩格斯选集》第4卷，人民出版社1995年版，第249页。

② 潘泽泉：《理论范式与现代性议题——一个情感社会学的分析框架》，《湖南师范大学学报（哲社版）》2005年第4期。

性且反映民族精神的精华，在民族生息繁衍的历史中，民族精神是凝聚民族力量的旗帜，它反映出民族发展的心路历程，包容着它的精神价值与精神追求。"民族性深深烙在每一个中华儿女的灵魂深处，它为社会成员的广泛认同提供合法性的基础，又为该民族的历史进程提供着柔性约束。其次，时代精神既扎根于民族传统的文化沃土，但又时刻彰显着时代的印记。马克思曾提出"现代工业技术基础是革命的，而所有以往的生产方式的构成本质上是保守的"①，时代的碰撞既能缓解随工业化而来的现代性对主体思维方式与内容的冲击，又能保证民族精神以自由、活力的姿态传承，因而可以说真正的时代精神是以民族性为依托的时代精华的凝结与彰显。最后，创新性深刻地迎合了内涵于活力理念之中自我的超越意蕴。一个社会的生命力来源于周而复始的吐故纳新的过程，在这一超越性的循环往复中，内蕴于时代精神之中的民族与生活智慧，与当前对时代的创新性认知结合在一起，与时俱进地把握了时代脉搏。正如江泽民所说："创新是一个民族进步的灵魂，是国家兴旺发达的不竭动力。如果自主创新能力上不去，一味靠技术引进，就永远难以摆脱技术落后的局面。一个没有创新能力的民族，难以屹立于世界先进民族之林。"对先进科学的掌握意味着时代话语权的拥有，意味着走在了时代的前沿，所以，社会发展不停顿，创新性理念就不应当停歇，理论与实践的创新既是活力的展开，也不断为社会的发展、科技进步注入着新的活力。

（五）共同理想的追求

理想是人类所特有的价值性意识，作为对未来的憧憬与希冀，小到日常生活的琐碎细节，大到国家的前途命运，它通过对人类生存状态尤其是心理状态的调节，为我们指出了张扬本真自我、本真状态的路径，实现着指导与促进形成有理想人格、自由个性的实践活动的展开。

一方面，共同理想的塑造反映出当前主体的某种现代性焦虑，折射出谋求思想、精神自由发展的实践诉求。正如托夫勒所言："未来冲击是一种时间现象，是社会加速变化的产物。"② 只不过现代性的隐忧带给人们的不是沉迷于丰富的物质生活，而是日渐贫乏的精神世界与对未来的憧憬

---

① 《马克思恩格斯全集》第28卷，人民出版社2007年版，第533页。

② 托夫勒：《未来的冲击》，蔡伸章译，中信出版社2006年版，第5页。

与诉求。"这是由于当代实践的不断深入和科学技术的日新月异，造成时间的过去、现在和未来不仅呈单向流程，而且呈双向互动。"① 人类当前的实然状态，既对自身个性自由发展构成制约，同时也为人类超越功利、欲念的现实的有限领域提供了发展空间。同时，理想的应然状态又对现实造成冲击，对生存处境的担忧，对自由的渴望和希冀，这些所谓的现代性精神困惑和焦虑，其本质是社会核心价值观念的缺失。但人类总是希望摆脱现实束缚，历经各种苦难与磨炼，挣脱外在制约与内在束缚，达到博大高远的境界。这种矛盾不断引发人积极的意向与实践活动，作为动力论、目的论与价值论意义上相统一的自我超越、自我创生、自由自觉的发展自然成为人类共同理想的实践诉求。当然我们也需要警惕霍布斯所言说的"丛林社会"的异化境遇，即不同主体在差异化理想的驱使下各行其道，这一境遇必然会造就一个充满对抗性矛盾的社会。所以，理想的整合与认同对于发展合力的形成至关重要。另一方面，核心价值理念包含着目的性理想与价值性理想双重维度。经济增长、政治自由、文化繁荣与社会发展可以看作是目的性理想的要求与外在表现，而公平、正义等则是价值性理想的内在表征。目的性与价值性和谐统一的共同理想，撑起了民族的未来，激励着人们朝着既定的目标前进，激发着个人实现自我价值的创造性和超越性活力。

（六）日常实践的积累

我们所说的充满生机的社会或社会活力的彰显，其价值归旨是现实的"人"的自我确证和超越，其目的在于让人类更好地生活于现实世界中。然而人的本质的对象化，应该生发于与人息息相关的存在的最广博且最富有实践性的日常生活世界。胡塞尔也正是在此意义上呼唤"通过一种高于生活的朴素性反思，正确地走向生活的朴素回归"②。所以，对于活力的探源必须实现向日常生活实践的回归。

首先，人类自从来到这个世界上起，就一刻没有停止把握自身本质的对象化实践过程，不断形塑烙上自身印记的日常生活。从活力的生成根源

---

① 叶泽雄：《社会理想论纲》，《宁夏社会科学》1999 年第 4 期。
② 胡塞尔：《欧洲哲学危机和超越论的现象学》，王炳文译，商务印书馆 2001 年版，第 59 页。

来说，正是由于日常生活的对象性，赋予了主体本质力量对象化的"空间"，使自主性、积极性与创造性得以展现，可以说，对象性的日常生活是主体活力的深层根源与出发点。从活力的现实彰显来说，活力是直接通过与他者的交往表现出来并得到确证的，即通过承载着对象性关系的交往活动表现出来。人与自然界的交往获得了日常生活所必需的物质资料；人与人的交往实现了日常生活中融合视野的展现，在极大程度上丰富了现实的自身本质力量体现的社会关系；人与社会的交往实现了主体的群体融入，使人的类本质得以实现。更为重要的是，人与社会的合理交往也是能够将个体活力整合提升为社会活力的重要阶段。其次，日常生活在被主体塑造的同时也在不断形塑着主体自身。随着时间的流逝，主体对象化实践中不断丰富着日常生活的表现与内涵，不论是儿时的少不更事、少时的青涩懵懂、青年时的莽撞冲动还是日后的沉稳练达，这些均与主体经历的日常生活息息相关。这里所说的日常实践的积累，并不是指一种日常生活本体论的构建，而是突显人类作为社会主体的地位。日常生活的形塑本质上应以人的自由全面发展为导向，因为作为人类本质规定性的社会关系便是从"存在着广博、实用和最富有实践意义的哲学"[①] 的日常生活中来。

三 社会主义核心价值理念与社会活力的建构

(一) 文化引领——社会活力的精神凝聚

正如江泽民同志所说"伟大的事业需要并将产生崇高的精神，崇高的精神支撑并推动着伟大的事业"。以社会主义核心价值理念引领社会发展，是我国积极应对当前社会发展活力转向的深刻体现，其作为"一定社会历史时期占主导地位或核心地位的价值观的系统性存在，是一定社会意识形态、价值体系的基石和支柱"，定将以"文化"样态引领社会主义精神文明的发展走向，通过影响、指导人们的思想观念与思维方式，凝聚主体的精神性力量并积极践行其内蕴的丰富实践旨趣。具体来说，核心价值理念的文化引领从主体认同与多元文化整合两个方面为社会发展注入活力。

首先，认同作为活力主体认知与践行核心价值理念的心理前提与心理

---

① 张明仓：《让哲学回到日常生活》，《南京师范大学学报（哲社版）》2000 年第 6 期。

保障，既是核心价值理念的认知载体也是引领与凝聚功能的生成基础。从个体层面来说，认同的实现要解决的是，个体是否真正被某一群体的文化气质与氛围所感召，甘愿通过将其自身融入群体，实现自身的类本质，同心同德共同谋求群体的发展这一问题。个体层面的认同对社会稳定、社会融入等方面至关重要，主体自身合法性的确证意味着满足了自身归属感的情感需要，为马斯洛意义上更高层次需要的实现与稳定社会样态的生成提供了基础。从社会层面来说，个体认同与个体社会化的过程具有同一性。这里的社会化既体现为认同的社会化即社会认同的实现，也体现为活力的社会化即社会活力的彰显。社会认同为主体间的凝聚力和社会稳定提供了现实保障，也为生发于稳定的主体间性之上的社会活力奠定了基础。

其次，核心价值理念作为一种文化样态，始终代表着中国特色社会主义先进文化的前进方向。它在现实中表现为宏观性指导与前瞻性观察，对于我们在多元文化彰显的现代语境中廓清是非、确保指导思想的时代性与科学性具有非常重要的意义。我国差异化的社会现实必然带来利益主体的多元化，多方利益主体的博弈与多元价值观的涤荡勾勒出机遇与挑战并存的时代语境。一方面，社会主体及其价值观的多元化既是历史演进的必然趋势，也是社会蓬勃旺盛生命力的现实体现；另一方面，充满生机活力的和谐社会，内含主体的丰富性与多样性的需求，这种活力表现为欣欣向荣的百花齐放，而不是"你方唱罢我方登场"的一盘散沙。因此坚持核心价值理念的指导，对实现不同主体利益整合基础上的视阈融合，在多元文化中坚定中国特色社会主义的前进方向，也是发挥社会主义之应有活力的题中之义。

（二）资源整合——社会活力坚实的物质基础

活力社会的构建不仅依靠资源的注入，更要依靠资源健康流转与合理分配。历史经验与教训一再提醒我们，把希望寄托在依靠资金、技术、设备等量的堆积上，只会空留一副现代化的躯壳，盘踞其中的定然是社会分化、贪污腐败、环境污染等不稳定因素。资源的优势能否转化为发展的基础，更注重的是资源整合的能力。社会活力内含了对社会结构及其中的资源流转方式的要求，即能够通过将自组织与自创生等特性赋予内含其中的社会过程，实现资源的整合和活力的激发。从这一层面来说，活力的彰显问题可以看作是社会资源的整合问题。所谓社会资源整合，是把原本分散的且彼此不相联系或具有隐形逻辑的社会资源通过某种方式彼此衔接，进而实现资源在社会范围内的共享与协同工作，在此基础上形成价值与效率并存的整体。核心价值理念的科学性、民族性、群众性与开放性，有效地帮助实现对各种物质、精神资源的整合。

从过程论角度来说，资源的整合就是满足主体利益和实现主体需要转换为实践的过程，这一过程也可以看作是主体势能及活力积累和充分发挥的过程。人本能地要对自身本质进行自由自觉的把握，而人的欲望无穷尽，如何满足主体的无限需求与资源的有限供应或优先供给之间的关系，培养能为社会发展做出更大贡献的主体，还需要依靠核心价值理念的指导。核心价值理念作为社会主义核心价值体系的最高抽象，不仅能从宏观上搭建合理的社会结构，也能在微观上指导主体的日常生活，在生存论、价值论等多方面促进资源合理地整合，通过资源与需求矛盾的内在张力诱发主体的能动势能，实现活力的积累而不是对抗性矛盾的滋生。从目的论角度来说，资源整合所要达到的人尽其才、物尽其用，这一状态为活力的生发奠定了物质基础。活力作为对整个社会状态的宏观描述，着眼于社会的系统性与过程性，内蕴其中资源的合理流转与科学分配既是社会系统健康运行的有效保证，也是防止对于生成其上的动力扭曲的纠正机制。一方面，如果从纵向来看，本质上作为资源流转与分配的社会过程，可视为不同资源在不同历史时期的分配与利用；从横向来看的话，则可视为资源在不同社会主体间的流转与分配，因此可以说，具体时期社会系统的建构及运行、社会生态的更替与演进和资源占有的多寡与否、分配的正义与否息息相关。另一方面，资源的流转与分配归根结底是利益协调的问题，其本质是主体与需要之间矛盾状态的克服，它凸显了人的主体性地位的确立以及市场经济浪潮中符号性困扰的摆脱之双重意义。

（三）矛盾协调——社会活力的有效保障

马克思历史唯物主义对社会基本矛盾之于社会发展决定作用的论述，既是对社会动力理论的科学阐述，也为社会活力的动力机制提供了理论支撑。社会基本矛盾作为根源于复杂社会现实的理论抽象，既指明了支持社会生成演化的内在根据，也明确了矛盾双方辩证运动中内在张力是活力的根源。但我们应该看到矛盾运动不仅仅可以滋养活力促进发展，也能滋生丑恶产生动荡，这种情形突出体现为发展中各主体之间的利益冲突以及价值目标与规范的失衡。利益体现了历史发展中人与人之间的某种特定的社会关系，对利益的追求则可以视为人类一切实践活动的动力因素。从个人角度来说，个人出于自身利益的考虑追求自身的发展，目的是以实现对自身本质的全面把握；从社会角度来说，社会发展的历史可以看作是需求的产生与满足的往复循环的历史，人类走过的历史也必然是人类为争夺有限发展资源，不断产生矛盾并且不断解决矛盾，走向和谐的历史。反观我国，利益矛盾所派生出的诸多问题，既是亟待解决的当务之急，也是激发活力社会的内在契机。

首先，不同个体的利益诉求与发展诉求不同。在实现不同个体需求协调的基础上，实现需求的最大程度的满足是利益的真正价值，也是利益能够作为动力因素得以在社会发展中发挥其作用的基础。主体之间矛盾和冲突不断被克服，这一目标的实现有利于个体活力社会化的实现，也就是在个人主体地位确立基础上的社会活力的形成与提升。其次，个体占有资源的不同引发冲突与矛盾从而阻碍了利益的实现。我国是一个差异化特征比较突出的社会，这一现实语境勾勒着利益诉求的问题谱系，先赋性因素带来的起点不公与社会调剂缺失带来的保障乏力不仅不利于个人发展诉求的实现，甚至个别人连基本生存需要都难以获取。所以，以社会正义为轴心的利益保障与实现机制，对于当前发展窘境的破解至关重要。最后，整个人类不正当的利益诉求加剧了活力的"异化"。活力化社会这一人类发展的美好愿景极易因不当的利益诉求异化为人类的"铁的牢笼"。如对自然资源的予取予求导致的生态破坏、转基因食品肇始的安全争论、克隆技术引发的伦理危机以及核武器的研发带来的政治动荡等为人类的未来蒙上一层阴影。

可以说，核心价值理念的提出为上述问题的解决，提供了纲领式的指导。一方面，核心价值理念为人类行为方式提供了道德标准。社会的和谐、活力与否可以通过日常生活实践显现出来，核心价值理念正是从道德约束的价值观层面对主体提供了柔性约束，它能够通过对日常行为的规范与精神世界的形塑，在个人层面实现利益冲突的化解，进而达到社会利益的均衡。如以八荣八耻为核心的社会主义荣辱观的精练概括就是非常集中的体现。另一方面，核心价值理念为社会价值目标与价值规范之间的协调提供了现实保障。价值目标与规范之间的协调是社会稳定、和谐与活力彰显的前提，但随现代性而来的工具理性伴随笼罩着强势的生产主义伦理将发展的速度提升到无以复加的边缘，而价值理性的式微则带来现代主体的迷失。对于这一点，马克思早有论述，"直接从生产和交往中发展起来的社会组织，在一切时代都构成国家的基础以及任何其他观念的上层建筑的基础"①。良好的经济基础依靠科学的上层建筑即价值理性的规约，否则再宽泛的经济基础都难以转化为社会发展的动力。

（四）社会激励——社会活力的不竭动力

社会激励的作用机制根源于人的可控性，现实的人作为自然属性与社会属性的统一体，受到自身社会关系的规约，这表明作为主体的人具有"相对可控性"，即人能够在大多数情况下按照社会的倡导与激励来调控自身的行为。核心价值理念作为社会主义的内在精神与生命之魂，在整合与引领社会多样化价值取向从而促使社会沿着人们预期的方向平稳发展这一层面的意义重大，但若不被社会主体所践履，则依然是水中月、镜中花。而内含于社会活力之中的社会激励，则恰好可以规避这一问题。社会激励能够让社会核心价值观理念的内涵与要求不再仅停留于僵化的道德说教与教条的硬性规约，而是通过一些激励机制在情感驱动与道德支撑两方面引领主体的社会践履，滋养社会活力。

首先，情感驱动作为主体认知的非理性层面，对主体实践具有动力、诱导作用，有助于点燃主体激情，激发创造力。比如情感、意志与欲望这些非理性因素，虽看似与现代启蒙理性相悖，但它们对于主体认识能力的提高与抑制有着重要的调节作用。正如马克思所述："在社会历史领域内进行活动的，全是具有意识的、经过思虑或凭激情行动的追求某种目的的人。"② 积极的非理性因素能为主体注入活力，"通过人的实践活动对象化，对主体认识与实践活动激发与调控，通过一系列环节确证着人的'主体势'和'主体性'"③。此外，"将一群个体连接成一个社会的是该社会的'集体意识'，这是同一社会的普通公民共同拥有的信仰及情感的总体，他并没有一个特殊的机构作为基础，并弥漫于社会的每一个部

---

① 《马克思恩格斯全集》第 3 卷，人民出版社 2007 年版，第 41 页。
② 同上书，第 247 页。
③ 张明仓：《论意志在人的活动中的作用》，《东岳论丛》2001 年第 4 期。

分"①。情感因素的另一个重要功能是形成一种"集体意识",将人们在价值观层面的认同连接在一起,在归属感与认同感等人性层面来激发主体实践的动力。

　　其次,道德支撑作为主体认知的理性层面即一种理性直观与理性思维的能力,在人的认识活动中起主导作用。需要是价值产生的根源,主体需要的不断满足既是价值创造的根本动力,也是人类实践活动的内在激励机制。根据马克思对理想社会样态的描述,劳动不再是个人谋生手段,而是出于人自身需要,人类届时也将获得自由、全面的发展。也就是说,实践活动由利益驱动的外在激励向心灵驱动的道德使然转变。一方面,道德具有规约主体行为与稳定社会秩序的功能;另一方面,道德践履所基于主体精神层面的实现感也是活力之更高层的体现。

---

① 张明仓:《论意志在人的活动中的作用》,《东岳论丛》2001 年第 4 期。